专利的细节

ZHUANLI DE XIJIE

吴飞 ◉ 著

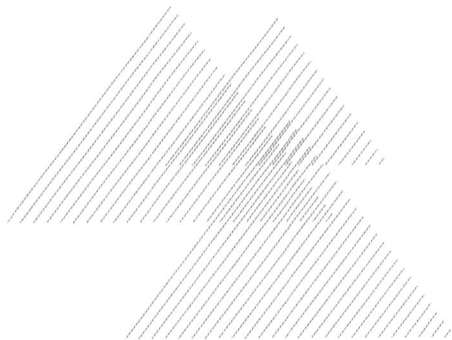

四川人民出版社

图书在版编目（CIP）数据

专利的细节 / 吴飞著 . -- 成都：四川人民出版社，
2024.1
ISBN 978-7-220-13369-5

Ⅰ . ①专… Ⅱ . ①吴… Ⅲ . ①知识产权保护—通俗读
物 Ⅳ . ① D913.4-49

中国国家版本馆 CIP 数据核字 (2023) 第 244572 号

ZHUANLI DE XIJIE

专利的细节

吴飞　著

出 版 人	黄立新
责任编辑	朱雯馨
封面设计	李其飞
版式设计	☺四川看熊猫杂志有限公司
责任校对	吴 玥
责任印制	周 奇

出版发行	四川人民出版社（成都市锦江区三色路 238 号）
网　址	http://www.scpph.com
E-mail	scrmcbs@sina.com
新浪微博	@ 四川人民出版社
微信公众号	四川人民出版社
发行部业务电话	（028）86361653　86361656
防盗版举报电话	（028）86361661
照　排	☺四川看熊猫杂志有限公司
印　刷	成都蜀通印务有限责任公司
成品尺寸	170 mm×240 mm
印　张	19.5
字　数	298 千
版　次	2024 年 1 月第 1 版
印　次	2024 年 1 月第 1 次印刷
书　号	ISBN 978-7-220-13369-5
定　价	78.00 元

CONTENTS 目录

我不是药神

——少讲点道德，多讲点法

我是一名专利代理师，主要工作是帮人申请专利。因为单名一个"飞"字，所以同事和客户都叫我飞老师。我有一个小学同学，是开面馆的，姓吴，我们都叫他吴天理。我和吴天理都在成都这座城市混饭吃，当然，也可以说我时不时到他的面馆混面吃。

我到吴天理那里混面吃总是混得理直气壮，不为别的，只为当年我经常给他抄我的作业，考试的时候给他抄答案。甚至有一次期末考试，我让他坐我旁边从头到尾地抄，考完后，几门课的总分算下来，我全班第二，他全班第一。

虽然现在我们干着毫不相干的事情，彼此之间没多少共同语言，但两家人偶尔还是会相互串个门，聚在一起吃个饭什么的。

一个周末，吴天理带着他的儿子来到我们家，说要让他儿子来感受下我们家的学习气氛。既然要感受学习气氛，我就带着我儿子和他儿子在书房里看各种绘本。吴天理找不到事干，就在客厅里看电视。

过了一会儿，我到客厅给两个小孩拿水喝，发现电视里正在放《我不是药神》。这部片子我之前没看过，但是知道大概内容：一个卖印度神油的药贩子，因受一个白血病患者之托，经常到印度去走私白血病特效药的仿制药。这个药贩子开始还抱着营利的目的在干这件事，后来看到那么多人受白血病的折磨又买不起专利药就动了恻隐之心，不仅长期前往印度为病人购进仿制药，而且以几乎不营利的价钱卖给那些病人。但走私就是走私，严重影响了专利药厂的正常销售，所以这部片子最后以药贩子被抓判刑而告终。

因为这部片子跟专利有关，所以我也顾不上学习气氛了，给小孩拿完水就马上回到客厅跟吴天理一同看起来。

看到专利药格列宁一盒要两万多块的时候，吴天理义愤填膺地说："专利药厂的心是被墨汁染过的吗，把药价定得这么高，哪个普通病人吃得起？"

我理解他的心情，但只是笑了笑，没有回应。

看到药贩子被抓判刑的时候，吴天理又说："还有没有天理了，抢钱一样的专利药厂不去查，反而把一个帮病人低价带药的好人抓了。"

等到全片看完，我问吴天理："你还记得上小学的时候，有一次期末考试，你抄我答案抄到全班第一的事吗？"

吴天理一边打手势，一边说："你小声点儿，不要让娃娃听见了。"

我压低了声音，又问："你还记不记得，你抄我答案考到全班第一之后，对我们班造成了什么影响？"

吴天理说："当然记得，班上都炸锅了，一个个都义正词严地指责我。指责我就算了，还指责你，你可是帮助我啊。"

我说："我说的影响不是指这个，我是说在那之前，我们班的平均成绩经常排在全年级前列，那之后，我们班就经常垫底了。"

吴天理说："有这事吗？我咋没印象。不过就算有，跟我抄你答案有啥关系？"

我说："当然有关系，因为班上的同学看到，不用好好学习也可以考到全班第一，很多人就不再像以前一样上课专心听讲，下课认真完成作业，考前努力复习了。可以说，我们的行为打击了班上同学的学习热情。"

吴天理说："你说得太严重了吧。"

我说："我那时候是学习委员，负责统计全班的学习成绩，也很关注我们班在整个年级中的排名，所以这个情况我很清楚。但我当时也没意识到这种情况是我们俩造成的，后来踏进了知识产权行业才觉悟过来。"

吴天理不好意思地说:"说得我好有负罪感……哎,不对啊,没头没脑的咋说起我上个世纪的丑事来了?"

我说:"《我不是药神》里的专利药厂商就好比是当年的我,印度仿制药厂商就相当于当年的你。不同之处仅仅在于,专利药厂商不仅没有主动给仿制药厂商抄答案,而且还拿起了法律的武器维护自己的权利。"

吴天理说:"意思是专利药厂卖天价药还有理了,还是正义的化身了?"

我说:"你知道我当年回回考第一的背后,做了多少笔记,熬了多少夜吗?同样,你知道成功研制一款新药的背后,要投入多少时间和金钱吗?没有至少十年的时间,没有十亿美金起步的投入,要研发出一款新药,想都不用想。"

吴天理说:"有这么夸张吗?"

我说:"因为新药的研发必须经历化合物筛选、合成工艺摸索、制剂开发、安全性评价、有效性评价……"

吴天理说:"停停停,不用给我讲这么多我听不懂的东西,我承认新药研制不容易,行了吧?"

我说:"用了那么长的时间,花了那么多的钱,投入了那么多的研发人员,产品才终于研制成功了,市场定价高一些不是很正当的事吗?"

吴天理说:"道理是这么个道理,但也不能无动于衷地看着那些病人望药兴叹吧。医者仁心,药厂就不能少看一点利润,多一点慈悲?"

我说:"你这就道德绑架了,就因为像你这种喜欢讲道德的人太多了,整个社会的道德水平反而越来越低。"

吴天理说:"依你说,该讲啥?"

我说:"讲法制,讲道理。法制我们先不讲,我们先来讲讲道理。如果专利药厂商把价格降下来,降到普通老百姓都能够承受的水平,那么厂商自己能够承受吗,它前面十几年的成本投入能收回来吗,它以后的持续经营有足够的收入支撑吗?"

吴天理说:"它垮了更好,其他公司就都可以来生产仿制药。其他公司一来没有前面十几年的成本投入,二来如果大家都在仿制可以形成一定程度的竞争,不就可以让病人吃到便宜的药了吗?"

我说："假设你说的这种情况成为现实，那当然是广大白血病病人的福音。但是其他病的病人呢？要知道，现在还有很多病都无药可用，都在等着新药问世呢。如果开发新药的下场就是破产倒闭，那么，谁还会花钱花时间当冤大头去开发新药呢？

"没有新药被研发出来，那些只想着抄答案的仿制药厂又到哪里去抄呢？最后的结果就是，对于目前还无药可治的病来说，病人就算想买天价药也无处可买。这就是我为什么说，不要动不动就讲道德。

"反过来，我们讲法制的话，根据法律规定，一款新药，从申请专利那天开始，到专利保护失效最长不超过二十年。也就是说，最长二十年之后，其他厂商也都可以合法地生产这款新药。更进一步说，最长二十年之后，普通老百姓也都能吃得起这种药。

"你是希望一直都无药可用，还是希望新药刚上市时大多数人吃不起呢？"

吴天理说："反正不希望一直无药可用。"

我补充道："而且，其他厂商看到研发新药的专利厂商赚到了钱，投入得到了回报，也会愿意花钱花时间去研制别的新药，我们就会有更多的药可用，有更多的病可以得到医治。所有人都希望看到的，不正是这种局面吗？"

吴天理说："那是当然，那是当然。"

我说："所以呀，一定要多讲道理多讲法，不要动不动讲道德，道德讲得过多只会起反作用。"

吴天理不耐烦地说："懂了懂了，不用再强调了。飞老师，没看出来多数时候我都对你敬而远之吗？你晓得为啥不？因为你这人好为人师，动不动就说教。"

我说："那我就干脆再说教几句。刚才片尾的介绍你也看到了，《我不是药神》是根据一起真实案件改编的，因为这起案件，政府看到了白血病患者的挣扎和无助，最终把格列宁纳入了医保报销的范畴。

"通过这件事我想说教的是：企业的天职就是赚钱和纳税。"

百年孤独

——知识产权意识与我的写作初衷

吴天理带着孩子从我家离开之前，突然说了一句："我还是觉得做企业的不能光盯着钱，要有一点社会责任感，不能动不动就拿着专利搞技术封锁。"

我这才发现，吴天理表面上接受了我讲的道理，其实感情上还是没有从道德审判的陷阱中走出来。想想也很正常，毕竟我们周围曾经到处都是租售盗版光碟的店铺和卖盗版书的地摊。在这种环境中浸淫多年的人，怎么可能因为我的几句话，就来个观念上的一百八十度大转弯呢？

我从吴天理手上拿过他准备借走的小说《百年孤独》，问道："有没有兴趣了解下这本书在中国正式出版之前都经历了什么？"

吴天理看了看孩子，说："下次吧，他晚上还有个兴趣班。"

我说："那我就长话短说，送你们下楼的工夫就可以说完。"

《百年孤独》的作者马尔克斯 1990 年来访问过中国，他在北京和上海逛了一圈之后，发现书店里面随处可见各种出版社出版的《百年孤独》。自己的书在中国这么受欢迎，马尔克斯不仅没有感到高兴，反而非常气愤，因为这些出版社根本没有得到过他的授权。

马尔克斯对欢迎他的中国文化界人士说："你们都是盗版书贩子。"离开之前还撂下一句狠话："我死后都不会授权中国出版我的作品，尤其是《百年孤独》。"

过了两年，中国加入了《世界版权公约》。既然加入了公约，就要履行公约中保护版权的义务，于是，未经授权的《百年孤独》在国内全面下架。

我把书翻到版权信息页，又递给吴天理，说："你看看这本书的版次后面是怎么写的。"

吴天理照着我手指的地方读道："2011年6月第一版。"

我说："中国加入《世界版权公约》之后，版权保护意识越来越强，出版界越来越守规矩，版权保护环境越来越好，再加上国内读者和出版界人士对出版《百年孤独》的真诚和热情，终于打动了马尔克斯。所以在撂下那句狠话的20年后，他改变了主意，正式授权中国的出版社出版这本书。

"从这件事可以看出，如果不遵守大家都普遍遵守的规则，比如不尊重别人的知识产权，就没有人愿意跟你玩儿，就只能'百年孤独'；反过来，如果能够承认自己的不当之处，尊重别人的权利，就有机会重新赢得别人的尊重。

"所以，一定要建立起这种意识：别人的就是别人的，别人给你是情分，不给你是本分，千万不能别人不给，你就擅自取用。就像苏轼在黄州的某个夜晚写下的一样，'天地之间，物各有主，苟非吾之所有，虽一毫而莫取'。

"当然，最近十多年，图书未取得作者授权就出版的事几乎绝迹，谴责技术封锁的声音也越来越不容易再听到。特别是最近几年，国家把知识产权保护提到了前所未有的战略高度，国家领导人多次在重大会议上强调'全面加强知识产权保护工作，促进建设现代化经济体系，激发全社会创新活力，推动构建新发展格局'。种种改变都表明整个社会尊重和保护知识产权的意识得到了显著增强。

"然而，知识产权是个什么玩意儿，知识产权包括哪些东西，怎么保护自己的知识产权，怎么不侵犯别人的知识产权，怎么合理利用知识产权制度和已有知识产权成果等一系列问题，对于社会大众来说都还比较陌生。因此，知识产权理念的宣传，知识产权知识的普及，仍然是相关管理部门、研究机构、社会组织以及从业人员义不容辞的责任。"

于是，送走吴天理之后，写一本知识产权普及读物的念头突然之间就在我的心头萌生出来。当然，知识产权涉及范围很广，我比较熟悉的仅限于专利这一个方面。因此，这本普及读物的内容将主要是关于专利的。

但是问题来了：专家学者们写的普及文章、出的普及读物已有不少，才疏学浅的我，哪来的自信再去动笔呢？面对这个问题，我沉思了一阵之后再次想到了知识产权中的著作权，也就是前面提到的版权。

文字作品是内在和外在的统一，内在是指作品的思想，外在是指作品的表达方式。《著作权法》从一定意义上讲主要保护作品的表达方式，而非作品的思想内容。换句话说，不同的人可以表达相同的思想内涵，只要表达的文字和形式不一样，其作品就各自拥有著作权，不存在谁侵犯谁的著作权的问题。

比如，苏轼在写完"天地之间，物各有主，苟非吾之所有，虽一毫而莫取"之后，紧接着写道："惟江上之清风，与山间之明月，耳得之而为声，目遇之而成色，取之无禁，用之不竭。"这句话表达的思想内涵是什么呢？是淡泊宁静，超然物外，不戚戚于贫贱，不汲汲于富贵。

而为了表达同样的思想内涵，早在苏轼之前，李白就已经写下了"清风朗月不用一钱买"的诗句。但不能因为苏轼在思想上与李白"撞衫"，就认为苏轼抄袭了李白，侵犯了李白的著作权。因为两者之间的表达是有所不同的，从文字上看，一个说"不用一钱买"，一个说"取之无禁，用之不竭"；从形式上看，一个是诗，一个是散文。所以，苏轼和李白各自拥有各自的著作权，不存在苏轼侵权的问题。

为什么著作权保护表达方式而不是思想呢？原因很简单，虽然各种理论、主义、道理、情感都属于著作权意义上的思想，但思想仍然是有限的，而表达方式却是无穷的。

就像"热爱祖国"这一主题思想，既可以用散文的方式表达，也可以用歌曲的方式表达，还可以用诗词、小说等其他方式表达。同样都用歌曲，词作者张藜可以用"我和我的祖国，一刻也不能分割"表达，而黄霑也可以用"长江长城、黄山黄河，在我心中重千斤"表达。都是爱国歌曲，谁都不侵谁的权。不能因为张藜爱了国，就剥夺其他人爱国的权利不是？

同样的道理，不会因为别人已经出了知识产权普及读物，我就失去了写同样的普及读物的权利。

　　不对啊，我刚才犹豫的是才疏学浅有没有信心写好的问题，怎么扯到有没有权利写的问题上了呢？好吧，我记得吴天理曾经说过一句名言，叫"菜不够，饭来凑"，套用这句名言，我可以说"学识不够，表达来凑"。我的信心就来自不一样的表达。

精英律师

——知识产权的类别及相关法律法规

带着娃到我家来感受学习气氛后，又过了一个多月，吴天理给我打来电话，说最近有一部热播剧叫《精英律师》，问我看没看。

我说："自从你上次来过之后，我们家的电视就再没开过。"

吴天理说："现在谁还开电视追剧，你这是跟不上时代还是不知民间喜乐？"

我说："看手机我也没时间啊。"

吴天理说："飞老师，我晓得你日理万机，但这部剧你一定要拨冗看一看，看了你就会发现，这个时间花得值。"

吴天理怕我不信，补充道："这部剧，是专门普及知识产权的。"

我听说还有专门普及知识产权的电视剧，当天回家就打开了被冷落已久的电视机。然而，当剧中那位精英律师说出"中华人民共和国知识产权法"的时候，我瞬间就被惊得目瞪口呆。这种误人子弟的电视剧不看也罢，于是果断关了电视。

为什么说《精英律师》是误人子弟的电视剧呢？因为，中华人民共和国根本就没有一部叫作"中华人民共和国知识产权法"的法律。

既然没有"知识产权法"这部法律，那知识产权靠什么来保护呢？当然还是靠法律，只是不是靠一部法律来保护，而是靠很多部法律以及相关的行政法规、地方性法规和部门规章来保护。因为知识产权是一个非常宽泛的概念，它涵盖了多个不同的知识门类，每一个门类的知识产权都有各自的法律或法规。

那么，问题就来了。第一，法律、行政法规、地方性法规和部门规章有什么区别呢？第二，知识产权这个大家族里具体都有哪些门类呢？

首先，我们来回答第一个问题。

法律，在法律体系中处于最高位阶，具有最高效力。《中华人民共和国立法法》规定，法律由全国人民代表大会及其常务委员会制定、修改和解释，并经国家主席签署主席令予以公布。在知识产权纠纷诉讼中，诉讼争议必须在法律的框架下，根据法律的规定处理和解决。法律既是诉讼双方维护自身权益的依据，也是法院审理案件和作出判决的依据。

《立法法》又规定，行政法规由国务院根据宪法和法律制定，并由总理签署国务院令公布施行。从规定可以看出，行政法规是根据相应的法律制定的，从属于相应的法律，在法律体系中的位阶当然也就低于法律。既然已经有了法律，为什么还要再制定相应的行政法规呢？这是因为，法律条文一般都过于原则化，或者说比较笼统，在具体的法律实践中可操作性不强。制定行政法规就是为了对相应的法律条文作出更具体、更细化的规定，从而弥补法律条文的缺陷。

地方性法规是各省、自治区、直辖市的人民代表大会及其常务委员会根据本行政区域的具体情况和实际需要制定的法规，制定的前提至少要满足两点：一，不能与宪法、法律和行政法规相抵触；二，内容必须针对国家尚未制定法律或行政法规的事项。可见，地方性法规的效力等级又在行政法规之下。

与地方性法规处于同一层级的是部门规章。部门规章是由国务院下属各部、委根据法律和国务院的行政法规在本部门的权限制定的，经各部、委负责人签署命令后予以公布。部门规章大多是针对某一领域作出的专门性规定，专业性和可操作性都较强。

下面回答第二个问题。

知识产权大家族里有专利、商标、著作权、商业秘密、地理标志产品、植物新品种、集成电路布图设计等。

专利有《专利法》保护，商标有《商标法》加持，著作权有《著作权法》保驾，商业秘密有《反不正当竞争法》护航。这些法的前面都冠有"中华人民共和国"字样，都是全国人大及其常委会制定并经国家主席签署颁布的法律，所以位阶较高，一看就给人一种神圣不可侵犯的威严感。

而植物新品种和集成电路布图设计的"保镖"分别是《植物新品种保护条例》和《集成电路布图设计保护条例》，都是国务院制定并颁布的，属于行政法规。

地理标志可以说是一种特殊的商标，因此在《商标法》中有所提及，但仅仅只是提到而已。由于地理标志在《商标法》里没有什么存在感，所以国务院下属的原国家质监总局又专门制定了《地理标志产品保护规定》，属于刚才讲到的部门规章。

对于专利，除了《专利法》以外，国务院制定了《专利法实施细则》这一行政法规，针对《专利法》的内容作了更具体、更细化的规定，让《专利法》执行起来更具有可操作性。为了更加明确专利申请和审查的流程和要求，国家知识产权局制定了《专利审查指南》这一部门规章。此外，为了便于地方知识产权局开展行政执法工作，国家知识产权局还制定了《专利行政执法办法》，该办法也属于部门规章。

那天关了电视，我立即给吴天理打了个电话，让他不要被误导了，顺便就要把上面这些内容讲给他听。毕竟普法一通，胜造七级浮屠。

吴天理很不以为然，说他一个开面馆的看个热闹就行了，何必搞得那么严肃认真。我说懂点法总不会吃亏，不懂法说不定哪天就会吃亏……没等我说完，他就毫不手软地挂了电话。

一个任人教唆的小姑娘

——什么是专利

这天，我到吴天理面馆附近去给一个客户做专利申请规划，到了饭点，客户既没有请我吃饭的意思，也没有要结束的意思。一直饿到下午两点，我才得以坐到吴天理的面馆里。

吴天理一向铁面无私，绝不会因为我们多年的同学情谊而多下几根面，多舀几块臊子，这次见我来了却对着煮面的师傅大声喊："二两牛肉面，多加牛肉多加面。"

无事献殷勤，非奸即盗，这家伙今天肯定有求于我。果然，我的第一块牛肉还没进到嘴里，他就开门见山地说了。

原来，面馆楼上最近开了一家自称做科技咨询业务的公司。那公司的人中午下楼来解决温饱问题，竟然顺便向吴天理推销起业务来。

我问吴天理："他们都给你推销啥业务？"

吴天理说："我也说不清，那些人说了一大堆，听得我云里雾里，最后只记住了专利、高企、政府资金几个词。"

听到这里，我已经猜到这是哪家公司了，为了证实我的猜测，就问他记不记得那家公司叫啥名字。吴天理从收银台拿来一张名片放到我的面前，我一看，不出所料，名片上赫然印着"××科技咨询有限公司"。

我又问吴天理："他们是不是给你说可以帮你申请专利？"

吴天理点点头。

"他们是不是说专利要申请 15 个以上？"

吴天理又点头。

"他们是不是说专利到手以后就帮你申请高新技术企业资质？"

吴天理继续点头。

"他们是不是还说申请到高新技术企业，你就可以拿到几十万的政府奖励？"

吴天理没有继续点头，反问道："你是半仙吗，咋啥都晓得？"

我说："我还晓得他们给你承诺，只要你向他们交几万块钱，再给他们提供个银行账号和营业执照扫描件，其他什么都不用管，就可以等着几十万到账了。"

吴天理给我接了一杯免费的豆浆，问："你觉得这事靠谱吗？"

我料到他肯定有此一问，毕竟不是人人都禁得起一本十利的诱惑，便反问他："你觉得呢？"

见我面带嘲讽，吴天理说："肯定不靠谱嘛，我当场就回绝了他们。"

虽然这样说了，他却不甘心，又问："你对他们推销的路数咋这么清楚？"

我说："我还清楚就算你真的坚决回绝了他们推销的高新技术企业申报业务，他们也不会就此罢休，而是又继续锲而不舍地给你推销专利。他们会给你说，有了专利可以增加落户积分，让你早日成为正规的成都人；有了专利还可以帮你评职称，让你成为国家认可的面点师；最关键的是，有了专利就可以把专利证书挂在面馆的墙上，你的面就不再是普通的面了，而是专利产品了，身价就飙升了，本来一碗卖 15 块，以后就可以卖 50 块了。"

说到这里，我突然停住了，因为我想到了胡适先生说过的一句话——历史是一个任人打扮的小姑娘。把这句话稍加改编，用在专利上好像也挺合适。

吴天理用一根筷子敲了敲我的碗沿，说："咋突然就神游天外了呢？"

我问吴天理："你晓得啥是专利不？"

吴天理一怔，说："专利嘛，我多多少少了解一点，毕竟有你这个做专利工作的同学。不过你要让我用你们的专业术语说出来，这就纯属故意刁难了。"

我说："专利是一个任人教唆的小姑娘。"

吴天理说："这又扯到哪里去了哟。"

我说："专利，本来是国家为了奖励做出发明创造的单位或个人，而授予他们对发明创造成果享有独占、使用和处分的一种权利……"

吴天理不满地打断我，抱怨道："啥子独占、使用、处分，会说人话不？不会说人话就不要说了。"

我解释道："也就是说，专利是专利拥有人的一种权利，这种权利包括独自享有自己的专利技术，别人不经过你的同意不能擅自使用你的专利技术；同时，你自己可以随意使用自己的专利技术，也可以把专利技术转让出去，或者租给别人使用，甚至让自己的专利失效。

"使用自己的专利技术，可以帮助权利人，也就是专利的拥有人取得市场竞争优势，带来更丰厚的收益和利润；转让专利或者把专利租给别人使用，可以给专利权人带来直接的转让费或租金。

"因为做出发明创造并申请到专利之后有这么多好处，就可以鼓励更多的人做出更多的发明创造，从而形成良性循环，推动经济社会的快速发展。然而，理想很丰满，现实很骨感。很多人申请专利的主要目的并不是为了获得独占某项发明创造的权利，而是为了评职称，落户加分，申请各种政府资质和资金。

"做出发明创造并获得了专利，对于个人来说，理所当然应该得到诸如落户加分、职称晋升之类的奖励；对于企业来说，也理所当然应该得到诸如资质认可、资金奖励之类的好处，但是如果申请专利的目的仅仅是这些，那就是误入歧途了。

"所以，专利不就像一个不懂事的小姑娘吗？最该走的正道不走，却被教唆着走那些邪门歪道。"

独领风骚的拉面舞

——专利的实用性

我有些日子没去吴天理那里吃面了，他一般没事也不会主动联系我。今天他却突然通过微信给我发了一份 word 文件。我打开一看，居然是专利申请文件。

文件里面有权利要求书、说明书、说明书摘要、说明书附图和摘要附图，五书俱全。再一看专利名称，"一种快速高效拉面成型装置"，看来，××科技咨询有限公司在吴天理那里把业务做成了。

我抑制不住心中的好奇，给吴天理打了个电话。

原来，吴天理那天听我也说专利确实可以给落户增加积分，可以宣传自己的面是专利产品，居然真的动了心。那天他本来是打算让我帮他申请一两个专利的，但我陷入"专利是一个任人教唆的小姑娘"的沉思之后，把不走正道的专利利用方式批判了一通，再加上我一有机会就在他面前吹嘘我的业务做得有多好，他以为我根本就看不上他那一个两个专利的代理费。所以第二天 ×× 科技咨询有限公司的业务员再在他耳边一吹风，他就把单子交给他们了。

解释清楚了不找我做专利的原因，他说："今天把申请文件发给你，就是想让你帮忙看看这玩意儿能申请下来不，能拿到证书不，毕竟要花两千块钱，不能打了水漂不是。"

还没等我回答，他又说："其实我对他们写的这个专利也不怎么满意，依我的意思，应该把我的独门拉面手艺拿去申请专利。之前我给那两个业务员说了我的想法，他们一开始说没问题，说什么太阳底下的新东西都可以申请专利。后来他们写专利的老师说我的拉面手艺没有实用性，没有实用性的东西不能申请专利。我就跟他们说我拉出来的拉面很筋道有嚼头，我的手艺咋就没有实用性呢？那个老师又说，专利里面的实用性和我们平常说的实用性不是一个概念，然后说一堆不是人话的话，说得我云里雾里，只好同意他们搞这么个装置。"

吴天理喜欢把一切他听不懂的话都污蔑为不是人话。

我说："那个老师说得没错，申请专利的技术方案必须要有实用性才有被授予专利权的可能，这个是在《专利法》里面明确规定的。《专利法》里所说的实用性跟我们平常所说的实不实用是完全不同的两个概念，《专利法》所说的实用性是指技术方案能在产业上应用，能在产业上应用的前提是有再现性、不违背自然规律等。"

吴天理抱怨道："你跟那个老师一样，都不说人话。"

我解释道："如果用来申请专利的是一个产品，这个产品应当能够在工厂里进行批量化生产，并且批量生产的产品品质应该是稳定的，不会因为不同的人来生产导致其参差不齐；如果申请专利的是一个方法，采用这个方法应当能够在工厂里批量化生产相应的产品，同样，所生产的产品品质也应该是稳定的，不会因为不同的人使用这个方法而导致相应的产品品质有太大差异。

"你拉拉面确实很有特色，拉的时候全身上下有节奏地扭动，拉出来的面条也随之在空中上下翻飞，整个人就像跳舞一样。看上去风骚是风骚了一点儿，但确实吸引了不少顾客。"

吴天理说："哎，你说话注意用词啊。啥子叫风骚是风骚了一点儿？"

我继续说："我是说，我晓得你想拿来申请专利的，就是你那套独领风骚的拉面舞嘛。你之前就给我说过，附近几家店都在模仿你，只是目前还模仿得不到位而已。你是想，申请了专利，拉面的舞蹈动作就是你独有的了，谁要模仿就告谁侵权，是不是？"

吴天理说："是啊，我创作那套动作容易吗，咋能让他们说模仿就模仿？"

我说："你的那套拉面动作完全是靠人来实现的，就算在专利申请文件中详细写明了'第一步气沉丹田，第二步抄起面团，第三步扭腰送胯，第四步挥舞面团，第五步摇头晃脑……'，但是由于不同的人在力气、悟性、协调性、熟练程度等方面的差异，会导致动作效果千差万别，拉面的品质也会参差不齐，你一直被模仿从未被超越就证明了这一点。

"既然不同的人使用这套动作会产生不同的效果，它就不具有专利意义上的实用性，也就不可能获得专利权。"

吴天理的没天理之叹

——专利的新颖性

对于自己独领风骚的拉面舞不能申请专利，吴天理心有不甘，过了几天又打电话来问我。

为了让他死心，我问了他一个问题："你的拉面舞是什么时候发明的？"

他回答说："半年前。"

我又问："你是从什么时候开始在门口表演的？"

他说："差不多还是半年前吧。"

我说："就算不考虑实用性的问题，也承认你的拉面舞是一个技术方案，但它早已丧失了新颖性，所以也是不可能被授权的。什么是新颖性呢？简单地说就是申请专利的发明创造不属于现有技术，而所谓的现有技术是指申请日以前在国内外为公众所知的技术。"

吴天理又不耐烦地说："你要讲就用人话讲，不说人话就不要讲了。"

我说："那就还是以你的拉面舞来举例吧。假设你是个文化人，把自己的拉面舞写成了文章。文章里介绍了拉面舞的每一个动作，以及动作与动作之间的衔接关系。这篇文章居然还在某公开出版的刊物上发表了，那么，你的拉面舞也就处于公众想得知就能得知的状态。某项技术一旦处于公众想得知就能得知的状态，就属于现有技术了，也就丧失了新颖性。

"而现实的情况是，你已经把拉面舞在大街上表演了半年，你的每一个动作早已被来来往往的公众看得清清楚楚，所以不需要写文章，仅仅通过你的表演，拉面舞也早已是现有技术了。

"也就是说，自己在申请专利之前无论通过哪种方式把发明创造公之于众，都会导致该发明创造丧失新颖性。"

吴天理说："自己还会让自己的技术丧失新颖性？又不是把别人的技术拿去申请专利，也不给授权？"

我在电话里很肯定地"嗯"了一声，又补充说："就是这样规定的。"

吴天理愤愤不平地说："这样的规定简直没天理。"

我说："这样的规定，乍一看没天理，但是有没有天理不是看出来的，而是分析出来的。那我们就来分析分析，如果不这样规定会有什么后果。

"假如你在大庭广众面前表演了半年，然后向国家知识产权局申请了拉面舞专利，又过了一年半，顺利获得授权拿到了专利证书。也就是说，从你公开表演到拿到证书，已经是两年时间过去了。

"在这两年时间当中，附近很多面馆都学会了拉面舞，都在用拉面舞招揽生意。这时候如果你拿着专利证书去告其他面馆侵犯你的专利权或者要求其他面馆支付专利技术使用费，你觉得对这些面馆有天理吗？"

吴天理反问道："你的意思是没天理？"

我说："专利制度设立的宗旨，不仅是要通过保护发明创造来鼓励发明创造，而且要推动发明创造的应用，从而促进科技进步和社会发展。光创造不应用，创造就失去了意义，就不能起到促进科技进步和社会发展的作用。

"如果允许发明人将自己的发明创造公之于众之后还可以申请专利并给予授权，就会导致出现即使发明人不申请专利，其他人也不敢应用他的发明创造的局面。因为其他人不知道发明人以后会不会申请专利，以及什么时候会申请专利。"

吴天理说："这有啥敢不敢的，我拿到专利以后他们不再模仿我的拉面舞不就行了吗？"

我说："拉面舞倒是可以说不模仿就不模仿了，但如果是其他技术呢。比如你开发了一个新产品，别人见你没申请专利就公开了，开始仿制你的产品。而仿制产品是需要厂房、设备、模具和市场的，当别人把这些都准备好以后，你又去申请并拿到了专利，然后叫别人停止仿制，别人之前投入的资金、设备、人力等岂不都打了水漂？"

吴天理说："如果我明确声明拿到专利之后不告他们侵权呢？"

我说："这样的话，建立专利制度还有什么意义？

"所以，如果允许发明人将自己的发明创造公之于众之后还可以申请专利并获得授权，就会导致其他人因害怕成为侵权被告而不敢应用别人的发明创造，这就完全违背了专利制度要推动发明创造应用的宗旨。

"当然，以上只是一个方面。还有另一个方面，是从专利的保护期限来考虑的。在中国，发明专利保护期为 20 年，实用新型保护期为 10 年，外观设计保护期为 15 年，一旦超过保护期限，专利权人，也就是专利拥有人对专利技术的独占权就会自动丧失，社会大众就可以自由使用。

"假如，你吴天理在表演了 10 年的拉面舞之后才去申请专利而且获得了授权，在你表演的这 10 年当中，其他人因为害怕你哪天突然申请了专利去告他们侵权，就只能让你独自表演。如果你拿到了发明专利，又可以再独自表演 20 年。所以，如果允许发明人将自己的发明创造公之于众之后再申请专利并授权，就相当于无形中延长了专利的保护期限，而且这个期限还不受控制。

"当然，现实中发明人一般都没有什么坏心思，不会故意把自己的发明创造公之于众一段时间之后才申请专利以便获得更长的保护期限，而是都认定一个朴素的道理：我自己的技术我还不能申请专利了？然而就是这样朴素的道理，导致他们失去了获得专利的机会。

"所以，高校的老师们，如果既想把发明创造写成论文发表又想申请专利保护，一定记得是先申请专利后发表论文。企业的朋友们，如果开发出新工艺、新产品，一定要先申请专利再向市场上销售，否则别人都可以大摇大摆地仿造你的产品。当然，别人即使把你的产品买到手也无法搞清它的技术方案和发明点的情况又另当别论。"

吴天理说："你刚才说，自己把发明创造公之于众会导致其丧失新颖性，还有没有其他情况会导致其丧失新颖性呢？"

我说："除了自己，别人把你的发明创造公之于众也会导致其丧失新颖性。但这两种都不是导致一件专利申请丧失新颖性的最普遍情况。最普遍的情况是，发明人自以为创造出一个新东西，实际上早就被别人发明创造出来了，你再拿去申请专利当然是没有新颖性的。"

吴天理的没人性之叹

——专利的创造性

听说荞面营养丰富，经常吃不仅可以降血脂、血糖，而且不容易长胖，又因为没有制作好只管下锅的那种荞面，吴天理就买来一台压面器，开始现场制作。

吴天理的面馆开在一片办公区，顾客群体以年轻人为主，虽然大多还没有高血脂和高血糖的问题，身材日渐不受管束却是很多人迫切需要解决的，再加上现在的人都迷信手工产品，所以荞面的销量还相当不错。

一场秋雨过后，气温已从前几天的二十几度骤降到十五六度，大街上的人都已经裹上了外套，正在压面的吴天理只穿了一件短袖T恤却仍然挥汗如雨。

我调侃道："吴大老板料到我今天要来吗，还亲自操刀？"

吴天理剜了我一眼，说："本来请了个师傅，他干了几天说这玩意儿操作起来太累，干不了，拍屁股走人了。"

他所说的"这玩意儿"就是荞面压面器。压面器的主体是一个圆筒，下面用四根柱子把圆筒撑在面锅上方，圆筒的底部有很多小孔，圆筒内有一个圆片，圆片中心焊了一根铁棍。

煮荞面的时候，先把荞麦粉用水调成糊，再把糊倒入压面器的圆筒里，然后手握铁棍用圆片去锤击荞麦糊，面条就一根根地从圆筒底部的小孔里压了出来。

吴天理边压面边抱怨："这点活就嫌累，现在这些人也太娇气了。"

我相信他这话是发自真心的，毕竟他长了一身的腱子肉。

他又说："就是这压出来的面条自己不会断，确实有点费事。"说着，操起一把西瓜刀沿着圆筒底部划了一下，那些面条才跌落到翻滚的大锅里。

看到这里，我冒出一个点子来，说："你可以找人把这玩意儿改进一下，比如把这把刀的一端活动地连接在这个圆筒的底部，不切面的时候把刀往外转到一边，切面的时候把刀往里转，这样至少可以省去拿刀放刀的工序。"

吴天理听了，很爽快地说："今天这碗面我请了。"

晚上，吴天理通过微信发了一张图给我。图是用铅笔手绘的，就是把我白天的点子画了出来，让我以此为基础给他申请专利。

吴天理发消息说："点子是你想出来的，但你的灵感是从我这儿来的，所以可以署上我们双方的名字。"

哟，还挺仗义的。

见我半天没回消息，吴天理直接把电话打了过来，劈头盖脸就说："这个东西有实用性吧，有新颖性吧，有就申请，代理费一分不少你的，不要以为我说可以署我们双方的名字是为了不付代理费。"

我说："你别着急，实用性肯定是有，新颖性不敢说，至少得检索一下，看别人之前有没有申请过类似的。就算有新颖性，还得评估一下有没有创造性。"

吴天理问："啥，创造性？创造性又是个啥玩意儿？"

我说："啥是创造性，用专业的话说，如果要申请实用新型，该实用新型与现有技术相比就得具有实质性特点和进步；如果要申请发明，该发明就得具有突出的实质性特点和显著的进步。

"所谓实质性特点或突出的实质性特点，就是说你的发明创造得是不容易想到的；所谓进步或显著的进步，是要求发明创造跟现有技术相比能产生有益的技术效果。"

我停了一下，等着吴天理抱怨我又不说人话了，但他没有，就接着说：

"就拿这个改进的压面器来说吧，我们在它的底部活动地连接了一把刀，省去了拿刀放刀的工序，提高了煮面的效率，有益的技术效果就算有了。但是这个发明点是很容易想到的，很难说跟现有技术相比具有什么实质性特点，所以很可能不具备创造性。

"专利申请要想获得授权，必须同时具备实用性、新颖性和创造性，这就是我们这行通常说的'三性'，缺少哪一性都不行。"

吴天理说："不就是申请个专利吗，要求这么多。这样性，那样性，就是没人性。"

我说："专利是对那些给这个世界做出了创造性贡献的人的奖励，没有贡献，凭什么获得奖励？"

一身正气且坚持原则的保镖

——专利保护和不保护的对象

讲完了专利的创造性，我意犹未尽，继续给吴天理传道授业："专利可以说是一个保镖，肩负着保护发明创造的职责。但是这个保镖也不是不分青红皂白地什么都保护，而是只保护发明、实用新型和外观设计。

"无论发明还是实用新型，首先都应该是一种新的技术方案，不是技术方案，专利是拒绝保护的。比如你吴天理的拉面舞，不仅没有实用性，而且也不是采用技术手段解决技术问题的技术方案，因此不论从哪个角度来说，都没有获得专利保护的可能。"

吴天理说："我的拉面舞不申请专利了，行吧？用得着一遍又一遍地补刀吗？"

我接着说："刚才我讲了，专利只保护发明、实用新型和外观设计，那什么是发明、实用新型和外观设计呢？

"发明可以是一种新的产品或者改进的产品，也可以是制造产品的方法，还可以是检测方法、使用方法等。

"比如，××科技咨询有限公司给你设计的'一种快速高效的拉面成型装置'就属于一种产品，可以申请发明专利的保护；而制造拉面成型装置的工艺步骤属于制造产品的方法，同样可以申请发明专利的保护。

"实用新型则只能是有形的产品，换句话说，实用新型只保护产品的形状、构造以及形状和构造的结合。形状当然是指可以从外部观察到的空间形状，比如圆的、方的、扁的；而构造就是产品各个组成部分的安排、组织和相互关系，比如某种设备中零部件之间的位置关系、相互连接关系。

"'一种快速高效的拉面成型装置'就是有形的产品，所以不仅可以申请发明专利也可以申请实用新型专利，但制造拉面成型装置的工艺步骤则只能申请发明专利而不能申请实用新型专利。

"外观设计则是适于工业应用的新设计，所以它的载体应该是能在工业上重复生产的产品，不能重复生产的手工艺品、农产品、畜产品、自然物等不能作为外观设计的载体。

"比如手工制作的精美饰品、很有卖相的水果、呆萌可爱的宠物、形状奇特的石头，虽然这些东西都能给人带来美感，但是不能作为外观设计获得专利保护。

"发明、实用新型和外观设计都是专利保护的对象，我们的专业术语称之为'专利保护的客体'。只有首先属于专利保护的客体，才可能获得专利权。就像你首先得是个人，才配拥有人权。"

吴天理说："人权我倒是有的，就是不晓得你有没有。"

我接着讲："此外，《专利法》还明确规定：对违反法律、社会公德或者妨害公共利益的发明创造，不授予专利权。

"比如，专门用于赌博的设备由于违反法律，不授予专利权；克隆人的方法由于违反社会公德，不授予专利权；一种让小偷双目失明的防盗装置或方法由于妨害公共利益，不授予专利权。"

吴天理说："专利这是在打造一身正气的人设吗？"

我继续说："除此之外，专利还有几不保护。

"一是不保护科学发现。比如，牛顿发现了万有引力，你吴天理发现荞面再好吃多了也会胀肚子，这些不受专利保护。因为发现的东西是客观存在的，允许某人通过专利独占某项发现对整个社会是不公平的，而且发现也不构成技术方案，所以不能授予专利权。

"二是不保护智力活动的规则和方法。比如，一种棋牌游戏的规则，一种员工激励的方法，这些也不受专利保护。由于这些规则和方法没有采用技术手段或者利用自然规律，也没解决什么技术问题、产生什么技术效果，因此不构成技术方案，所以不能授予专利权。

"三是不保护疾病的诊断和治疗方法。比如，通过号脉的方式判断病人得了什么病，或者通过药物或者手术给病人治病的方法，这些方法亦不受专利保护。如此规定，一方面是出于人道主义和社会伦理的考虑，保证医生在救死扶伤时可以自由选择各种诊断、治疗的方法和手段。另一方面是因为，这些方法直接以有生命的人体或动物体为对象，无法在产业上利用，不属于《专利法》意义上的发明创造。因此疾病的诊断和治疗方法不能被授予专利权。

"四是不保护动物和植物品种。比如，农业专家通过人工育种的方式培育出一个新的水稻品种，这个水稻新品种的育种方法可以申请专利，但水稻新品种本身是不授予专利权的。因为动物和植物品种可以通过《专利法》以外的其他法律、法规保护，比如，植物新品种可以通过《植物新品种保护条例》获得保护。

"五是不保护原子核变换方法以及用原子核变换方法获得的物质。比如核裂变或核聚变的方法以及采用核裂变或核聚变得到的东西，是不受专利保护的。原子核变换方法以及用该方法所获得的东西多数情况下会关系到国家的经济、国防等重大利益，不适合被某单位或个人垄断，因此不能被授予专利权。

"六是不保护主要起标识作用的平面印刷品。由于主要起标识作用的平面印刷品的主要用途在于使公众识别所涉及的产品的来源，属于商标的范畴，因此不授予专利权。"

吴天理总结道："看来，专利这个保镖不仅一身正气，而且不该管的坚决不管，还是非常坚持原则的呢。"

荞面的独家秘方

——商业秘密的"三性"

　　吴天理又打电话让我去他的面馆吃面，我本不想去的，但他在电话里专门说这次又给我多加牛肉多加面。我猜他肯定又有啥事要我帮忙，为了满足好奇心，我又屁颠儿屁颠儿地去了。

　　我吃面的过程中，吴天理一直坐在对面看着，吃到一半的时候，他问我："咋样，感觉出今天这面有啥不一样没有？"

　　我毫无表情地摇摇头。

　　他的脸上马上摆出一副"孺子不可教也"的表情，但很快又换成"原谅你算了"的表情，然后向我跟前凑了凑，压低了声音说："我最近研发出了个独家保密配方。"

　　原来，吴天理把荞麦粉跟小麦粉、红薯粉、山药粉、南瓜粉混在一起进行了不同组合、不同配比的试验，最终确定了一个他认为口感最好的配方。听他这么一说，我赶紧又吃了两口，细细品尝之下觉得今天的荞面吃起来跟往常的是有点不一样。

　　吴天理又说："你不晓得，自从开发出这个独门配方，我这面馆的业绩都往上升了一大截。"

　　我说："那可得把你这配方好好保护起来，不能让隔壁的老王、对门儿的老李窃取了去。"

吴天理说："今天找你来就是这个目的，要不怎么让你白吃这么一大碗呢——忘了告诉你，今天这顿，免单。"

这就是吴天理，跟他交往不用担心他占你的便宜，也不用担心你欠他的人情。或许这就是我们虽然没有共同语言却能成为朋友的原因。

我说："你这个配方，最好不要申请专利，而是作为商业秘密来保护。"

知道一般人对商业秘密多少都有一些误会，没等他做出反应，我继续说："商业秘密分两类，一类是经营信息，比如独家的商业模式、管理模式，不为人知的客户信息、合同信息、报价单等。另一类就是技术秘密，就像你这个别人不知道的配方……"

吴天理打断我，问："商业秘密到哪里申请？怎么申请？"

我说："商业秘密不用申请。"

见他一脸的问号，我继续说："专利申请需要具备'三性'才能获得授权，商业秘密也需要具备'三性'。只要具备'三性'，它自动就成为商业秘密，自动获得保护。

"首先是价值性。就像你的荞面配方，因为按照这个配方做出来的面条更筋道，喜欢吃的人更多，就能让你的生意更好，说明这个配方是有价值的，它就具有价值性。

"其次是秘密性。如果你的配方现在只有你自己知道，或者只有你面馆里一两个关键员工知道，说明它没有被公开，就具有秘密性。

"最后是保密性。意思是你得采取保密措施，比如把写有配方的纸质文件锁到保险柜里，或者把配方的电子文档保存到加密的电脑里，再比如跟知道配方的员工签订保密协议，禁止他们外传。"

听到这里，吴天理嘿嘿一笑，小声说："这年头，合同只能约束君子，约束不了小人，所以我咋会那么傻让其他人晓得我的配方？"

我说："那就恭喜你，价值性、秘密性和保密性都有了，你已经自动获得这个配方的商业秘密了。"

吴天理听了很兴奋，眼睛泛着光，问："可以直接领商业秘密证书了？"

我说："对不起，商业秘密不像专利，没有证书。"

吴天理眼中的光马上暗淡下去，说："那你还是给我申请个专利算了。"

我表示不解，他又嘿嘿一笑，说："现在业绩上去一大截，算是有了利，要是再拿个证书，来个名利双收就更好了。"

我鄙视地摇了摇头，说："好吧，你把配方具体用了哪些原料、辅料，原辅料之间的比例写出来，发一份给我。"

吴天理愣了半秒，说："我这是秘方，连我老婆都不给说的，还发给你？"

本来我都准备抹抹嘴走人了，听他这么一说，觉得有必要坐下来再给他普及一下专利中公开换保护的原则。

保镖需要一张照片

——专利的公开换保护原则

吴天理想让我给他荞面的独家秘方申请个专利，又不愿意告诉我秘方中用了哪些原辅料以及原辅料之间的比例关系。

我说："要想申请专利，你那秘方不仅要告诉你老婆、告诉我，还得告诉全天下。"

吴天理说："我都告诉全天下了，那秘方还叫秘方吗？"

我说："这就是游戏规则。还记得我之前讲过的专利制度设立的宗旨吗？我们来温故而知新一番。设立专利制度，不仅要通过对发明创造的保护来鼓励发明创造，而且要推动发明创造的应用，提高创新能力，促进科技进步和经济社会发展。

"要推动发明创造的应用，提高创新能力，促进科技进步和社会发展，那就必须在专利文件中清清楚楚、完完整整地公开发明创造的内容。只有发明创造的内容被公开以后，大家都知道你的发明创造，才有实现专利技术推广应用的可能。

"同时，远远近近开面馆的老王、老张他们可能也在关着门研究自己的独门秘方。如果通过专利文件知道了你的配方，他们正好又是知法、守法的好公民，就会另辟蹊径去开发新的配方，或者在你的配方的基础上去进行进一步的改进。这样既可以避免重复研究，又可以促成新的发明创造。

"以上就是专利中的'公开换保护原则'，也就是说，你想要得到专利对你荞面配方的保护，希望享受一定时间的荞面配方的独占权，就必须通过公开你的配方来换取。"

我见吴天理一副似懂非懂的表情，只好继续解释："也就是说，要是你不公开你的荞面配方，你对社会在荞面的技术进步方面就没有任何贡献，国家就不可能用法律来保护你的配方。反过来说，你公开了你的配方，你对社会在荞面的技术进步方面就做出了贡献，国家就有义务保护。"

吴天理这下好像懂了，说："那我得慎重考虑考虑，不能因为那点儿虚名就把我的秘方给贡献了。"

既然已经讲了这么多，不妨继续讲下去，也好一次性过足我好为人师的瘾。我说："你先别忙考虑，我今天得把道理给你说透。我们打个比方，专利就好比一个保镖，保护发明创造不被专利权人以外的人随便使用。发明创造就好比一个人，保镖要尽到保护的职责，就必须先知道他保护的人是谁，如果都不知道要保护谁，怎么去保护呢？"

吴天理说："咋不知道要保护谁，他要保护的就是我的荞面配方。"

我说："天下叫吴天理的人不止你一个吧，我请个保镖来保护你，只给他说一个名字，而不给他一张你的照片，他怎么知道保护哪个吴天理？天底下荞面的配方也不止你这一份吧，你只给专利说要保护荞面配方，而不给具体的配方构成，专利怎么知道保护哪一份配方？"

吴天理眨巴眨巴眼睛，好像听懂了的样子。

我说："不管你明没明白这个道理，记住一点就好了——要申请专利就必须公开发明创造的内容。现在你可以再考虑一下，要不要申请。"

吴天理说："你刚才不是说公开了就可以换来保护吗，就可以让我享受一段时间的独占权吗？这个时间是多长来着？"

我说："对一个配方来说，只能申请发明专利，发明专利的保护期限是20年。"

吴天理大手一挥，说："20年，已经很长了，申请。"

　　我说："专利这个保镖的保护能力没有你想象得那么强大哟，特别是对于产品配方、生产工艺之类的发明创造，专利的保护能力有限。"

　　吴天理好像突然变得很好学，连忙问："这又是啥鬼道理哟？这样，今天算我欠你一碗面，你再给我好好讲讲。"

专利也有力不从心的时候

——专利的缺点和商业秘密的优点

"《专利法》里面有一条规定，任何单位或个人，没有经过专利权人的允许，不得实施专利权人的专利。

"什么意思呢？假如你的荞面配方被授予了专利权，你的那些同行们看到了你的配方，他们不能不经过你的允许就按照你的配方去制作荞面卖给顾客。如果这样做了，他们就是违法，你就可以请市场监管局去查封他们的面粉、炉灶，因为那是侵权作案工具；也可以到法院去告他们，要求他们停止侵权、赔偿损失。"

吴天理听到这里，非常兴奋地说："那还犹豫啥，赶快给我申请吧。我早就想让市场监管局把他们查封了，一个人做独门生意。"

我说："但是，重点在于，你怎么证明他们的荞面就是按照你的配方做出来的呢？"

吴天理说："那还不简单，他们做出来的荞面口感什么的跟我的一样，不就说明问题了吗？"

我说："首先口感是否一样本身就是没法证明的问题，口感就是一种口中的感觉，感觉是因人而异的。

"退一步说，就算大家都觉得口感一样，但是条条大路通罗马，同样的口感可以用不同的配方做出来，也可以用不同的工艺做出来。人家一口咬定虽然做出来的荞面口感一样，但是用的是不一样的配方，或者人家说他的荞面口感跟配方都没有关系，完全是制作工艺的原因，你咋整？"

吴天理被我问得有点蒙了，愣了半天没说话。

我继续说："这就是为什么我说对于产品配方、生产工艺之类的发明创造，专利的保护能力有限的原因。

"再简单总结一下，对于这类专利，你怀疑人家侵权，但往往没办法证明，只能干着急。所以啊，我还是劝你不要申请专利，紧紧地把独家秘方捂在自己手里也是一个不错的保护方式。"

吴天理虽心有不甘，但还是勉强接受了我的建议。

我却继续过我好为人师的瘾，说："用商业秘密保护发明创造，不仅不用像专利一样公开发明创造的内容，而且没有保护时间的限制，只要你的保密措施做得好，你的独家秘方说不定可以保护到天荒地老、海枯石烂。

"所以啊，很多大企业、大集团都有选择以商业秘密的方式来保护发明创造的情况。比如可口可乐，他们公司的配方就一直没有申请过专利，同时只允许公司极少数人知道完整的配方，又跟这些人签订了非常严格的保密合同；虽然可口可乐的配方从发明的那天起到现在已经上百年了，但依然还是人家的独门秘方。

"当然，也有其他可乐公司宣称掌握了可口可乐的配方，但可口可乐打死不承认，说其他公司不可能掌握了他们的配方，他们的可乐跟可口可乐的味道根本就不一样。"

吴天理说："我觉得天下可乐都一个味道。"

我说："我也觉得。但只要可口可乐一口咬定他们的配方没有泄露，别人的可乐跟可口可乐的味道就是不一样。不管事实到底如何，就会有消费者觉得可口可乐的味道是独一无二的，就会坚持买可口可乐而不买其他可乐。这也算是商业秘密的一大优点吧。

"再比如云南白药，也是走的同样的路子。云南白药由云南民间医生曲焕章于1902年研制成功，问世已百余年，到现在依然还是国家保密配方。这样的例子在餐饮行业也比比皆是，据说很多火锅店的老板都是把自家的锅底配方锁到银行的保险柜里的……"

没等我说完，吴天理说："既然专利那么没用，商业秘密那么有用，研发出了新东西，都锁在保险柜里就行了嘛，还申请专利干啥？"

我说："欲知专利有用没用，且听下回分解。"

专利真的就那么没用吗

——专利的优点和商业秘密的缺点

吴天理说："既然专利那么没用，商业秘密那么有用，研发出了新东西，都锁在保险柜里就行了嘛，还申请专利干啥？"

我说："专利真的没用吗，商业秘密就真的很有用吗？有用没用，那是要分情况的。"

怎么给他说清楚这个问题呢，我想起上次他说要继续改进压面器，以便满足新颖性和创造性的要求，便问他压面器改进得怎么样了。

吴天理从收银台下面拿出一张稿纸，上面是他用铅笔画的经过改进的压面器草图。你别说，还真有那么点儿意思。

我说："这申请一个实用新型完全没有问题。"

吴天理说："这个申请了就不怕别人模仿？"

我说："就以它为例吧。你这个压面器，它长什么样子，由哪些部件构成，部件与部件之间的位置关系，部件与部件之间是怎么连接的，不管是从图上来看，还是从今后可能做出的实物来看，都是一目了然的。

"要是不申请专利，别人很容易就模仿去了，而且可以毫无顾忌地模仿。如果申请了专利，别人不经过你的允许擅自模仿就是侵权。

"而且别人有没有侵权，也是非常容易判断的，只要看他做出来的产品跟你专利文件中记录的相关信息是否一致或者相似就可以了。

"再举个例子吧。有两个生产空调的，分别叫老王和老张。老王研制出了一款非常节能的空调，一推向市场就受到了消费者的热捧。

"如果老王没有申请专利保护，老张也想生产这款节能空调的话，他只需要从市场上买一台老王的节能空调，大卸八块之后，就可以搞清楚老王的空调节能的原因，之后就可以光明正大地照着生产，在市场上跟老王平起平坐。

"但是如果老王申请了专利保护，老张就不敢明目张胆地仿制了，因为他需要考虑被老王告上法庭的风险。

"如果他权衡再三之后还是决定铤而走险，在市场上推出仿制的空调。同样的，老王只需要把老张销售的空调买回去，大卸八块之后就可以掌握老张侵权的事实，一手拿着自己的专利文件，一手抱着老张的侵权产品去法院告老张。

"而法院只需要将涉嫌侵权的产品的技术特征与专利文件记载的一一比对，就可以得出是否侵权的结论。

"所以呢，如果发明创造是一个有形的产品，专利的保护能力就是非常强大的，而你以为很强大的商业秘密这时候的保护能力反而基本为零。"

看着吴天理一双充满了求知欲的眼睛，我继续说："之前我讲过，商业秘密要成立必须满足价值性、秘密性和保密性。

"像这个压面器，如果你找人把它加工出来，放在面馆门前使用，秘密性和保密性咔嚓一下就没有了。因为你把它摆在了大众面前，就谈不上保密工作，谈不上保密性。而且这个东西的结构别人看一眼就清楚了，也就没有秘密性可言了。

"既然秘密性和保密性都没有了，你的商业秘密也就咔嚓一下消失了。要是你再跑到法院告别人侵犯了你的商业秘密，法院就会把你当成神经病。"

吴天理说："我有点糊涂了，荞面不也卖出去了吗，不也端到顾客的眼前了吗，怎么荞面就还有秘密性和保密性？"

我说："需要强调的是，我们之前说的是荞面的配方。配方，可不是谁看一眼就能看出来的，就算现在检测分析技术发达，也不是随随便便就可以检测分析出来的。所以，即使你把荞面卖遍了全球，荞面配方的秘密性和保密性都还在的。"

　　吴天理说："这么说我就懂了。我总结一下，也就是说，那些别人看到产品就很容易照着做的，最好申请专利；那些别人看到产品也很难搞清楚是怎么做出来的，比如配方和工艺，那么最好锁在保险柜里。"

　　我欣慰地点点头，说："嗯，孺子可教也。"

　　吴天理很不屑地说："可不可教无所谓，既然你刚才说我这个压面器申请实用新型已经没问题了，那后面的事就交给你了。"

　　说完，把那张用铅笔画的图纸拍到了我手上。

地铁上的植发广告

——专利号

大半年的时间真的像一个缝隙，被一匹白驹嗖地一下就跳了过去。××科技咨询有限公司给吴天理申请的"一种快速高效的拉面成型装置"的专利证书已经挂到了面馆的墙上。

吴天理喜滋滋的脸上透露出几分美中不足之感。我问他："你是不是在想，要是专利名称叫'一种独家配方的荞面'就更好了？"

吴天理很诧异，但是并没有问我是怎么猜透他的心思的，说："是啊，这个专利名字叫'一种快速高效的拉面成型装置'，要宣传自己的面是专利产品，总觉得有点心虚。"

我说："心虚就对了，说明你还是有道德底线的嘛。既然你也算是良善之辈，我就给你支一招。"

吴天理知道我又要长篇大论，就把我拉到一张桌子前坐下，又亲自给我端来一杯免费豆浆，然后就做出一副洗耳恭听的样子。

我解锁了手机，点出一张图片，然后把手机放到吴天理面前。那图片是我在来时的地铁上拍的，确切地说是一个私立医院的植发广告，一个秃头占据了广告的大部分版面。

吴天理往我的头顶看了看，说："你干的都是抠脑壳的工作，确实费头发，目前的情况也确实不容乐观，不过这种小医院的植发技术真的靠谱吗？"

没错，我拍下这张照片确实是因为自己头顶上荒漠化趋势严重，放任自流的话将有寸草不生之虞。但我现在是想说专利的问题："你先不忙替我的头发操心，看看那个秃头的上方写的什么？"

吴天理把图片放大了，念道："专业植发，专利保证。"然后说，"有专利技术保证，大概是靠谱的了。"

我说："你再看看这行字的上方，也念出来。"

吴天理又念道："ZL2016 2 *******.*。"

我说："这个'ZL'就是'专利'二字的拼音首字母，'2016'代表专利申请年份，也就是说这件专利是 2016 年申请的。年份后面紧挨着的那个数字就很关键了，如果是'1'就代表发明专利，'2'代表实用新型专利，'3'代表外观设计专利。你看啊，这件专利是'2'。"

说到这里我停住了，看着吴天理。

吴天理说："你看我干啥，赶紧往下说，'2'是实用新型专利，实用新型专利咋了嘛？"

我收回手机，打开一个专利文献数据库，输入吴天理刚才念过的专利号，点击搜索，然后又把手机放到吴天理面前，说："念一下专利名称。"

吴天理念道："一种植发用手术床。"

我说："你再读一下它的摘要。摘要是对专利技术方案、创新点，以及技术效果的概括性介绍。"

吴天理有时候悟性还是挺高的，刚读完就"噢"了一声，说："这个专利主要是便于医生在植发手术的时候摆弄病人，你看这里写的，手术床的高度易于调节，作为靠背的这个部分的倾斜度也很容易调节。

"其实这个专利跟植发技术并没有直接关系，头发植不植得上，植上了长不长得牢，跟它半毛钱关系都没有。但是打广告的时候他不把专利名称写出来，就写个专利号，不懂的人还以为他真有啥过硬的技术呢。"

吴天理又问："你咋看了一眼专利号就知道这个专利跟植发技术本身没多大关系，这里面有啥名堂，再给我说一说呗。"

我说："刚才我不是说了吗，专利号中，年份后面的'1'表示发明专利，什么技术可以申请发明专利呢？我之前也讲过，比如你的荞面配方，制作荞面的工艺，以及制作荞面的工具、设备，都可以申请成为发明专利。

"'2'表示实用新型专利，什么技术可以申请实用新型呢？只能是工具、设备这些有形状、有结构的。当然，电路结构也是结构，所以也可以申请实用新型。所以我一看到这个'2'，就知道他的专利不可能是一种植发方法，而很可能是手术床一类的辅助设备。

"'3'表示外观设计专利，外观设计只跟产品的形状、图案以及色彩有关。如果植发广告上的专利是外观专利，那跟植发技术本身就更没有啥关系了。"

吴天理听完，说："我老婆昨天给我买了一件功能性内衣，说有好多功效，还说人家有专利保证，今天回去我倒要看看它到底是1、是2，还是3。"

没有实物你也敢申请专利？

——专利申请的审查

吴天理看着专利证书下面"国家知识产权局"的大红章，说："这国家开头的知识产权局，级别肯定不低吧？"

我说："那还用说？国家知识产权局是国务院直属的副部级单位。"

吴天理说："副部级单位，咋还这么好糊弄呢？楼上那个公司随便给我画了一个图，写了一套申请文件，这专利证书就到手了。他们就不怕我手上其实根本没有这么个拉面成型装置？"

我说："我们介绍专利证书的时候不是说过，专利申请授权还是不授权，是根据《专利法》进行审查之后做出的决定。

"《专利法》规定，申请发明或者实用新型专利的，应当提交请求书、说明书及其摘要和权利要求书等文件；申请外观设计专利的，应当提交请求书、该外观设计的图片或者照片以及对该外观设计的简要说明等文件。但是《专利法》中却没有哪一条规定，申请专利应当提交实物。同时，国家知识产权局制定的《专利审查指南》也规定了，专利的审查原则之一是书面审查。

"为什么规定以书面文件为审查和授权依据，有这么几个原因：首先，不是所有的发明创造都会产生实物，比如产品的质量检测方法、生产线能耗的控制方法、污染河道水质的改善方法等；其次，涉及方法的发明创造，它的技术方案和发明点主要由相互关联的一些步骤构成，这些步骤只有通过文字才能阐述清楚；另外，对于某些发明点主要在于配方的发明创造，必须通过文字来描述其配方，而只看实物是看不出它由哪些成分构成的，更不可能看出成分之间的比例关系；最后，即使是有形的产品，通过文字来描述它的技术方案和保护范围也会比实物更加清楚。

"××科技咨询有限公司给你画了个拉面成型装置图，并且围绕这个图撰写了说明书，详细说明了拉面成型装置的构成、工作原理、创新点和技术效果，并且依据说明书撰写了权利要求书，在提出专利申请的时候一并提交了请求书、说明书、说明书附图、说明书摘要、权利要求书等文件，这就完全满足了《专利法》对于专利申请的要求。

"而且，即使发明创造还仅仅停留在图纸阶段，也不代表它没有价值，只要它能够实现，具有新颖性和创造性，就不能剥夺它获得专利保护的权利。

"同时，国家知识产权局依照《专利法》的其他规定，对专利申请进行审查。对于实用新型和外观设计专利申请，只进行初步审查。初步审查主要审查专利申请文件是否齐全、是否符合规定的格式，专利申请是否属于专利保护的客体，是否属于不授予专利权的对象，是否明显没有新颖性和创造性。你这件拉面成型装置因为是实用新型，所以就只进行了初步审查。"

吴天理说："我没记错的话，专利保护的客体和不授予专利权的对象，你之前给我讲到过。"

我说："不得不说你是我带过的最优秀的学生。

"我们接着讲专利的审查。对于发明专利申请，先进行初步审查，再进行实质审查。在实质审查阶段，才会检索现有技术，深入分析和判断专利申请是否具有新颖性、创造性和实用性。"

吴天理说："也就是说，我这件拉面成型装置虽然授权了专利，但是到底有没有新颖性和创造性，还不一定？"

我说："当然。"

吴天理说："国家知识产权局主动放弃了实用新型的新颖性和创造性审查，那就不是他们好不好糊弄的问题，而是称不称职的问题了哟。"

我说："你这就冤枉国家知识产权局了。不审查实用新型专利的新颖性和创造性，主要是因为专利申请量太大。现在一件发明专利从申请到授权或者驳回一般要两年时间，如果实用新型和外观设计专利申请也都要进行实质审查，就会进一步增加他们的工作量，专利审查周期就会更长。"

吴天理说："既然实用新型不进行实质审查，岂不是有很多人钻空子，把已经存在的产品或者技术拿去申请专利，授权之后拿着专利去告别人侵权？"

我说："确实有这种情况。但既然你都想到了这种情况，法律不会想不到。所以，《专利法》里又规定，如果有人告别人侵犯了他的实用新型或外观设计的专利权，人民法院或者管理专利工作的部门可以要求他出具专利权评价报告。如果他自己不出具，被告也可以主动向国家知识产权局申请出具。除此之外，被告还可以请求宣告原告的专利无效。"

吴天理说："专利权评价报告和宣告专利无效又是个啥？"

我说："那就且听下回和下下回分解吧。"

实用新型和外观设计专利授权后的实质审查

——专利权评价报告

"所谓专利权评价报告，就是国家知识产权局应专利权人、被控侵权人或利害关系人的请求，对相关实用新型或者外观设计进行检索、分析和评价后作出的报告。"

吴天理不满地说："又开始不说人话了。"

我说："着啥急嘛，人话跟着就来。

"就以你的这件专利为例，假如你发现有个叫 A 的厂家在生产、销售跟你专利中记载的一样的拉面成型装置，你就到法院去告 A，说 A 侵犯了你的专利权。正如我们上一回讲到的，由于你的专利是实用新型，没有经过实质审查，虽然得到了授权，但也不能代表这件专利确实符合专利授权的要求。这个道理法官肯定是懂的，他就可以要求你向国家知识产权局申请，请求他们对这件专利出一份专利权评价报告。

"国家知识产权局接到申请以后，就会安排审查员按照规定对专利进行检索、分析和评价。

"首先，审查员会判断这件实用新型是否属于不授予专利权的情况，比如是否违反法律法规，是否违反社会公德，是否妨碍公共利益，以及是否属于科学发现、疾病的诊断和治疗方法等不授予专利权的对象。

"其次，要审查其是否属于实用新型专利保护的对象，也就是要看它是不是跟产品的形状和构造相关的技术方案。

"然后，要审查它有没有实用性、新颖性和创造性。这就相当于在授权之后对实用新型专利进行了一次实质审查。

"当然，如果要对外观设计出具评价报告，也会走类似的审查流程。

"对于前两方面的审查，绝大多数实用新型都能够顺利过关，因为在实用新型授权前的初步审查过程中，审查员也会对这两方面进行一定程度的审查。不容易过关的主要在第三方面，也就是实用性、新颖性和创造性的审查。

"其中，实用性一般也没有问题，就像你这个拉面装置，虽然目前你还没生产制造出来，但它是能够生产制造的，就具有实用性。如果这个拉面成型装置确实是××科技咨询有限公司的代理师脑洞大开设计出来的，那么你这件专利在新颖性和创造性方面也不会有太大问题。这个时候，审查员就可以出具专利权评价报告了，报告里面会下结论说该专利满足实用性、新颖性和创造性等要求，符合专利授权的条件。

"假如××科技咨询有限公司是照着现实中已经生产出的一种拉面成型装置画了一个图，然后申请到了这件专利，那么你这件实用新型专利就没有新颖性，更谈不上创造性。专利权评价报告就会给出该专利不符合授权条件的结论。法官拿到这份报告，很可能会建议你撤诉。如果不撤诉，你胜诉的可能性也基本为零。

"所以，虽然你获得了专利授权，拿到了专利证书，并不代表你就可以为所欲为。因为《专利法》不仅要保护专利权人的利益，也要保护社会公众的利益。

"《专利法》规定，法院在审理专利侵权案件的时候，可以要求专利权人出具专利权评价报告。在法律条文里面，'可以'就代表着不是必须的意思。那么问题就来了，如果法院没有要求专利权人出具专利权评价报告呢？这个时候，被控侵权的被告也可以向国家知识产权局申请出具专利权评价报告。假如报告的结论对他有利，也就是说这件专利不符合授权条件，他就可以兴高采烈地主动向法院提交该报告。

"除此之外，利害关系人也可以申请出具专利权评价报告。哪些人算利害关系人呢？还是以这件拉面成型装置的专利为例吧。假如你吴天理像租房子一样把这件专利租给了尤天理独家使用，尤天理就可以合理合法地制造、销售这个拉面成型装置。这个时候，尤天理就成了这件专利的利害关系人。假如尤天理发现其他人也在制造、销售同样的拉面成型装置，他就可以向法院提起诉讼，也可以向国家知识产权局申请出具专利权评价报告。

　　"除了专利权人、被控侵权人、利害关系人，其他人申请出具专利权评价报告，国家知识产权局是不会受理的。如果不是这三类人，没事就不要去提出评价报告的申请了。"

来过却又从来没有来过这世间的专利

——专利权的无效宣告

吴天理问："你不是还提到可以宣告专利权无效吗，那又是什么？"

我说："之前我讲过，不管是发明专利、实用新型专利还是外观设计专利的申请，授权与否，都是依据《专利法》及其实施细则审查后作出的决定。那么由谁来审查呢，当然是国家知识产权局的审查员。

"审查员也是人，是人就可能犯错或失误，所以即使是经过实质审查的发明专利，也可能存在不该授权却被授权的情况。《专利法》里便规定了对于这种情况的补救措施，也就是任何单位和个人认为某件专利权的授予不符合规定的，都可以请求国家知识产权局宣告这件专利无效。"

吴天理像小学生一样举了举手，很兴奋地说："我注意到了，提专利权评价报告请求的只能是专利权人、被控侵权人、利害关系人，而提无效宣告请求的可以是任何单位和个人。"

我也很高兴，这家伙居然听进去了，赞许地点了点头，说："还有一个区别，出具专利权评价报告的请求只能针对实用新型和外观设计这两种专利，而宣告专利权无效的请求则可以针对所有类型的专利。

"想必你也猜到了，就像出具专利权评价报告一样，国家知识产权局在宣告一件专利是否有效之前，同样会对这件专利是否符合授权条件进行审查。不同的是，提出宣告专利权无效的请求人必须先提交无效宣告的理由和证据，国家知识产权局只对这些理由和证据进行审查，然后作出专利权有效或无效的结论。

"还是以你这件专利举例。假如有一个叫尤天理的，他在你这件专利申请之前就已经在制造、销售同样的产品，他就可以针对你这件专利向国家知识产权局提出无效宣告的请求。理由嘛，当然是你的专利不具有新颖性和创造性。证据嘛，就是他在你申请专利之前就已经在制造、销售的产品。"

吴天理问："他怎么证明他的产品在我申请专利之前就已经在制造、销售了呢？"

我说："机器设备上一般都有铭牌，铭牌上一般都有生产制造日期。如果没有生产制造日期，总有产品名称和型号吧。销售发票上一般也有产品名称和型号，而且肯定有开票日期吧。"

吴天理又懂了，说："我知道，产品和发票放在一起就构成了证据组合。"

我说："收到尤天理的无效宣告请求以及无效宣告理由和证据之后，国家知识产权局的复审和无效审理部就会把相关的文件转送给你吴天理，并且可能要求你进行答复。如果你没有在指定的期限内答复，复审和无效审理部认为尤天理理由成立、证据充分时，就可以直接宣告你的专利权无效。当然，某些情况下可能会进行口头审理，也就是像开庭审案一样，请你吴天理和他尤天理当庭陈述意见并进行辩论。

"一个人虽然生命终结了，我们还是要承认他曾经在这个世上走过一遭，记住他可歌可泣或者不可歌也不可泣的事迹。但如果一件专利被宣告无效了，虽然它实际上来过这个世间一趟，却会被认为从来都不曾存在过。"

吴天理不解，问道："这是为啥？"

我说："这个问题不是一句两句能够说清楚的，以后有机会再说吧。"

吴天理又问："有没有不会被宣告无效的专利呢？"

我说："当然有。你用自拍杆吗？"

吴天理说："用啊。前段时间我跟老婆出去玩了一趟，拍合照的时候我们就用了自拍杆。"

我说："就是这么个小小的自拍杆专利，被人提了二十几次无效宣告请求，现在依然活得好好的。"

吴天理说："一件专利还可以没完没了地被提无效宣告请求？这哪个受得了？"

我说："可是可以，但前提是每次提起无效宣告请求依据的理由或证据要跟之前的不一样。比如，之前的理由是专利没有新颖性，这次的理由可以是没有创造性；或者虽然这次的理由依然是没有新颖性，但针对这个理由提出了跟之前不一样的证据。"

吴天理说："看来提无效宣告也不是那么容易的事，要找理由还要找证据，也不知道这个自拍杆咋就那么招人恨，以至于别人不嫌麻烦地一次又一次想宣告它无效。"

我说："有价值的专利一般都招人恨，如果这件有价值的专利恰好又掌握在勇于维权的人手上，那就更招人恨了。"

吴天理好像不大明白一根小小的自拍杆怎么就算得上有价值的专利，我正等着他问呢，但他问出的问题却是："既然存在不该授权却被授权了的情况，是不是也存在该授权却没有授权的情况呢？遇到这种情况该怎么办，有没有补救的办法呢？"

我说："当然有。欲知如何补救，且听下一回——《专利的起死回生》。"

专利的起死回生

——专利的复审

吴天理问："既然存在不该授权却被授权了的情况，是不是也存在该授权却没有授权的情况呢？遇到这种情况该怎么办，有没有补救的办法？"

我说："当然有。审查员经过审查，如果认为你的专利申请不符合专利授权的条件，比如没有创造性，他就会向你发一份驳回通知书。

"驳回通知书里面会写明驳回的理由，以及支持其理由的证据。如果你的专利申请确实是自己脑洞大开想出来的，而且你认为审查员给的理由和证据非常牵强，觉得这个专利申请被驳回了很冤枉，感到发明创造的热情遭受了无情的打击，这个时候你就可以向国家知识产权局提出复审请求。"

上学时大家认为资质平平的吴天理好像突然开了窍，抢着说："你讲无效宣告的时候提到了一个部，叫啥来着，对了，复审和无效审理部。既然叫复审和无效审理部，复审应该也是他们的事吧？"

我说："恭喜你，都会抢答了。"

吴天理又问："申请复审需要提交哪些材料？有哪些流程？"

我说："首先，你需要提交复审请求书，并且说明申请复审的理由。比如审查员说你的专利申请没有创造性，你提出复审申请的理由可以是你的专利申请有创造性。

"复审和无效审理部收到复审请求后，会进行形式审查，也就是看你的申请材料齐不齐全，符不符合规定的格式。

　　"形式审查合格后，复审和无效审理部就会将复审请求书和相关案卷一起转交给驳回这件专利的原审查部门，原审查部门需进行再次审查，这种审查被称为复审的前置审查。原审查部门对原申请文件进行前置审查后，如果发现原来的驳回确实不应该，就会给出'同意撤销驳回决定'的意见。

　　"另外，你提复审请求的时候也可以对原申请文件进行修改，这时原审查部门就会对修改后的文本进行前置审查，如果发现修改文本满足了授权条件，也会给出'同意在修改文本的基础上撤销驳回决定'的意见。

　　"对于以上两种情况，复审和无效审理部将不再进行进一步审查，而是直接将同意撤销驳回决定的好消息通知到你。但复审和无效审理部没有权利直接给你发专利证书，而是由原审查部门继续进行审批。

　　"如果原审查部门坚持认为你的专利申请不符合授权条件，复审和无效审理部就会安排专人组成合议组，由合议组对驳回决定的理由和证据进行复审。复审也会根据情况安排书面审查或口头审查。

　　"经过复审后，会出现三种不同的结论：第一种是合议组认为你有道理，撤销驳回决定；第二种是合议组认为原审查部门有道理，维持驳回决定；第三种是专利申请文件经过修改后满足了专利授权条件，在修改文本的基础上撤销驳回决定。

　　"在撤销驳回决定后，复审和无效审理部会将相关案卷返回原审查部门，由原审查部门继续审批程序。也就是说，复审和无效审理部只有维持或者撤销驳回决定的权力，没有直接授权的权力。"

　　吴天理问："既然复审和无效审理部都撤回驳回决定了，原审查部门直接授权就行了嘛，还继续审查个啥？"

　　我说："因为驳回专利申请可以有很多个理由，也可以有很多种证据，而复审和无效审理部撤回驳回的决定，仅仅是在审查了原来依据的理由和证据的基础上作出的。所以原审查部门还可以审查你的专利申请有没有其他缺陷，也就是说还可以找其他的理由和证据来驳回。只有当他们再找不出其他驳回的理由和证据时才会授权，到这时候，被毙掉的专利申请才算起死回生了。"

吴天理说："被毙掉的专利虽然有申冤的机会，有起死回生的可能，但是程序也太复杂了，过程也太曲折了。"

我说："专利的问题，本质上是法律的问题，程序上的复杂是为了维护法律的严肃性和公正性。"

狗屁不通还是不说人话

——专利申请文件（上）

前段时间，吴天理把他画的压面器图纸交给我，让我申请一件专利。我花了三天时间，完成了铅笔草图到标准附图的转换，写好了说明书、权利要求书、说明书摘要，算是完成了整套专利申请文件。

按照我们公司的标准流程，专利申请文件在向国家知识产权局提交之前需要先请发明人确认，对吴天理也不例外。

我把申请文件发给吴天理的第二天，他打来了电话。我在电话里问他，申请文件看得怎么样，是不是清楚、完整地表达出了他的技术方案。

他说："亏你还是个喜欢舞文弄墨的人，闲的时候还写诗、写小说、整酸词，却把我的专利申请写得狗屁不通。"

吴天理可能不太看得懂专利申请文本，这个我早有心理准备，但毕竟××科技咨询有限公司之前给他申请过一个专利，他对专利申请文件的行文风格应该有所了解吧。所以他说我写的申请文件狗屁不通，让我颇感诧异，便问："你觉得我写得狗屁不通，那你认为××科技咨询有限公司写得如何呢？"

吴天理说："那时我只关心能不能拿到证书，他们发给我的申请文件我根本就没看。"

我心想，难怪，不得不给他再上一课："《专利法》规定，申请发明或者实用新型专利的，应当提交请求书、说明书及其摘要和权利要求书等文件。

"请求书需要写明发明或者实用新型的名称，发明人的姓名，申请人姓名或者名称、地址等。专利授权之后，专利证书上的发明或实用新型名称、发明人等信息就按照请求书填写的信息来记载，专利权人就按照请求书填写的申请人姓名或名称来记载。

"说明书和权利要求书是记载发明或者实用新型的技术方案，确定其保护范围的法律文件。既然是法律文件，首要考虑的应该是文字的清楚、完整，以及不会产生任何歧义。既要清楚、完整，又不会产生歧义，用词造句就得非常严谨甚至一板一眼，读起来肯定就不会像读情书那么流畅。所以你刚才说我写得狗屁不通我不能苟同，你要说我写的申请文件又是不说人话，我倒是可以勉强同意。"

吴天理在电话那头说："对对，我就是想说你不说人话。"

我继续说："先来讲讲说明书吧。说明书的内容比较多，包括技术领域、背景技术、发明或实用新型的内容、具体实施方式几大部分，需要用图来说明的还需要附图。

"其中，'技术领域'部分需要写清楚技术方案所属的或直接应用的技术领域。'背景技术'部分应该写明现有技术的情况，客观地指出现有技术的问题和缺陷，比如你要申请改进后的压面器专利，背景技术中就应该写清楚改进之前的压面器是什么样的，存在什么问题。

"'发明或实用新型的内容'部分，首先要写明要解决的技术问题。比如目前的压面器操作起来太费力，为了把面条切断还需要不停地拿刀放刀，所要解决的技术问题就是操作强度大、效率低。

"其次，要写明解决技术问题采取的具体技术方案，也就是要写清楚构成压面器的所有组件，组件与组件之间的位置关系、连接关系。如果申请专利的是某种方法，就需要写清楚方法的所有步骤、步骤与步骤之间的关系等。还要写清楚技术方案中创新点带来的有益效果，比如，由于压面器中增加了杠杆，使得人工操作相对要省力一些。

"'具体实施方式'部分是对'发明或实用新型的内容'的进一步阐释。假如'发明或实用新型的内容'里提到压面器中设置了一个动力机构，'具体实施方式’部分则需要写清楚到底是什么动力机构，比如电机等；假如‘发明或实用新型的内容’部分只写了压面器的构成，在‘具体实施方式’里就需要说明使用压面器时的动作过程或操作步骤。

"总之，说明书必须清楚、完整地对发明或实用新型进行说明。怎么才算清楚、完整呢？本领域的技术人员看了说明书之后能够再现专利的内容，就算清楚、完整了。

"比如，某压面器厂家看了我们写的压面器说明书，能够照着制造出来，并且制造出来的压面器能实现说明书中指出的那些功能，这份说明书就算达到了清楚、完整的要求。同样的，如果说明书记载的是拉面的制作方法，隔壁的拉面师傅能照着方法步骤把拉面做出来，也算是达到了清楚、完整的要求。

"说明书为什么必须清楚、完整？之前我讲过专利是以公开换保护，申请人想获得专利权的保护就必须尽到公开发明创造的义务，而说明书的作用就是公开发明创造。不仅要公开，而且要充分公开，说明书清楚、完整才算得上充分公开。

"由于说明书文字较多，不利于人们快速了解发明或者实用新型的大概内容，所以《专利法》规定在申请发明或实用新型的时候必须提交说明书摘要。根据《专利审查指南》的要求，摘要应当写明发明或实用新型的名称和所属技术领域，清楚地反映要解决的技术问题、解决该问题的技术方案的要点。也就是说，说明书摘要就是说明书几大部分的浓缩。"

狗屁不通还是不说人话

——专利申请文件（下）

"与说明书相对的是权利要求书，权利要求书是划定专利保护范围的文件。

"什么是保护范围呢？举个例子，假如之前不存在杯子这种东西，你吴天理申请并获得了一个杯子的专利，权利要求书中某一条是这样写的：'一种水杯，包括杯体、杯把和杯盖。'这条权利要求的保护范围就覆盖了所有具有杯体、杯把和杯盖的杯子。

"也就是说，其他人以生产经营为目的制造同样具有杯体、杯把和杯盖的杯子，就侵犯了你吴天理的专利权；或者其他人以生产经营为目的制造的杯子不仅具有杯体、杯把和杯盖，还有其他部件，比如还安装有一个水温显示器、一根吸管，这同样侵犯了你的专利权。

"那什么情况不算侵权呢？如果他制造的杯子只有杯体和杯把，或者只有杯体和杯盖，这种时候就不算侵权，因为他制造的杯子没有涵盖你的权利要求中的所有技术特征（杯体、杯把和杯盖就是技术特征）。由此可以看出，技术特征越少的权利要求，保护范围越大。"

吴天理说："还有一种情况，如果他制造的杯子只有杯把和杯盖也不侵权。"

我说："确实不侵权，但你觉得这还是杯子吗？"

吴天理居然幽默了一下，说："摔坏了的杯子嘛。"

我继续说："我们刚才举的是产品专利的例子，如果是方法专利呢？假如你又申请并获得了一件拉面制作方法的专利，其中一条权利要求是这样写的：'一种制作拉面的方法，包括以下步骤：A. 和面；B. 揉面；C. 拉面；D. 煮面。'这条权利要求的保护范围就覆盖了所有包括和面、揉面、拉面、煮面的制作方法。也就是说，如果隔壁面馆做拉面的步骤跟这条权利要求中记载的一个不多一个不少，不用说，肯定侵权；就算他在这几个步骤前后、中间增加了几个步骤，只要也有和面、揉面、拉面、煮面，仍然是侵权。当然，如果权利要求中 A、B、C、D 四个步骤具有唯一的先后顺序关系，他在中间增加步骤是否侵权就需要具体判断了。"

说到这里，我等着吴天理说"如果他少一个步骤，比如少一个揉面的步骤，他就不算侵权"。结果他没这样说，而是说："和面、揉面、拉面、煮面，我们拉面界不都是这样干的吗，这应该叫什么？现有技术吧。既然是现有技术就没有新颖性，没有新颖性的专利申请还能获得授权？"

我是既欣慰又生气，欣慰的是这家伙记住了现有技术和新颖性，气的是我就打个比方他居然跟我较真。

见我没理他，吴天理又问："你老是说其中一条权利要求，意思是权利要求书里可以有很多条权利要求？"

我说："权利要求书中可以只有一条权利要求，也可以有很多条权利要求。权利要求又分为独立权利要求和从属权利要求，独立权利要求记载的技术特征最少，保护范围最大；从属权利要求顾名思义就是从属于独立权利要求或其他权利要求的权利要求，在独立权利要求的基础上增加技术特征或者对原来的技术特征进行进一步的限定。

"比如前面说的杯子的权利要求是独立权利要求，它的从属权利要求如果这样写'如权利要求 1 所述的水杯，还包括水温显示器'，就属于在独立权利要求的基础上增加技术特征的情况，这个杯子的技术特征就包括杯体、杯把、杯盖和水温显示器。

"而如果写'如权利要求 1 所述的水杯，杯盖上开设有观察窗'，这种从属权利要求就属于对独立权利要求进行进一步限定的情况。"

吴天理说:"你刚才提到了'所述'两个字,你写的压面器专利申请文件中就是所述来所述去,看得人眼晕。"

我说:"这个'所述'表示它后面提到的技术特征是前面提到过的某个技术特征,而不是其他特征。虽然'所述'多了会让专利文本读起来更加不流畅,但它却是法律文本严谨性的又一体现。"

吴天理又说:"权利要求书的内容倒是没有说明书那么多。"

我说:"你说对了,权利要求书的写作要求就是清楚、简要。清楚就不说了,怎么才算简要呢?就是有什么技术特征就写什么技术特征,不用扯别的。

"比如,杯子包括哪些构件就写哪些构件,当然也可以把构件之间的位置关系和连接关系写出来。除此之外,就不用写为什么有这些构件,这些构件为什么要这样连接。

"再比如,拉面制作方法有哪些步骤就写哪些步骤,不用去写为什么要有这些步骤,这些步骤有什么有益效果等。"

吴天理说:"你说得非常正确,有益效果应该写在说明书里面。"

我激动地说:"不错嘛,都可以点评老师了。既然你提到了说明书,我就来讲讲权利要求书与说明书的关系。

"前面我们讲了,说明书必须清楚、完整到本领域技术人员看了就能够实现的程度,是为了让申请人尽到充分公开发明创造的义务。如果申请人尽到了充分公开的义务,在符合授权条件的前提下就应该享受专利保护的权利,而权利要求书就是享受权利的依据。同时,为了确保公平,权利和义务应该对等,所以用来享受权利的权利要求书就应该以尽义务的说明书为依据。

"也就是说,说明书公开了哪些内容,权利要求就只能在公开的基础上写进对应的内容;或者说,说明书对技术进步做出了多大贡献,权利要求书就只能要求多大的保护范围。

"首先举个极端的例子,如果说明书记载的是小麦的种植方法,权利要求书要求保护火箭上天的方法,这肯定不合适吧。因为权利要求书要求保护的完全不是说明书所公开的内容。

"再举个不极端的例子，如果说明书只记载了小麦的种植方法，权利要求书要求保护粮食作物的种植方法，这也是不合适的。因为权利要求书要求保护的范围远远大于了说明书公开的范围。

"但是，如果说明书不仅记载了小麦的种植方法，还记载了小米、大米、玉米、大麦、大豆等作物的种植方法，这时候权利要求书要求保护粮食作物的种植方法或许就是合适的。"

我意犹未尽地还想往下说，却听见电话那头传来吴天理老婆的声音："还没个完了是吧，你看看几点了，好好学习天天向上也要挑个合适的时间嘛。你不睡也不要影响我。"

然后就听到吴天理说："不讲了不讲了，今天的信息量太大，我得好好消化一下。"

我正想挂电话，又听到吴天理很硬气地跟他老婆说了一句："你啥都不懂，还跟专利一样不说人话。"

我知道，这句话其实是说给我听的。

谈钱伤感情，不谈钱伤专利

——专利申请与维护的费用

　　吴天理对专利申请文件的组成和行文特点有了初步了解之后，读起其中的说明书、权利要求书来也就没那么费劲了。两天之后，他就打来电话，说我写的没问题，把他的设计方案写清楚了，可以向国家知识产权局提交了。

　　我说："你的要求也太低了吧，把设计方案写清楚就可以了吗，你对权利要求的保护范围就一点儿都不在乎？"

　　吴天理说："我的要求确实不高，你也知道，我申请专利就是为了宣传我的面馆，当然也为了在成都落户加点儿分。所以啊，只要能拿到证书就行，保护范围嘛，它宽也好，窄也好，跟我一个卖面的没啥关系。"

　　我说："你这是目光短浅，说不定这个专利能让你走上人生巅峰。"

　　我当时也就那么一说，没想到这件专利虽然没有让他走上人生巅峰，至少也改变了他的人生轨迹。

　　吴天理说："费那么多话干啥，赶紧提交就是了。"

　　我说："提交要钱啊，说声提交就提交了？代理费先转过来，专利官费如果需要我代缴，也一起转过来。"

　　吴天理说："你们干专利代理这行的真黑，客户连专利证书都没看见，你们就敢收钱。"

　　我说："你开面馆不是更黑吗？点完餐就让客人扫码。我再怎么也是写好了申请文件才让你付钱的吧。不过说句实在话，我这是看在咱们多年同学的分上，要按照行规，签完合同就要付款的，什么时候付款什么时候动笔。"

吴天理说："我让顾客扫了码，就一定能让他吃到面。你让我转了账，一定能让我拿到证书吗？"

我说："我是专利代理师，不是专利设计师，更不是发明人。你的申请能不能授权，能不能拿到证书，主要取决于你自己，好吧？如果你既把我当代理师用，又把我当设计师或发明人用，你觉得那点儿代理费还拿得出手吗？"

吴天理说："代理费就不跟你计较了。不过你说这国家知识产权局也是，它是国家开的吧，既然是国家开的就是我们纳税人养的，跟它申请个专利为啥还要收什么官费。上次那个拉面成型装置，先是收了申请费，发证书之前又收了个授权当年的年费。"

我说："你知道中国十几亿人中有多少人申请过专利吗？你知道中国那么多单位中又有多少家单位申请过专利吗？"

吴天理说："我不知道，难道你知道？"

我说："我也不知道。但是我知道申请专利的人在十几亿人口中只占了很小的比例，申请过专利的单位占比也不会太大。也就是说，国家知识产权局服务的对象不是公众而是特定对象。你纳了税不假，但是国家的税收只能用于服务公众，不能用于特定对象。既然税收不能用于特定对象，国家知识产权局就只能主要以收费的方式来维持正常运转。"

吴天理说："记得你上次介绍专利证书的时候，还说每年都要缴年费，不缴年费专利权就会终止，这也太现实，太伤人感情了吧。"

我说："年费不仅每年要缴，而且随着时间的推移，缴的金额还会越来越高。

"这是为啥呢？我们之前讲过，专利制度的设立一方面是为了保护专利权人的合法权益，从而起到鼓励发明创造的作用；另一方面是为了推动发明创造的应用，从而促进科学技术进步和经济社会发展。

"如果专利权人死攥着自己的专利不撒手，就不利于推动发明创造的应用。但是有了缴纳年费的规定之后，专利权人就要掂量一下到底是交钱维持还是不交钱放弃。账大家都会算，肯定是那些能直接或间接创造价值的专利才会被交钱维持，没有多少价值的专利就会被放弃。专利被放弃之后，大家就都可以用了，该专利技术就可以得到推广应用。"

吴天理说："你这么一说，年费好像收得也挺有道理。"

我说："我们国家现在已经是专利数量上的大国，但发明专利维持年限在 10 年以上的少之又少，这就说明很多专利都没太大价值，我们离专利强国还有一定距离。"

吴天理说："虽说申请费、年费这些费用都该收，但是申请并且维持一件专利的成本确实不低啊。"

我问："×× 科技咨询有限公司给你申请拉面成型装置专利的时候，你缴了多少官费？"

吴天理说："记不清了。"

我说："从申请到拿到证书，你总共交了 170 元的官费。申请费 75元，授权当年的年费 90 元，印花税 5 元。"

吴天理说："不对啊，我怎么记得是 1000 多？"

我说："正常情况确实是 1000 多元，准确地说是 1105 元。申请费 500元，授权当年的年费 600 元，印花税 5 元。但对于年收入低于 6 万元的个人，或者年应纳税所得额低于 100 万元的企业，以及高校、医院等单位有非常优惠的费用减缓政策。比如你的天理餐饮公司，应纳税所得额没有超过100 万元吧？"

吴天理说："营业额跟 100 万元都差着好几条街，更不用说应纳税所得额了。"

我说："这就对了嘛。像你这种情况，就可以享受费用减缓政策，申请费和授权当年的年费都可以减免 85%，算下来就是 170 元。"

吴天理咬牙切齿地说："可恶的 ×× 科技咨询有限公司，有这么好的政策也不给我说，害得我多交钱。

我说："我刚才讲的是实用新型的收费标准，当然，外观专利也一样。我再给你讲一下发明专利的收费标准，免得你以后再被坑。

"发明专利除了申请费，还要收公布印刷费、实质审查费，因为发明专利的审查程序比实用新型和外观设计多了公布和实质审查两个环节。其中申请费是 900 元，公布印刷费 50 元，实质审查费 2500 元，总共是 3450 元，如果被授权了，授权当年的年费是 900 元，印花税还是 5 元。如果享受费用减缓政策，除了印花税，其他同样都可以减免 85%。

"当然，减免 85% 只是申请人只有一个的情况，申请人有两个或两个以上时，如果所有申请人都能享受费用减缓政策，就只能减免 70%。两个或多个申请人中只要有一个不能享受政策，就只能全额缴纳。"

吴天理问："年费是每年都可以减缓吗？"

我说："只能减缓三年，也就是授权当年，以及接下来的两年。"

吴天理说："国家知识产权局格局还是不够大，要是我开的，我就大笔一挥，每年年费都给他减缓了。"

我说："那是因为你的专利不值钱，你的专利要是值钱，每年可以给你带来几百万、几千万元的收益，你还在乎年费减不减缓？"

讲得人口吐白沫的专利

——专利的分类

吴天理好像听专利听上了瘾，一有机会就让我给他讲。有时是打电话，有时是骗我到他的面馆去，有时干脆找到我公司来。像今天，他招呼都不打就跑到了我所在的公司。

他来的时候我正在准备课件，因为几天之后要去给一个工业园区做培训。培训的主要内容是关于专利的分类，既然他来了，就让他先听为敬吧。

我说："如果要给专利分类，一般人马上会想到发明专利、实用新型专利、外观设计专利这三类。发明和实用新型专利都是对技术方案的保护，而外观设计专利是对产品外观的设计方案的保护。可以说发明和实用新型注重的是内涵，外观设计专利注重的是颜值。

"《专利法》第二条对发明、实用新型和外观设计分别进行了定义。

"发明，是指对产品、方法或者其改进所提出的新的技术方案。也就是说产品本身可以申请发明专利，产品的生产制造方法、检测方法、应用方法以及其他方法也可以申请发明专利。

"实用新型，是指对产品的形状、构造或者其结合提出的适于实用的新的技术方案。从定义中我们可以看出，只有产品可以申请实用新型，而方法不能。

"外观设计，是指对产品的整体或者局部的形状、图案或者其结合以及色彩与形状、图案的结合所作出的富有美感并适于工业应用的新设计。"

吴天理听到这里，说："我发现专利申请文件不说人话，专利法条更不说人话，什么整体、局部，什么形状、图案，什么结合，听得人头晕。"

我说："法条表达了几层意思，首先，产品的整体可以申请外观专利，产品的局部也可以申请外观专利；其次，产品的形状、产品的图案可以单独申请外观专利，产品形状和图案的结合，产品形状和色彩的结合，产品图案和色彩的结合，产品形状、图案、色彩的结合都可以申请外观专利；另外，申请外观专利的应当是适于工业应用的有一定美感的新设计。用一句话总结，只有产品可以申请外观专利。

"所以，从发明、实用新型、外观设计的定义可以发现，专利又可以分为产品专利和方法专利。产品专利可以是发明、实用新型和外观设计，而方法专利只能是发明专利。"

我接着口若悬河："发明创造的创新程度有高有低，因此可以从创新程度的角度将发明创造分为开拓性发明、组合发明、选择发明、转用发明、已知产品的新用途发明、要素变更的发明。

"像蒸汽机、白炽灯、电话，在瓦特、爱迪生、贝尔发明它们之前是从来没有过的，这就属于开拓性发明。开拓性的发明创造申请专利，不用说，肯定是百分百授权。

"将某些已有技术方案进行组合，构成新的技术方案的发明就是组合发明。组合的技术特征如果只是简单地叠加，功能上没有相互作用的关系，这样的组合发明就很难获得授权。反过来说，如果组合的技术特征在功能上彼此支持，并取得新的技术效果，或者组合后取得的技术效果比每个技术特征效果的总和更优越，这样的组合发明就容易获得专利权。"

吴天理说："又晕了，快举例说明。"

我说："比如，有人发明了一种野外探险用的水杯，这个水杯在杯盖上安装了一个指南针，在杯体上安装了一块电子表，如果指南针和电子表之间毫无关系，只是各自发挥各自的作用，这种情况申请专利的话获得授权的可能性几乎为零。如果指南针在不停转动的过程中可以产生电流，并且对电子表供电，这种情况申请专利获得授权的可能性就比较大。"

吴天理问："什么又是选择发明呢？"

我说："从现有技术公开的较宽范围中，选择出现有技术中没有提到的窄范围或个体的发明就是选择发明。选择发明要想获得授权，必须取得预料不到的技术效果。"

不等他催，我主动举例："比如，对于合成某个产品的化学反应，现有技术给出的催化剂的用量比为 0%~100%，而且一般专业人员都认为催化剂的用量越高产品的产率越高，而你却选择了 0.02%~0.2% 这样一个很低的催化剂用量比，并且产品产率还大大提高。这种情况就是在现有较宽范围中选择了一个较窄范围，并且取得了预料不到的效果，属于可授予专利权的选择发明。"

吴天理又问："什么是转用发明？"

我说："将某一技术领域的现有技术转用到其他技术领域中的发明就是转用发明。转用发明要想获得授权，也需要取得预料不到的技术效果，或者克服在原技术领域中没有遇到过的困难。比如，将控制飞机升降的技术用于控制潜水艇的升降，由于一个在空气中一个在水中，这种现有技术的转用需要克服很多技术难题，因此一旦成功，获得专利权也是完全没有问题的。"

吴天理接着问："什么是已知产品的新用途发明？"

我说："将已知产品用于新的目的的发明就是已知产品的新用途发明。比如，阿司匹林最初只是用于解热镇痛，后来有人发现它还具有抗血小板聚集的作用，阿司匹林用于心脑血管疾病治疗的新用途也就可以申请新用途专利。"

吴天理说："新用途发明也需要取得预料不到的效果吧？"

我说："那是当然。如果新用途只是使用了已知材料的已知性质，这种情况就没有取得预料不到的效果。如果新用途利用了已知产品新发现的性质，就可能产生预料不到的技术效果。比如，以前人们只知道五氯酚制剂可用于木材杀菌，后来有人发现它作为除草剂使用的效果也很好，五氯酚制剂作为除草剂的新用途申请专利就可以获得授权。"

吴天理说："好像还有一类要素变更的发明？"

我说："要素关系改变、要素替代和要素省略的发明就是要素变更的发明。这类发明要想获得授权，仍然需要取得预料不到的技术效果。"

吴天理不耐烦地说："你先别说技术效果，先说说啥是要素吧。"

我说："所谓要素可以理解为技术特征，比如涂料中的成分、涂料制备方法中的步骤、设备上的部件等。步骤先后顺序的改变、部件相互位置的改变就属于要素关系改变；某一个步骤变成了另一个步骤，某一个部件变成了另一个部件就属于要素替代；去掉某一种成分，去掉某一个步骤，去掉某一个部件就属于要素省略。

"要素变更的发明怎么才算取得了预料不到的效果呢？以要素省略为例，假如某种涂料与现有技术的区别是省略了防冻液这一要素，如果防冻液省略之后涂料的防冻效果也消失了，这种发明就没有取得预料不到的效果；如果防冻液省略之后涂料依然具有很好的防冻效果，这种发明就取得了预料不到的效果。

"对于以上几种类型的发明，我们把相应的专利分为开拓型专利、组合型专利、选择型专利、转用型专利、新用途专利、要素变更型专利。

"除此之外，专利还可以分为基础专利、改进专利；核心专利、支撑性专利、外围专利；进攻性专利、防御性专利、迷惑性专利……"

吴天理打断我说："你看你都讲得口吐白沫了，为了你的安全，来日方长、来日方长。"

看来，吴天理听专利的瘾再大，也没有我讲专利的瘾大。

路虎与陆风的恩怨情仇
——专利的侵权判定

吴天理的面馆开在一片办公区，一到周末或节假日就基本没有客流。吴天理于是买了一台车，每到周末就开着车到郊区去钓鱼。

又是一个周六，吴天理打来电话，说要开车接我去农家乐玩儿。我知道他是要拉我去钓鱼，虽然我现在对钓鱼没啥兴趣，但想到可以坐坐他的车，再借题发挥给他讲讲专利，所以就欣然答应了。

吴天理的车线条粗硬、轮廓分明，看上去十分霸气，但是价格却很温柔。为此，吴天理一度非常得意。

小学时我们一起钓过几次鱼，那时候我的水平比他高，但现在肯定是掉了个个。一路上他都在眉飞色舞地跟我讲钓鱼经，完全不给我向他讲专利的机会。或许是太忘乎所以，在一个红灯前他没有及时刹住车，轻吻了一下前面那台车的屁股。

吴天理一下车就笑着跟前面的车主套近乎："真是大水冲了龙王庙，一家人不认识一家人了。"

我早已看到了那台车的车标，赶紧提醒他："你看清楚了，人家是路虎，不是陆风。"

吴天理略显尴尬地说："我的意思是两辆车长得这么像，说明我和这位大哥的品味肯定差不多。"

路虎车主完全不吃吴天理那一套，只管前后左右拍照，拍完就问："你看是报保险还是你直接处理？"

不等吴天理稍加考虑，路虎车主又说："我看就不用麻烦保险了，问题又不大，就是补个漆的事。你赔 500 块钱，我们就各走各。看得出来，两位也不是闲人，为点小事耽误半天不划算。"

吴天理被对方的气势震住了，不知道该如何反应。

我想 500 块也不算多，就对路虎车主说："你们两位加个微信吧，他给你转到微信上，省得你打收条。"

我把"打收条"三个字咬得很重，意思是让路虎车主知道，我们也有明白人，你休想收了钱后面又用那些照片来告我们肇事逃逸。

吴天理给路虎车主转了钱，路虎和陆风却并没有各走各的，而是一前一后开了一路，最后双双开进了同一片坑坑洼洼的停车场。

路虎车主从后备箱取出一套钓鱼的家伙，见我们也从陆风的后备箱取出一套钓鱼的家伙，便走过来打着哈哈说："我没说错嘛，都不是闲人，都有重要的事要办。"

吴天理也用哈哈回敬着说："我也没说错嘛，都是品味差不多的人。"

路虎车主又说："既然这么有缘，今天的大小开支全部由我承担了。"

吴天理忙摆手推辞，路虎车主已经小跑着去把两台车的停车费交了。此时，路虎和陆风的恩怨情仇已经上演了很多场，而路虎车主和陆风车主的爱恨纠缠才刚刚开始。

先说说路虎和陆风之间的恩怨吧。

路虎曾经将陆风告上过法庭，理由嘛，当然是认为陆风抄袭了路虎的外观，而路虎的外观在中国是有专利权的。在案件审理的过程中，陆风辩护说他并没有抄袭路虎，他自己也有外观专利，车子的样子是按照他的外观专利生产制造的，不存在侵犯路虎专利权的问题。

不知道我之前讲没讲过，你自己有没有专利权，你的产品是不是按照你自己的专利生产制造的，跟你侵不侵犯别人的专利权一点儿关系都没有。也就是说，即使你自己有专利，并且严格按照自己的专利生产制造产品，仍然可能侵犯别人的专利。

道理是这样的：专利的侵权判定有两个原则，一个是全面覆盖原则，一个是等同原则。所谓全面覆盖原则，就是当你的产品的技术特征覆盖了别人专利的权利要求中的技术特征，你就侵犯了别人的专利权。所谓等同原则，就是当你的产品的技术特征跟别人专利的权利要求中的技术特征虽然不完全一样，但没有实质性的差别，也算侵犯了别人的专利权。当然，为了方便理解，以上只提到了产品的侵权，采用的方法是否侵权，判定原则也是一样的。

不论是全面覆盖原则还是等同原则，判定是否侵权时，都是用你生产的产品或采用的方法与别人专利的权利要求进行比对。

举个例子。假如别人有一个杯子专利，权利要求中的技术特征包括杯体、杯把和杯盖；而你也是生产杯子的，不管你有没有专利，只要你生产的杯子有杯体、杯把和杯盖这三个技术特征，那就是侵权的。即使你的杯子还多了一些技术特征，比如杯体上还有水温显示器，杯盖上还有观察窗等，但因为你的杯子全面覆盖了别人权利要求中的所有技术特征，所以仍然是侵权的。

假如别人的杯子专利的权利要求是这样写的，"一种杯子，其特征在于，包括杯体、弧形的杯把、杯盖"，而你生产的杯子包括杯体、直角形的杯把和杯盖。此时，虽然杯把的形状不同，但是两者本质上没有差异，因为它们采用的技术手段是基本相同的，实现的功能都是防止杯子烫手，达到的效果也是一样的，把弧形改成直角形也是很容易想到的（等同判断的"三基本，一容易想到"原则），所以就构成了等同侵权。

所以，陆风以自己是按照自己的外观专利生产制造的作为不侵犯路虎专利权的抗辩理由，不是不懂专利侵权判定原则，就是没话找话说。

虽然陆风的外观专利没有影响到法院的判决，路虎还是不能容忍陆风专利的存在，就向当时的专利复审委员会（简称复审委，现称专利复审与无效审理部）提起了无效宣告请求。

复审委经过审理，认为陆风的外观专利与早在陆风申请这件专利之前就已经面市的路虎确实长得很像，虽然有差异，但差异仅仅体现在一些小细节中。用复审委公布的决定书中的话说，"在整体视觉效果上没有明显区别"，因此陆风的外观设计专利被宣告无效。

陆风在自己的专利被提无效请求的同时，也向复审委提出了宣告路虎外观专利无效的请求。理由是路虎在申请外观专利之前已经在广州车展上公开展览过，路虎的外观设计也就成了现有设计，路虎的外观专利申请也就不应该被授权。

复审委查明陆风的证据属实，无效理由成立，于是在宣告陆风外观设计专利无效的同一天宣告了路虎的外观设计专利无效。同一天啊，记住这个两败俱伤的日子吧，2016 年 6 月 3 日。

我是在钓完鱼回城的路上把路虎和陆风的这段故事讲给吴天理听的，到了我家楼下，吴天理说："我猜他们两家的故事还没完。"

我说："你真的猜对了，有机会再接着跟你讲。"

路虎与陆风的恩怨情仇

——与专利相关的诉讼

　　路虎和陆风的外观设计专利都被宣告了无效，但他俩之间的恩怨却并没有就此了结。

　　首先是陆风把专利复审委告上了法庭，事由当然是专利复审委宣告了它的专利无效。根据我国《行政诉讼法》的规定，公民、法人或其他组织认为行政机关和行政机关工作人员的行政行为侵犯其合法权益，有权依照本法向人民法院提起诉讼。

　　不仅如此，《专利法》也规定，对国务院专利行政部门宣告专利权无效的决定不服的，可以自收到通知之日起三个月内向人民法院起诉。

　　专利复审委是国家行政机关，宣告陆风专利无效是其作出的一种具体行政行为。而陆风认为复审委宣告其专利无效是没有道理的，侵犯了它的合法权益，因此将专利复审委告上法庭是在行使《行政诉讼法》和《专利法》赋予的正当权利。

　　因被告的是专利复审委，而复审委在北京，根据原告就被告的原则，对该案件具有管辖权的法院是北京知识产权法院。

　　北京知识产权法院经审理认为：虽然陆风的外观设计专利与路虎车身比例基本相同，侧面主要线条的位置、立柱的倾斜角度、车窗的外轮廓及分割的比例基本相同，前后面车身的外轮廓及主要部件的相互位置关系也基本相同，但陆风的专利与路虎在车灯、进气格栅、进气口、雾灯、倒 U 形护板、装饰板、车牌区域等部位存在不同的设计特征，这些特征组合后形成的视觉差异对 SUV 类型汽车的整体外观产生了显著的影响，足以使一般消费者将陆风的专利与路虎的整体视觉效果相区分。

也就是说，北京知识产权法院认为陆风的专利与路虎具有明显区别，符合《专利法》的相关规定，判决复审委撤销对陆风专利的无效宣告决定，这就相当于陆风专利又起死回生了。

当然，北京知识产权法院的判决并不是终审判决，所以这个案子又到了北京市高级人民法院（简称北京高院）进行二审。

北京高院认为，虽然陆风的外观设计专利与路虎在细节上有所不同，但整体差异并没有达到明显区别的程度。也就是说，在将两者隔离的情况下，一般消费者很难区分出谁是路虎谁是陆风。因此北京高院作出了与北京知识产权法院相反的判决，维持陆风专利的无效宣告决定。

陆风对北京高院的二审判决不服，又将官司打到了最高人民法院（简称最高院），最高院经审理作出最终裁定，维持了北京高院的二审判决。直到这时，陆风的外观设计专利才真正"死彻底"了。

即便两家的专利都无效了，但故事依然没有结束。

路虎没有了专利这件武器，无法以陆风侵犯它的专利权为由将其告上法庭，但是还有《反不正当竞争法》和《著作权法》可以用。

《反不正当竞争法》规定，经营者不得擅自使用与他人有一定影响的近似的商品装潢，引人误认为是他人商品或者与他人存在特定联系。所谓的商品装潢，除了在商品或者包装上附加的文字、图案、色彩等，还包括具有装饰作用的物品整体或者局部外观构造。

路虎的外观设计整体上具有区别于一般汽车外观常见设计的特征，在我国具有一定的知名度和影响力，属于《反不正当竞争法》所保护的商品装潢。因此，路虎又将陆风告到了北京朝阳法院。北京朝阳法院认为，陆风构成了擅自使用与他人有一定影响的商品装潢相同或近似的装潢的不正当竞争行为，引起了市场混淆，损害了路虎的合法利益和商业信誉，判决立即停止陆风的生产、展示、预售和销售，并向路虎支付赔偿金。

同时，路虎认为汽车的独创性设计属于美术作品，属于《著作权法》保护的对象，因此还向北京朝阳法院提起了陆风侵犯其著作权的诉讼。北京朝阳法院认为路虎的设计不足以达到美术作品独创性的最低要求，应该被看作工业产品而非艺术作品，所以不受《著作权法》保护。

也就是说，北京朝阳法院支持了路虎关于陆风不正当竞争的诉讼请求，驳回了关于陆风抄袭其美术作品的诉讼请求。

知识产权的诉讼，很少有谁败诉后就马上服气的，陆风也不例外。被判不正当竞争之后，陆风不服，马上向北京知识产权法院提起了上诉。不过北京知识产权法院支持了朝阳法院的一审判决，于2021年5月27日作出了维持原判的终审决定。至此，历时7年的路虎告陆风的侵权大戏才落下了帷幕。

吴天理说："幸好他们的官司打了7年，不然我就没机会买到陆风了。"

假如吴天理当上了大老板

——专利侵权行为（上）

前两回我们从技术特征比对的角度讲了如何判定专利侵权，但是否侵犯专利权还有一个大前提，也就是在没有取得专利权人许可的情况下实施别人的专利。那么，怎么算实施了别人的专利呢？

《专利法》第十一条规定：发明和实用新型专利权被授予后，除本法另有规定的以外，任何单位或者个人未经专利权人许可，都不得实施其专利，即不得为生产经营目的制造、使用、许诺销售、销售、进口其专利产品，或者使用其专利方法以及使用、许诺销售、销售、进口依照该专利方法直接获得的产品。外观设计专利权被授予后，任何单位或者个人未经专利权人许可，都不得实施其专利，即不得为生产经营目的制造、许诺销售、销售、进口其外观设计专利产品。

吴天理抱怨道："你把这么长的法条直接搬过来，不是为了占篇幅吧？"

我没有理他，直接解释道："这一条就给出了实施专利的定义。

"首先，法条告诉我们，实施专利有一个前提，就是以生产经营为目的。假如你看到了一件关于平衡车的专利，你根据这件专利做出一个平衡车来，目的是给你儿子玩，这就不是以生产经营为目的，也就不构成侵权。

"但是你的左邻右舍看见你儿子玩平衡车，一打听是你自己做的，就说要给你钱请你帮他们也做几个，你收了钱也帮他们做了，这就是以生产经营为目的，也就构成了对人家专利权的侵犯。

"其次，法条对不同专利的实施作了区分。对于发明和实用新型来说，如果是产品专利，制造、使用、许诺销售、销售、进口专利产品的行为就是实施专利的行为。

"制造很好理解，无须多言。使用是什么意思呢？假如你因为炒料的时候油烟大，买了一台排烟机安装在自己的面馆里，用它来排烟，这就是使用。如果这种排烟机是有人申请了专利的，而你买的恰好是其他人在没有经过专利权人允许的情况下偷着生产的，不仅偷着生产排烟机的人构成了侵权，你的这种使用也构成了侵权。"

吴天理说："这还有天理吗？我都不知道我买的是侵权产品，也要判我侵权？我们普通人又没有分辨产品是否侵权的能力，一不小心就侵权了，买东西还不得提心吊胆？"

我说："刚才我们说了，以生产经营为目的才构成侵权。要是你买的排烟机不是安在面馆而是安在家里，因为不是为了生产经营，即使买的是侵权产品，你也可以放心大胆地使用。"

吴天理说："我的面馆里还真有一台排烟机，如果真是买到侵权产品了，专利权人找上门来，我要承担啥后果？"

我说："首先你不用担心专利权人会找上门来，一来你安在后厨里，谁知道你安的是什么排烟机；二来你就用了一台，即使专利权人知道你用的是他被侵权的产品，也没必要为了这一台排烟机大动干戈。即使他真找上门来了，只要你能证明这台排烟机的来源合法，比如你有商家开给你的发票，你就只需要把那台排烟机拆下来，以后不再用它就是了。"

吴天理说："这我就放心了，我买那台排烟机才300块钱，不用了损失也不大。"

我说："你现在只是一个小老板，以后当了大老板，还是得重视使用侵权的后果。"

吴天理嘿嘿一笑，说："你这人最大的优点就是看人特别准。"

我说："假如你以后办了一个厂，生产……随便生产什么吧，反正规模还挺大。你斥巨资购置了一条生产线，谁知这条生产线也跟那台排烟机一样，是其他人在没有经过专利权人允许的情况下偷着生产的，这时候要让你停止使用，你的损失可就不是几百块钱的事了哟。

"首先，买生产线的钱打了水漂；其次，换生产线耽误时间，自己的产品迟迟生产不出来，结果不是违约就是贻误市场竞争的战机；还有，你的资金很有可能是贷款贷来的，迟迟还不了钱，不是被银行告就是被人追债。"

吴天理说："够了够了，我不当大老板了还不行吗？"

我说："我不是恐吓你，我就是想说要重视知识产权，要时刻防止侵犯别人的知识产权，因为侵权的后果很严重。"

假如吴天理当上了大老板

——专利侵权行为（下）

"前面讲了对于产品专利的使用侵权，我们接着讲许诺销售、销售和进口侵权。

"所谓许诺销售就是做广告，做广告的形式有很多种，比如通过电视、广播、网络等媒体进行宣传，在橱窗里进行展示，在展会上进行推销等。

"还是以你吴天理为例吧。假如有一天你发了一笔横财，而你恰好又是一个积极进取的青年，所以你有钱了并不是只想吃喝玩乐过完一生，而是想投资做点儿事情。做什么呢？你想到了当年开面馆炒料时总是饱受油烟之苦，就想开一个生产排烟机的公司，让天下没有难炒的料。"

吴天理不满地说："我这辈子跟炒料脱不了干系了，是吧？"

我说："你发现市面上有一款排烟效果非常好的排烟机，这款排烟机当然是被别人申请了专利的。而你作为一个法盲，不管三七二十一就照着人家的做。做出几台样机之后，你就带着样机去广交会参展了，你的参展行为就构成了许诺销售的侵权。

"假如你运气好，展会上没有人识破你的产品是侵权产品，同时又有个经销商老李看上了你的产品，经过一番谈判，你们签订了买卖合同。此时，你就构成了销售侵权。老李从你那里拿到货以后，又放到卖场里去卖，他也同样构成了销售侵权。

"假如你觉得搞实业很麻烦，发了横财之后并不想自己生产产品，而是想像老李一样做经销商。但是，销售什么呢？思来想去……"

吴天理打断我说："不用思来想去了，直接卖排烟机吧。"

我说："对，就是排烟机。但是国内的排烟机你看不上，你经朋友介绍，从国外进口了一批进来。事情就这么巧，你进口的这种排烟机，也是被人在国内申请并获得了专利的，而且专利权人并没有在国外生产，也没有把产品卖到国外，更没有许可别人在国外生产，所以你进口的产品不可能是专利权人生产或销售的，也不可能是获得专利权人许可的人生产或销售的。这种情况下，你就构成了进口侵权。

"以上是对于产品专利的侵权，对于方法专利而言，稍微有所不同。

"方法专利中有些可获得产品，比如排烟机的制造方法，有些不能获得产品，比如油烟成分及浓度的检测方法。所以规定了未经专利权人许可，使用该方法就是侵权，当然，前提还是要以生产经营为目的。比如，你根据某份专利文件掌握了一种检测油烟的方法，然后你就撂下了面馆的生意，专门去给别的面馆检测油烟，检测一次收 50 块钱。这种情况下，你就构成了对方法专利的使用侵权。"

吴天理说："我还是老老实实卖我的面吧。"

我说："刚才我举的例子是不能获得产品的方法专利，能获得产品的方法专利也一样，只要使用了该方法就是侵权。同时，如果以生产经营为目的，使用、许诺销售、销售、进口依照专利方法直接获得的产品，也是侵权。这样的侵权其实与对产品专利的侵权是一样的，我就只以使用侵权为例来加以说明吧。

"比如，老王没经过专利权人的许可，按照专利权人的方法专利生产出了排烟机。你从老王那儿买来一台安在自己的面馆里，这种情况就属于使用依照专利方法直接获得的产品。"

吴天理说："好嘛。我不仅做回了小老板，而且一不小心又侵权了。"

我说："讲完了对发明和实用新型的侵权，再来讲一讲对外观设计专利的侵权。对外观设计专利的侵权实际上跟对发明和实用新型中的产品专利侵权是一样的，只是少了使用侵权。也就是说，在没有得到专利权人许可的情况下，以生产经营为目的，制造、许诺销售、销售、进口其外观专利产品就是侵权，但是使用该外观专利产品不侵权。

"比如，老王未经外观专利权人许可，擅自生产了一款专利吊灯。你觉得这款灯很漂亮，安在面馆里说不定可以起到吸引顾客的作用，就从老王那里买来安在面馆的天花板上。虽然你的目的是吸引顾客，但因为这款吊灯只有外观专利，你的使用行为就不构成侵权。"

吴天理感慨地说："没想到专利侵权的学问还这么深。对了，如果确实不小心侵了别人的权，会有啥后果呢？"

我说："不同的侵权行为会有不同的后果，要承担不同的责任，欲知详情如何，且听下回分解。"

假如吴天理当上了大老板

——专利侵权纠纷的解决途径及侵权责任（上）

吴天理问侵犯了别人的专利权会有什么后果，但我想先讲一讲专利权人发现别人侵犯了自己的专利权可以怎么做。

《专利法》中规定了三种专利侵权纠纷的解决方式，一种是自行协商，一种是向人民法院起诉，还有一种是请求管理专利工作的行政部门进行处理。

我对吴天理说："比如老王是专利权人，他发现你侵犯了他的专利权，又觉得打官司或者请行政部门处理都太麻烦，所以就直接找你谈判。他可能会说'本来我可以去告你的，这样法院就会要求你停止侵权并赔偿我的损失。我也可以请知识产权局对你的侵权产品进行查处，没收你的侵权产品，还要罚你的款。但我老王一贯奉行有钱大家赚、有财大家发的原则，所以既没到法院去告你，也没请知识产权局来查你。但是老弟你也不是那种愿意让别人吃亏的人不是，所以我想了几种方案，你可以考虑考虑：比如，我把专利转让给你，你一次性给我3000万元，以后专利就是你的了，你想怎么用就怎么用，以前的侵权赔偿我也不要了；或者我把专利许可给你，许可你懂吧，相当于租给你用，你每年给我30万元的租金就可以了；实在不行，你把之前侵权的赔偿费支付给我，然后再也不生产、销售我的专利产品，以后我们就井水不犯河水'。

"这，就是专利侵权纠纷中自行协商的解决方式。"

吴天理说："如果老王说的那三种方式我都不同意，他是不是就会把我告上法庭？"

我说："也有可能是先找知识产权局来查你。我们国家对于知识产权保护实行的是行政保护和司法保护的'双轨制'模式，而行政保护和司法保护各有优缺点。司法保护具有终局性、震慑力强、可判决赔偿等优点，但也存在诉讼周期长、维权成本高、举证责任重等缺点。所以协商不成的话，我建议老王先去找知识产权局，因为行政保护有及时、灵活的特点。"

吴天理说："知识产权局会如何处理我呢？"

我说："知识产权局当然不会直接处理你，他们会先进行调查取证，判断你是否存在侵权。如果你的侵权行为属实，他们会责令你停止侵权。比如你在生产和销售老王的专利产品，他们会责令你停止生产和销售，并且销毁生产侵权产品的专用设备和模具。

"另外，老王肯定也不会就此善罢甘休，他肯定还想得到一笔赔偿金。这时他可以请知识产权局就赔偿金问题在你们之间做调解工作。"

吴天理说："要是调解不成呢？"

我说："要是调解不成，老王可能就会向法院起诉了。"

吴天理说："要是我连停止侵权的行政命令都不执行呢？不用说，老王肯定也会去起诉我吧？"

我说："这时候就不是老王起诉你了。《专利法》里规定，你要是对知识产权局的行政命令不服，可以在收到通知之日起15天内向法院起诉。也就是说，如果你认为知识产权局的处罚没有道理，根据《行政诉讼法》，你可以起诉知识产权局。如果你只是要赖，在15天内既没有停止侵权也没有去起诉知识产权局，知识产权局就可以向法院申请强制执行。"

吴天理说："这么说行政保护的力度很弱嘛，我不仅可以去告行政机关，而且我执不执行他们的行政命令最终还得法院出面才管用。"

我说："我刚才说司法保护具有终局性的特点，言下之意就是说行政保护没有这个特点。"

吴天理说："既然行政保护力这么弱，终局还是要靠司法，你应该建议老王直接到法院起诉我。"

我说："刚才我只是做了个假设。现实中的你，见到知识产权局的人肯定早就害怕了，还敢不执行他们的命令？

"再说了，我刚才讲到司法保护对于维权的老王来说有个举证责任重的问题，因为自己取证往往比较困难。但是如果先找行政部门处理，行政部门就会进行取证，后面如果不得不对簿公堂，行政部门取得的证据就可以直接为他所用。"

吴天理说："对簿公堂又会怎样？"

我意兴阑珊地说："当然是审理和判决咯，还能怎样？"

吴天理说："我看出来了，你今天是不打算继续讲了。我帮你说，且听下回分解。"

假如吴天理当上了大老板

——专利侵权纠纷的解决途径及侵权责任（下）

"书接上回，如果专利权人老王把侵权人吴天理告到了法院，法院当然是审理和判决。那么，如何审理，如何判决呢？

"首先，法院对侵权行为会进行认定。一方面看吴天理是否实施了制造、使用、销售、许诺销售、进口的行为，另一方面要做技术比对，看吴天理制造、使用、销售、许诺销售、进口行为的对象是否落入老王专利的保护范围。"

吴天理打断我说："你咋又开始不说人话了呢？"

我说："我说人话就可能不严谨，严谨了吧，就可能不说人话。"

吴天理说："没事，你负责说人话，我负责举一反三。"

我说："那我就以制造侵权举例，其他使用、销售等侵权行为你自己举一反三。

"假如老王告你没经他允许制造了他的专利产品，法院首先会根据老王提供的证据或者自己到你的工厂去调查，判断你是否确实有疑似专利产品的制造行为。然后将你制造的产品与老王专利中的权利要求进行比对，看你制造的产品技术特征是否覆盖了老王权利要求中的技术特征，或者两者的技术特征是否等同。"

吴天理接话道："如果我制造的产品覆盖了他权利要求中的技术特

征，或者我们的技术特征是等同的，法院就可以认定我确实侵权了。你在《路虎与陆风的恩怨情仇——专利的侵权判定》中讲过全面覆盖原则和等同侵权原则。"

我说："接下来法院就要让你承担侵权责任了。首先，肯定是要求你停止侵权，在本案中就是停止制造侵权产品。然后呢，肯定要你对老王进行赔偿。"

吴天理很关切地问道："赔多少呢？"

我说："《专利法》里规定了几种赔偿金的计算方式，根据先后顺序，首先看老王因为你的侵权遭受了多大的损失。假如老王能够证明仅仅因为你的侵权，他的产品的销量就减少了1000台，同时可以证明他1台产品的正常利润是500块，那么你就需要向他支付50万元的赔偿金。这就是所谓的填平原则。

"如果老王没办法计算并证明自己的损失，就看你吴天理因为侵权获得了多少利益。假如从制造第一台侵权产品开始到老王把你告到法院为止，你总共制造并销售了1000台，同时你销售1台可以获利600块……"

吴天理又打断我，问道："为啥我卖一台要比老王多100块的利润，你就那么希望我多赔一点呀？"

我说："因为你是抄袭呀，利润高很正常嘛。这时你就需要向老王支付60万元赔偿金。"

吴天理又问："如果我获得的利润也没法计算并证明呢？"

我说："那就按照通常情况下专利许可费的倍数来确定赔偿金额。专利许可我之前只提过一句，这里也不打算长篇大论地讲，反正你记住专利许可就相当于把专利租给别人用，专利许可费就是专利的租金。"

吴天理继续问："专利许可费怎么确定呢？"

我说："依我之见，专利许可费才是最不好确定的。除非老王有把同一件专利或者类似的专利许可给别人并且收了许可费。"

吴天理说："那你就说说许可费也确定不了的情况下可以怎么判决？"

我说："如果老王的损失、你的获利、专利许可费都难以确定，法院会根据专利权的类型、侵权行为的严重程度等，在3万元至500万元之间确定一个赔偿数额。"

吴天理问："最低3万元，最高500万元，这两个金额是《专利法》规定的吗？"

我说："当然。《专利法》还规定，当老王的损失、你的获利或者专利许可费可以确定时，如果你是故意侵犯老王的专利权，情节严重的话，法院可以按照确定数额的一倍以上五倍以下进行惩罚性赔偿判决。"

吴天理问："怎么证明我是故意侵权呢，怎么又算是情节严重呢？"

我说："比如老王给你发了律师函，明确告知你侵权了，或者知识产权局已经判定你侵权了，结果你都置若罔闻，继续大摇大摆地制造侵权产品，这种情况就可以说是故意又严重的侵权。"

吴天理说："也就是说，侵犯了别人的专利权，一般都会承担停止侵权和赔偿的责任。当然，你之前也讲过，有些情况下，比如能证明侵权产品是在不知情的情况下买来使用的，只需要停止侵权，不用赔偿。有没有连停止侵权的责任都不用承担的情况呢？"

我说："当然有。最高人民法院的司法解释中就有这么一条：为生产经营目的使用、许诺销售或者销售不知道是未经专利权人许可而制造并售出的专利侵权产品，且举证证明该产品合法来源的，对于权利人请求停止上述使用、许诺销售、销售行为的主张，人民法院应予支持，但被诉侵权产品的使用者举证证明其已支付该产品的合理对价的除外。

"什么意思呢？假如老王有一个排烟机专利，老张未经老王许可擅自生产该排烟机。你对此并不知情，从老张那里买了一台安在你的面馆里。此时，你虽然不知情，但你的使用行为已经构成了对老王专利权的侵犯。老王把你告到法院，请求法院责令你停止使用，法院是会支持老王的。但如果你能证明你从老张那儿买盗版产品花的钱并不比正版产品的价格低，或者差不了多少，也就是司法解释里所谓'已支付该产品的合理对价'，这种情况就无须停止使用。但如果你从老张那儿买来盗版产品是销售和许诺销售，即使能证明已经支付了合理对价，仍然需要停止销售和许诺销售。"

吴天理感慨地说："看来专利侵权纠纷的问题还挺复杂的。"

我说："那是当然，一般的民事或刑事案件的一审都是在基层人民法院进行，而专利侵权纠纷案件的一审一般都在省会城市的中级人民法院进行，就是因为它的复杂性对法官的专业水平提出了更高的要求。"

被凳子拿捏住的椅子

——专利实施许可（上）

吴天理说："通过你前面的讲解，我明白了即使自己有专利，并且按照自己的专利进行生产经营活动，同样有可能侵犯别人的专利。"

我说："没错，能举个例子吗，什么情况下按照自己的专利进行生产经营还有可能侵犯别人的专利？"

吴天理不假思索地说："比如我在别人的专利基础上通过增加技术特征的方式进行改进，改进后我申请了专利，然后又按照改进的专利进行生产经营，这种情况下就会侵犯作为改进基础的那件专利。"

我满意地点点头说："为了更加形象地讲明白这个道理，我举一个在初学专利时听一位老师讲的例子。假设以前没有凳子这个东西，老王发明了凳子并申请了专利。权利要求是这样写的，'一种凳子，包括四根支柱，以及设置于支柱顶端的座板'。

"你看到了这件专利，觉得它还有很大的改进空间，就在座板上安装了一个靠背。由于靠背的安装对于原先的凳子来说是一个很大的进步，所以你申请并获得了椅子的专利。由于椅子覆盖了凳子专利的所有技术特征（四根支柱和座板），因此，虽然你有椅子的专利，你生产椅子仍然会侵犯老王的专利。"

吴天理说："这个老师有水平，举的例子通俗易懂。不过问题就来了，既然在别人的基础上进行改进后申请了自己的专利，照着自己的专利做还是会侵权，那么对别人的专利技术进行改进就失去了意义，改进后再申请专利也没什么必要了。这样的话，专利制度岂不是成了技术创新的绊脚石？"

我说："首先，在别人专利上的改进有多种方式。除了增加技术特征，还可以替换技术特征，比如把凳子中的四根竖直的支柱换成S形的支撑部件；也可以减少技术特征，比如把凳子中的四根支柱减少为一根，当然，为了能够保持凳子的稳定，可以在那一根支柱的底部再设置一块平板。这两种改进方式，就不存在侵权的问题。

"另外呢，在别人专利基础上通过增加技术特征的方式进行改进其实也不是没有意义的，改进之后申请专利依然是非常有必要的。为什么这样说呢？我们仍然以凳子和椅子为例。

"你想生产椅子，可以去跟拥有凳子专利的老王谈。你可以跟他说，'老王啊，我的椅子可是比你的凳子先进很多啊，如果可以面向市场进行推广，肯定是利国利民的大好事啊。但是我也承认，没有你的凳子就没有我的椅子，生产我的椅子一定会用到你的凳子专利，所以只要你允许我使用你的凳子专利，我每卖出一把椅子给你支付5块钱的专利使用费'。

"老王要是愿意，你们就算是谈成了一桩专利实施许可的生意，你再生产椅子就不用担心侵权的问题了。

"但老王也许并不是个好说话的人，他可能会说，'我就是不让你生产椅子，没有椅子大家就只能买我的凳子，不要你那5块钱专利使用费我照样赚大钱'。

"对于这种情况，《专利法》也早有预料，因此有这样一条规定：一项取得专利权的发明或者实用新型比前已经取得专利权的发明或者实用新型具有显著经济意义的重大技术进步，其实施又有赖于前一发明或者实用新型的实施的，国务院专利行政部门根据后一专利权人的申请，可以给予实施前一发明或者实用新型的强制许可。

"什么意思呢？就是说，你可以向知识产权局申请，让知识产权局强制老王允许你使用他的凳子专利。《专利法》规定了好几种专利强制实施许可的情况，这是其中的一种。"

吴天理说："看来《专利法》想得挺周到的。强制许可的情况下用了别人的专利还需要给使用费吗？"

我说："那当然，虽然是强制许可，仍然需要平衡许可方和被许可方的利益嘛。"

不喜欢占人便宜的吴天理也未能免俗，还是问了一个一般人都会问的问题："有没有免费使用别人专利又不侵权的办法呢？"

我说："有啊。老王有凳子专利，你有椅子专利，你们交叉许可就可以互相不用给钱。"

吴天理不解，问："啥叫交叉许可？"

我说："你可以去问老王想不想生产椅子，要是他想，对不起，椅子专利在你手上，他要是真生产就会用到你的专利。这时候你就可以告诉他，如果他允许你用他的专利，你就允许他用你的专利。如果他同意了，你们就谈成了一笔交叉许可的买卖。"

吴天理说："专利许可真是个好东西。"

老王许可老吴许可老张

——专利实施许可（下）

上回书我们讲了专利许可中的强制许可和交叉许可，但并没有具体讲什么是专利许可。

专利许可又叫专利实施许可，是指在专利有效期内，专利权人许可他人在约定的地域、期限和方式范围内实施其专利技术，并向被许可人收取一定使用费的行为。

什么意思呢？还是举例说明吧。老王有一个排烟机的专利，而且这个专利既没有超过保护期限，也没有因为没缴年费而终止，更没有被专利复审和无效部宣告无效。老王跟你签订了一份专利许可合同，允许你按照这个专利生产和销售排烟机，这就是前面所说的许可他人实施其专利技术，并且规定了实施方式。同时，许可合同中还约定了你只能在四川省内进行专利产品的生产和销售，生产和销售的时间是合同签订后5年内，这就是约定了实施其专利技术的地域和期限。当然，合同中还约定，你每年要向他支付30万元的专利使用费。这，就是专利许可。

吴天理问："专利许可中除了强制许可和交叉许可，还有没有别的许可？"

我说："有啊，今天我们就来讲一讲独占许可、排他许可、普通许可、分许可，以及开放许可。

"假如老王和你签订的许可合同中规定，他的排烟机专利不仅只许可给你，而且连他自己都不能实施这件专利，这种情况就是独占许可。老王为什么会把专利独占许可给你呢？一方面是独占许可可以收取更高的许可费，另一方面很可能是老王自己没有实施这件专利的能力，比如老王可能是大学教授，他不具备生产排烟机所需的厂房、设备等条件。

"假如老王和你签订的许可合同中规定，他的排烟机专利虽然只许可给你，但他自己也可以实施这件专利，这种情况就是排他许可。老王为什么会把专利排他许可给你呢？很可能是他有一定的生产制造和市场开拓能力，但能力有限，不能充分发挥专利价值，所以就采用这种折中的方式。

"假如老王和你签订的许可合同中规定，他的排烟机专利不仅许可给你，他自己也可以实施，同时还可以许可给其他人，这种情况就是普通许可。老王为什么会把专利普通许可给大家呢？很可能是因为排烟机的市场需求特别大，他和你同时生产都难以满足，所以还不如大家一起发小财，他发大财。

"假如老王和你签订的许可合同中规定，他的排烟机专利不仅许可给你，而且你还有权再许可给其他人，也就是说你不仅可以通过实施他的专利赚钱，还可以通过当'二房东'赚钱，这种情况就是分许可。"

吴天理说："分许可可以理解为其他几种许可的从属许可吧？"

我说："完全正确。不论是独占、排他还是普通许可，被许可人都可以进行分许可，但分许可必须是普通许可，而且在实施期限、地域和方式方面，不得超过主许可规定的范围。

"比如，老王把专利许可给你，规定你只能进行专利产品的销售，销售期限是到 2025 年 12 月 31 日，销售地域只能是四川省境内。你把专利分许可给老张，老张也只能进行专利产品的销售而不能制造或者以其他方式使用专利产品，老张的销售期限最长也只能到 2025 年 12 月 31 日，销售地域也不能超出四川省的范围。"

吴天理说："你刚才好像还提到了一个开放许可？"

我说："如果老王以书面方式向国家知识产权局声明，他允许任何单位或个人实施他的专利，并且在声明中明确专利许可费的支付方式和标准，国家知识产权局就会对他的声明进行公告。愿意实施他专利的任何单位或个人，只要以书面方式通知老王，并按照老王的标准支付许可费，就可以实施他的专利。这种情况就是开放许可。"

吴天理说："开放许可相当于普通许可。"

我说："可以这样认为，只是普通许可每许可一次都要单独签订许可合同，但开放许可不需要。另外，我们之前讲的强制许可也只能是普通许可。"

路虎车主请我喝舍得酒

——委托开发合同中专利权的归属

又是一个周末，吴天理打电话问我还记得那个路虎车主不。我说记得呀，就是那个水总嘛。

是的，路虎车主姓水，是一个加工公司的老板，所以我们就叫他水总。

自从上次陆风追尾路虎之后，水总就经常跟吴天理一起钓鱼。听说吴天理一个开面馆的居然申请了专利，对他刮目相看的同时，自己也规划了一个申请专利的小目标。

但是专利不是想申请就能申请的，得有新的发明创造啊。于是水总给车间里的人下了任务，除了抓好生产之外，两个月之内搞出一件发明来。可车间那些人大多是初、高中文化水平，平时只晓得按照生产规程操作机器设备，哪会搞什么发明。水总威逼也好，利诱也好，两个月过去了，发明是个啥那些人都没搞明白，更不要说搞出一件发明来了。

正在一筹莫展之时，水总的朋友给他介绍了一个机械研究院，说可以委托这个研究院搞开发。水总跟研究院的负责人一接触，双方很快签订了委托开发合同。不出一个月，机械研究院带着新开发的样品来找水总，叫他支付合同的尾款。水总也是精明人，说你们把图纸给我我就付尾款。

研究院从来都是先收钱再交货，不可能到他老水这儿就破了规矩。而且合同中也早有规定，见到样品就要结清全部款项。水总无奈，只得先付了尾款。

水总拿到图纸的时候，满以为就可以申请专利了，不料研究院却告诉他，申请专利的权利归人家研究院，以后专利申请授权了，研究院就是专利权人。

吴天理说："今天这个电话我是帮水总打的，他想请你吃个饭，咨询下这件事该咋个处理。"

我和吴天理到了约定的酒楼时，水总已经在包间里等着了。水总并没有一来就向我咨询，而是先客气地招呼我们吃菜喝酒。

我想，既然人家都是讲究人，咱就不能不讲究，便说："水总，你把合同先给我看一下。"

水总说："不急不急，吃完饭再说，哪儿有饭都没吃好先让人帮忙的道理。"

我只好问道："合同中有没有专门约定申请专利的权利归谁？"

水总说："就是没有这方面的约定。当时我只简单地认为我出钱请他们搞研发，研发成果肯定归我嘛，结果他们说按照法律规定，申请专利的权利是他们的。我今天就想问问飞老师：法律是不是真有这样的规定？如果确实是这样规定的，有啥补救措施不？"

我说："如果你们签订的委托开发合同中没有专门约定，申请专利的权利确实应该属于那个机械研究院。《专利法》有明确规定：两个以上单位或者个人合作完成的发明创造、一个单位或者个人接受其他单位或者个人委托所完成的发明创造，除另有协议的以外，申请专利的权利属于完成或者共同完成的单位或者个人；申请被批准后，申请的单位或者个人为专利权人。"

水总跟我和吴天理碰了一杯，一仰脖子，把杯中的舍得酒一饮而尽，说："谁写的法律这是，太没有天理了。我花钱买了这瓶酒，这瓶酒就是我的了。我花钱买了这盘菜，这盘菜就是我的了。咋到了专利这里，天经地义的事就不再天经地义了呢？"

我说："听老吴说，在找这家研究院之前你在公司内部搞过重金悬赏。既然重赏之下都没有勇夫能开发出一个新东西来，说明在发明创造这件事上钱不是起主要作用的，起主要作用的是创造性的头脑和时间精力的投入。考虑到这一点，《专利法》认为委托开发关系中从事研发工作的一方，也就是被委托方才是对发明创造做出贡献的一方，因此就有了这样的规定。"

水总又跟我们碰了一杯，说："这么说，我的钱真就白花了？"

我说："你这钱也不算白花嘛，至少你还有使用技术成果的权利，就算研究院把专利申请下来了，他也无权禁止你使用专利技术。"

水总自己喝了一杯，摇着头说："他们搞出的那个技术成果，脱离市场需求，除了申请专利啥用都没有。"

我问："怎么会没用呢？你委托他们搞开发，给了多少钱？"

水总答道："不少哦，整整给了 6000 块。6000 块啊，就这么打了水漂了。"

我心想，6000 块钱能开发个啥，难怪开发出来的东西没用。

我说："既然是这样，我倒有个建议。可以跟他们再谈谈，申请专利的代理费和官费全部由你来出，条件就是要把你的公司作为共同申请人。这样的话，授权后你的公司和那个研究院就都是专利权人。"

水总说："既然都是专利权人，却要我一个人出钱，我岂不是又做一回亏本生意？"

我端起杯中的舍得酒，说："你的目的就是得到一件专利嘛，舍得舍得，有舍才有得。"

水总又一仰脖子把杯中的酒喝干，说："对嘛，有舍才有得，只是舍大发了。"

我说："吃一堑长一智，花钱总还买了个教训，水总，你没有亏。"

吴天理终于找到插话的机会，说："对对，水总，你没有亏。下次再签这种合同，你就晓得要把申请专利的权利约定到自己的脑壳上！"

水总有个跳槽的外甥

——职务发明的认定及专利权的归属

水总又要请我喝酒，这次是他直接给我打的电话。我说水总你上次也看出来了，我这人就不是喝酒的料，怕是没办法把你陪尽兴了。

水总说："我哪儿敢让你陪我喝酒，这不是又有问题向你请教嘛。"

我说："你日理万机，有啥问题你电话里尽管问，请我喝酒又浪费时间又浪费酒。"

水总在电话那头哈哈一笑，说："我也不想耽误飞老师的时间，所以只敢在周末给你打电话，而且我还叫了老吴，他说一会儿就到。"

我拗不过，只好答应还在上次那家酒楼见面。

这次水总找我是什么事，我已经猜到了，关于这件事，他一个月前就找过我。他有一个员工，离职去另一家公司没多久就申请了两件专利。那家公司是他的死对头，他担心别人有专利，会不会哪天拿着专利来告他侵权。

当时我问他那个员工离职多久了，他说不到一年。我就告诉他先不用担心侵不侵权的问题，可以先看看那两件专利的技术方案会不会是那个员工在离职前搞出来的。

我又问了他那个离职员工的名字和那家公司的名字，在网上一检索，发现那家公司授权的就只有两件专利，而且第一发明人正好就是那个离职员工。我下载了专利文本发给水总，他看了以后说可以肯定就是那人在离职之前开发的成果。

我就告诉他，这种情况很可能属于那个离职员工在他公司的职务发明，专利应该归他的公司，让他去跟那个员工谈一下。

这次他找我，肯定是跟那边没谈拢。

果然，我一坐下，水总就苦大仇深地说："那个白眼狼，说那两件专利跟我公司没有一毛钱关系。"

我说："你先别着急，他具体是咋说的？"

水总说："他说，他在我公司的时候，并不是搞研发的，是我在本职工作以外给他安排了研发任务，并且他是利用8小时工作之外的时间在搞研发。"

我问："你找他谈的时候有没有按照我交代的录音？"

他说："有，有。"

我说："那就好。虽然他搞研发是本职工作以外的任务，也不是在工作时间进行的，但肯定还是在你公司做的吧？"

水总说："那当然，没有我公司的那些机器、设备，他上哪儿去搞研发。"

我问："这个你在和他谈的时候提没提？"

水总说："提了，提了，他也不否认。"

我说："这就行了。可以认定为职务发明的，有两种情况。一种是执行本单位的任务所完成的发明创造，一种是主要利用本单位的物质技术条件完成的发明创造。

"执行本单位的任务所完成的发明创造又包括几种情况：一种是在本职工作中完成的发明创造，比如他本身是研发部的，研发出了跟研发部工作相关的技术成果。

"一种是履行本单位交付的本职工作之外的任务所做出的发明创造，比如他本身不是研发部的，但公司给他临时安排了一项研发任务，他在完成临时安排的这项任务的过程中研发出了某项技术成果。

"还有一种是离开原单位一年内做出的，与其在原单位承担的本职工作或者原单位分配的任务有关的发明创造。"

吴天理对水总说："我看啊，你那个离职员工就属于这第三种。"

我点点头，继续说："再说说主要利用本单位的物质技术条件所完成的发明创造这种情况，所谓本单位的物质技术条件，包括单位的资金、设备、零部件、原材料或者不对外公开的技术资料等。你刚才说没有你公司的机器、设备，他根本搞不了研发……"

水总抢着说："还有原材料，还有零部件。"

我说："就算他的研发工作既不是本职工作，也不是你额外给他安排的，就冲他利用了你公司这些设备和零部件，搞出来的发明创造也可能被认定为职务发明，专利也该属于你。"

水总好像并不太在意那两件专利到底该属于谁，问道："飞老师，你再帮我分析分析，如果专利实在要不回来的话，我有没有可能侵权？"

我说："这个倒不用担心，那两件专利的保护范围写得很小，你想侵权都难。"

水总长舒一口气，端起酒杯说："来，喝酒。"

我端起一碗汤，说："我酒量不行，汤量还可以，我以汤代酒。"

后来，水总并没有再去找那个离职员工。再后来，我了解到那个离职员工居然是他的外甥。他外甥之所以离职，是因为他光给人家安排额外的任务，又不给人家额外的报酬，还不准耽误本职工作。

我要是水总的外甥，我也离职，我也带着成果到其他单位去申请专利，而且等到离职一年后再申请专利。

有脊椎且通过哺乳的方式养育后代的两足动物

——权利要求保护范围与专利授权可能性之间的关系

吴天理说："你之前多次提到专利的保护范围，这次水总请吃饭你又提到了专利的保护范围，不过我还是一知半解，能专门讲一下吗？"

我说："专利权跟物权一样，都是一种民事财产权。不一样的是，物权有明显的边界，有没有被侵犯是很容易判断的；而专利权是一种无形财产权，它的边界难以确定。

"比如，你老家那座院子，院墙就是权利的边界，只要有人非法闯入，就侵犯了你的权利。比如，你那辆陆风，看得见摸得着，谁要是不经允许给你开走了，就侵犯了你的权利；或者谁给你刮蹭了，仍然侵犯了你的权利。

"专利权就不一样了，保护的对象是发明创造，属于智力活动的成果，本身没有看得见摸得着的权利边界，就需要从法律上对它的保护范围进行界定。

"如何对专利的保护范围进行界定呢？对于发明或实用新型来说，是用权利要求来界定；对于外观设计来说，是用图片或者照片来界定。可以说，发明或实用新型的权利要求，外观设计的图片或照片就相当于院墙。

"不同的是，修院墙时用的砖越多，院墙围的地盘就越大，保护范围也就越大；而权利要求或图片（照片）中的内容越多，一般情况下保护范围反而越小。

"先举一个不太恰当的例子吧。如果只说'动物'，那么就包括了所有的动物；如果说'动物，身上有脊椎'，那么就排除了无脊椎动物，覆盖的范围就缩小了一圈；如果说'动物，身体上有脊椎，通过哺乳的方式养育后代'，就排除了脊椎动物中的非哺乳动物，覆盖的范围又缩小了一圈；如果说'动物，身体上有脊椎，通过哺乳的方式养育后代，只有两条腿'，就进一步排除了猪羊牛马那些四条腿的哺乳动物，覆盖的范围可能就缩小到只剩下人了。"

吴天理说："嗯，这个例子很形象，确实内容越多范围越小，我一下就理解了。但为什么你要强调这是个不恰当的例子呢？"

我说："你忘了吗，之前我讲过，动物的育种方法或者养殖方法可以申请专利，但动物本身不能申请专利，即使培育出一个新品种也不可以。

"接下来再举个恰当的例子。

"假如，有一个权利要求是这样写的：一种水杯，包括杯体、杯盖和杯把。那么只要包括了杯体、杯盖和杯把这三个技术特征的杯子都在这个权利要求的保护范围之内，也就是说，其他人未经专利权人允许，只要以生产经营为目的制造了含有杯体、杯盖和杯把的杯子，都属于侵权，即使他们生产的杯子还包括其他技术特征。

"假如，另一个权利要求是这样写的：一种水杯，包括杯体、杯盖和杯把，所述杯体上设有温度显示器，所述杯体底部设有隔热板，所述杯把为弧形。

"相较于前面那个权利要求，这个权利要求的保护范围就要小得多。必须包括杯体、杯盖、弧形的杯把，以及温度显示器、隔热板所有这些特征的杯子才会落入它的保护范围。缺少任何一个部件，都不在它的保护范围之内。或者即使所有部件都不缺，但杯把不是弧形的，也有可能不在它的保护范围之内。"

吴天理问："上次你说水总那个离职员工申请的专利的保护范围很小，是不是就因为权利要求中的技术特征很多？"

我说："他那两件专利，不仅技术特征很多，而且特征都非常的下位。"

吴天理问："下位？这又是个什么？"

我说："当我们提到专利法、知识产权法和民法这几个概念的时候，专利法就是最下位的概念，而知识产权法是专利法的上位概念，民法又是知识产权法的上位概念；当我们提到铁、金属、固体物质这几个概念的时候，铁就是最下位的概念，而金属是铁的上位概念，固体物质又是金属的上位概念。也就是说，越具体的概念越下位，反过来就越上位。

"权利要求中的技术特征越下位，保护范围就越小。

"假如，第一个权利要求是这样写的：一种水杯，包括杯体、杯盖和杯把，所述杯体是由金属制成的。第二个权利要求是这样写的：一种水杯，包括杯体、杯盖和杯把，所述杯体是由铁制成的。

"第二个权利要求的保护范围就明显比第一个的小，如果水杯的杯体是用金、银、铜、锡等铁以外的其他金属制成的，就不在第二个权利要求的保护范围之内，因为它明确指出了水杯的杯体是由铁制成的。而如果水杯的杯体是用任何一种金属制成的，都在第一个权利要求的保护范围之内，只有当杯体不是金属，比如是塑料的情况才不在第一个权利要求的保护范围之内。"

吴天理问："既然技术特征越少，技术特征越上位，保护范围就越大，水总那个离职员工为啥不把技术特征写少点儿，写上位点儿呢？"

我反问道："刚才我们讲的两个权利要求，不论杯体是金属制成的，还是铁制成的，其实保护范围都是很宽的，但要是拿它们去申请专利，你觉得能被授权吗？"

吴天理想了一下，说："不能，因为现实中早有这样的杯子了。"

我说："对嘛，技术特征写得少且上位的权利要求，极大可能是现有技术已经公开的技术方案，就没有新颖性和创造性，就不可能获得授权。权利都没有，哪来的权利范围？更不要说权利范围的大小了。

"所以，在写专利申请文件的时候，既要考虑权利要求的保护范围，还要考虑获得授权的可能性。范围太宽的不容易被授权，容易被授权的范围太窄，因此要尽可能找到两者之间的平衡点。"

吴天理问："有没有保护范围很大，同时又容易被授权的权利要求？"

我说："有啊。之前我们在讲专利类型的时候讲到过开拓型发明，也就是发明了一个之前没有的东西，这样的权利要求一般就是保护范围又大，又容易被授权。

"假设，在今天之前还没有杯子这种东西，而你发明了杯子，你的发明就是开拓型发明。你要申请专利的话，权利要求完全可以这样写：一种饮水器具，包括盛水部，以及设置于盛水部上的手持部。

"你看，这个权利要求技术特征不仅非常少，只有两个，而且还很上位。水杯不说水杯而说饮水器具，杯体不说杯体而说盛水部，杯把不说杯把而说手持部。"

吴天理插话道："这也是专利不说人话的一种表现，越是上位的概念越不像人话。"

我点点头，继续道："在假设成立的前提下，这样的权利要求保护范围虽然很大，却完全不用担心能不能授权。但是呢，现实中的开拓型发明少之又少，绝大多数都是改进型发明。改进型发明本来就是在原有技术的基础上进行的改动，权利要求的范围必然不会很大。

"总之，权利要求保护范围的大小跟发明创造的贡献是成正比的。开拓型发明的贡献大，保护范围自然应该大；改进型发明的贡献相对较小，保护范围自然应该小。"

还是那一碗荞面

——封闭式权利要求及其保护范围

上回书讲到，专利的保护范围与权利要求中技术特征的数量有关，也与技术特征写得是否上位有关。除此之外，有时还与权利要求采用的写法有关。

这里所说的写法是指开放式写法和封闭式写法。当我们区分开放式写法和封闭式写法的时候，主要是针对组合物权利要求而言的。组合物又主要集中在化学、食品、生物医药等领域，比如涂料、药物、催化剂、食品添加剂、微生物培养基等，一般都涉及多种成分的组合，多种成分以一定的比例组合在一起就是组合物。

吴天理问："我的荞面，就是把荞麦粉跟小麦粉、红薯粉、山药粉、南瓜粉以及其他一些辅料按一定比例混合在一起制作而成的，算不算组合物？"

我说："当然算。既然提到了你的荞面，我们就以它来举例，说明什么是权利要求的开放式写法，什么是封闭式写法。

"A. 一种荞面，包括：荞麦粉、小麦粉、红薯粉、山药粉、南瓜粉。

"B. 一种荞面，由荞麦粉、小麦粉、红薯粉、山药粉、南瓜粉组成。

"权利要求 A 中用的是'包括'，表示荞面中还可以含有权利要求中没有写出来的某些组分，这种写法就属于开放式写法。开放式写法除了用'包括'，还可以用'包含''含有''基本含有''主要由……组成''基本组成为'等用语，因为它们都可以表示除了写出来的那些组分还可以包括其他没写出来的组分的意思。

"权利要求 B 中用的是'由……组成'的写法，表示这种荞面仅由权利要求中写出来的组分组成，除此之外没有别的组分，这种写法就属于封闭式权利要求。封闭式写法除了用'由……组成'，还可以用'组成为''余量为'等用语，因为它们都表示除了写出来的那些组分不会再有其他组分的意思。

"假如有这样一个权利要求：一种荞面，包括荞麦粉、小麦粉、红薯粉、山药粉、南瓜粉，余量为水。这个权利要求虽然用了'包括'，但同时用了'余量为'，也就表示除了荞麦粉、小麦粉、红薯粉、山药粉、南瓜粉以外就只有水，再没有别的，因此仍然属于封闭式权利要求。

"对于权利要求 A 来说，只要包含了荞麦粉、小麦粉、红薯粉、山药粉、南瓜粉的荞面都落入了它的保护范围，即使在此基础上再加一些豌豆粉、味精、盐等其他组分，也仍然在它的保护范围内。

"对于权利要求 B 来说，情况就不同了，必须是正好包含了荞麦粉、小麦粉、红薯粉、山药粉、南瓜粉这些组分的荞面才落入它的保护范围，少一种组分或多一种组分都不在它的保护范围内。原因就在于封闭式写法表示除了写出来的那些组分不再含有其他组分的意思。

"因此，封闭式权利要求的保护范围比开放式权利要求的保护范围要小得多。"

吴天理问："既然封闭式权利要求的保护范围小，为啥还要用这种写法呢？"

我说："封闭式写法虽然有保护范围小的劣势，但也有容易获得授权的优势。

"假如，权利要求 A 已被公开并授权，成为一种现有技术。你隔壁的老王也想申请一件关于荞面的专利，为了满足新颖性和创造性的授权条件，老王有几条路可走：一是在权利要求 A 的基础上增加几种组分，同时把权利要求写成开放式的；二是对权利要求 A 中组分的含量或比例关系进行限定，构成我们之前讲过的选择型发明创造。

"以上两条路都有可能满足新颖性和创造性的授权条件，但存在一个问题：因为是在权利要求 A 的基础上增加技术特征或者是对原技术特征进行进一步限定，所以都落入了权利要求 A 的保护范围。因此即使得到授权，老王按照该授权专利进行荞面的生产和销售仍然会侵犯别人的专利。

"第三条路是对权利要求 A 中的一种或多种组分进行替换，比如将小麦粉替换为豌豆粉。这种做法的好处是可以避开权利要求的保护范围，但简单的替换可以满足新颖性却难以满足创造性的要求，因为简单的替换很难产生比权利要求 A 更好的效果。"

吴天理插话道："那是，我那荞面是经过十多种配方反复比较才搞出来的，隔壁老王要换任何一种组分，荞面都不可能那么经煮，口感都不可能那么好，营养也不会那么丰富。"

我说："所以这第三条路也不是那么好走的。

"第四条路是将权利要求 A 中的组分减少一种或几种，同时采用封闭式的写法。

"为什么必须采用封闭式写法呢？我们知道，如果只是减少组分，减少后的组合物包含的组分仍然是被权利要求 A 已经公开了的，不具有新颖性，更谈不上创造性。但如果采用封闭式写法，情况就不同了，因为封闭式写法表示的意思是组合物仅仅由写出来的这些组分构成，从整体技术方案的角度来说，就跟权利要求 A 表示的技术方案有了差异。

"由此可见，减少组分加封闭式的写法不仅能避免落入权利要求 A 的保护范围，而且这样的权利要求容易满足新颖性和创造性的要求。所以即使存在保护范围小的缺陷，在没有更好的路可走的情况下，也不失为一种策略性的选择。"

所述杯把上蹲了一个手持玫瑰花的男人

——权利要求的保护范围与权利的稳定性

修院墙时用的砖越多，修好的院墙不仅围的地盘会越大，而且也可能会越稳固，因为砖多的情况下，可以把墙修厚一点儿。

在专利的权利稳定性这一点上，权利要求跟修院墙基本上是一致的：技术特征越多（相当于用的砖越多），权利可能越稳定。

什么是权利的稳定性呢？

之前我们在讲专利的无效宣告的时候讲过，专利授权与否的决定，是由审查员根据《专利法》的相关规定进行审查后作出的。审查员在判断某件专利申请是否符合新颖性、创造性要求的时候，会对现有技术进行检索，如果检索到现有技术，专利申请就没有新颖性、创造性，审查员就会驳回这件专利申请，即不给授权。如果审查员没有检索到现有技术，也找不出其他的驳回理由，就会给这件专利申请授权。

但是，审查员没有检索到现有技术可能是因为他的检索水平不够，也可能是花的时间不够，所以不代表真的就不存在现有技术。因此，现实中存在很多不该授权的申请却获得了授权的情况。为了对这种情况进行补救，《专利法》中规定，任何单位或者个人认为某件专利权的授予不符合规定的，都可以请求国家知识产权局宣告这件专利无效。

有些专利一下子就被宣告无效了，这样的专利就缺乏稳定性；而有些专利被提了十几次甚至二十几次无效依然屹立不倒，这样的专利就具有很强的稳定性。

吴天理问："有的专利稳定性怎么那么差呢，一下子就被宣告无效了？"

我说："审查员在决定是否对专利申请授权之前，一般只有一两天的时间进行检索，而提无效的人可能会花上一两个月的时间上天入地地检索。这样，很可能就会检索到审查员没有检索到的现有技术，一件授权的专利也就可以被宣告无效了。"

吴天理又问："十几二十次都无法被宣告无效的专利又是怎么做到屹立不倒的呢？"

我说："有些专利是开拓型的专利，在它出现之前本来就不存在这个东西或者这项技术，所以不管提无效的人怎么检索，都不可能检索到现有技术，也就不会被宣告无效。

"也有一些改进型的专利，虽然是在现有技术的基础上产生的，但是它的改进不是简单的谁都想得到的改进。对于这样的专利，提无效的人或许能检索到较为接近的现有技术，但是不一定能检索到非常接近的现有技术，也就不一定能使它无效。"

吴天理说："你开始说技术特征越多，权利可能越稳定。说了这半天也没说清楚为啥技术特征越多权利越稳定嘛。"

我说："举个例子吧。如果权利要求是这样的：一种杯子，包括杯体、杯盖和杯把。要无效掉这样的权利要求不仅是分分钟的事，而且都不用检索，因为现实中长这样的杯子遍地都是。

"如果权利要求是这样的：一种杯子，包括杯体、杯盖和杯把，所述杯把上蹲了一个人，所述人是一个男人，所述男人手上拿着一朵花，所述花是一朵玫瑰花，所述玫瑰花上趴着一只蜜蜂，所述蜜蜂的右腿上有花粉，所述花粉是油菜花的花粉。

"要无效掉这样的专利可能就很难了，首先，现实中谁会造这样的杯子呢？毕竟杯把是用来握手的，上面整那么多东西怎么握呢？其次，专利文献或其他文献里面也不太可能有这么奇葩的杯子，即使有也一定是各奇葩各的，肯定不会跟它分毫不差，毕竟它的权利要求里面有那么多特征，只要有一个特征跟它不一样，它至少就仍然具有新颖性。因此，它被无效掉的可能性就小了很多。

"所以，从上面的例子就可以看出，权利要求的技术特征越多，相对来说就会越稳定。"

吴天理说："这样的权利要求是比较稳定，但是前提是它能获得授权啊。就这样的东西，能获得授权？"

我说："这样的东西当然难以获得授权，因为发明或实用新型专利的申请首先应该是一个技术方案。什么是技术方案呢？技术方案是指对要解决的技术问题所采取的利用了自然规律的技术手段的集合，技术手段通常是由技术特征来体现的。而杯把上的人、人手上的玫瑰、玫瑰上的蜜蜂都不是技术特征，它们合在一起也没解决什么技术问题，所以形成不了技术方案。既然连技术方案都不是，当然就不是专利保护的对象，也就不能获得授权。"

吴天理白了我一眼，说："那你举这个例子不是误人子弟吗？"

我也白了他一眼，说："不是为了打个容易理解的比方吗？"

吴天理又说："你今天的题目不是权利要求的保护范围与权利的稳定性吗，咋又扯到技术特征的数量与权利要求的稳定性上去了？"

我说："一般情况下，技术特征越多，保护范围就越小啊。所以保护范围越小，权利可能就越稳定啊。多么简单的道理，非要让我说得这么明白。"

吴天理为了掩饰尴尬，表示自己会举一反三了，说："还是用你那个误人子弟的例子来说吧，虽然它的权利很稳定，但是保护范围也很小啊。别人在制造杯子的时候，如果把男人改成女人，就不侵它的权了，或者把蜜蜂右腿上的花粉换到左腿上去，也不侵它的权了……"

我纠正道："不是'就'不侵它的权了，是'可能'不侵它的权了，'可能'两个字很重要。因为判断到底有没有侵权，还要考虑很多其他的因素。所以只有加上'可能'二字才严谨。"

吴天理说："难怪你老是可能可能的，我还以为有些地方你讲起来不是那么有把握呢，搞得我都想另外找个老师学专利了。"

我问："你知道梅贻琦吗？"

吴天理反问道："梅啥？也是搞专利的？"

我说："所谓大学者，非谓有大楼之谓也，有大师之谓也。他就是说这句话的人。"

吴天理继续问："是搞专利的吗？"

我说："人家是当年清华大学和西南联大的校长。堂堂一校之长，说起话来经常都是'大概''也许''可能'，为此有学生还写了一首打油诗来调侃他，'大概或者也许是，不过我们不敢说。可是学校总认为，恐怕仿佛不见得'。

"他为啥这样说话，知道不？为的就是一个严谨。"

手持玫瑰花的男人变成了女人

——侵权判定中的禁止反悔原则

吴天理当年读书的时候算不上好学，如今一大把年纪了学习热情却空前高涨，经常打破砂锅问到底："你在上回书里说，别人在制造那个奇葩的杯子的时候，如果把男人改成女人，或者把花粉从蜜蜂右腿换到左腿上去，只能说'可能'不侵权了。这是为什么呢？"

我说："假如那个杯子就是你发明出来的，你拥有那个杯子的专利权。老王制造、销售了一模一样的杯子，肯定算侵权。或者老王制造、销售的杯子除了你的权利要求里面那些特征之外，还多了一些特征，比如男人手上除了玫瑰花还有茉莉花，茉莉花上还趴了一只蝴蝶，这种情况下，同样也是侵权。这两种情况都属于相同侵权。

"之前我们就讲过，除了相同侵权还有等同侵权，比如，老王制造杯子的时候其他都不变，只是把男人换成了女人。由于把男人换成女人是很容易想到的简单替换，属于以基本相同的手段，实现基本相同的功能，达到基本相同的效果，因此女人和男人构成了等同。所以这种情况下，老王也可能是侵权的。"

吴天理说："你把'可能'当口头禅了吧，不是已经等同了吗，咋还是'可能'？"

我说："这就要讲到等同侵权判断中需要考虑的禁止反悔原则。"

吴天理第一次听到"禁止反悔"这个概念，马上换了一副洗耳恭听的样子。

我说："假如你在申请那件奇葩专利的时候，权利要求是这样写的：一种杯子，包括杯体、杯盖和杯把，所述杯把上蹲了一个人，所述人手上拿着一朵花，所述花是一朵玫瑰花，所述玫瑰花上趴着一只蜜蜂，所述蜜蜂的腿上有花粉，所述花粉是油菜花的花粉。"

吴天理说："跟上回书里的权利要求有区别吗？"

我说："上回书说所述人是一个男人，现在没有说这个人是男人还是女人；上回书说所述蜜蜂的右腿上有花粉，现在没有说是左腿还是右腿，只说腿上有花粉。"

吴天理尴尬地笑了笑，说："继续，继续。"

我说："怎么就那么巧，申请文件提交上去以后，审查员在审查的过程中真就检索到了跟你这个权利要求一模一样的杯子。审查员说你这个杯子没有新颖性、创造性，要把你的申请驳回，你怎么办？"

吴天理说："你直接往下讲就行了，卖啥关子？"

我说："如果你在说明书中记载了杯把上的人可以是男人也可以是女人，也记载了花粉所在的腿可以是左腿也可以是右腿，这时候你就可以对权利要求进行修改。

"修改成所述人是一个'男人'，所述蜜蜂的'右'腿上有花粉。这样一来，修改后的权利要求跟审查员检索到的就不一样了，至少就具有了新颖性。然后你再跟审查员讲道理，说修改后的权利要求也是有创造性的，审查员如果接受你的说法，这件专利就可以获得授权了。

"要注意的一点是，授权的权利要求跟你提出申请时的权利要求是不一样的。相比于提出申请时的权利要求，授权的权利要求缩小了保护范围：原先男人、女人都在要求的保护范围内，授权后只有男人在保护范围内；原先左腿、右腿都在要求的保护范围内，授权后只有右腿在保护范围内。

"这种情况下，如果老王把杯子上的人做成女人，把花粉放在蜜蜂左腿上，就不应该判他为等同侵权。

"如果你非要说女人等同于男人，左腿等同于右腿，应该判老王侵权，这就属于反悔了。因为当初你为了获得授权，主动缩小了权利要求的保护范围，现在到了维权的时候，你主张等同侵权就是在扩大保护范围。对于你这种两头的好处都想占的人，法律是不会支持的，所以就有了禁止反悔原则。"

吴天理说："法律对你这种动不动诽谤人的人也不会手软。"

我接着讲："禁止反悔原则不仅适用于审查过程中修改过的权利要求，对有些没有修改过的权利要求也适用。"

吴天理问："这又咋说？"

我说："假如你在申请杯子专利的时候，权利要求是这样写的：一种杯子，包括杯体、杯盖和杯把，所述杯把上蹲了一个人，所述人是一个男人，所述男人手上拿着一朵花，所述花是一朵玫瑰花，所述玫瑰花上趴着一只蜜蜂，所述蜜蜂的右腿上有花粉，所述花粉是油菜花的花粉。"

吴天理说："这就是上回书中那个权利要求嘛。"

我说："是的。申请提交上去之后，假如审查员检索到之前已经有这样一件专利：一种杯子，包括杯体、杯盖和杯把，所述杯把上蹲了一个人，所述人是一个女人，所述女人手上拿着一朵花，所述花是一朵玫瑰花，所述玫瑰花上趴着一只蜜蜂，所述蜜蜂的左腿上有花粉，所述花粉是油菜花的花粉。"

吴天理说："也就是说，我的申请文件跟现有技术之间的差别只在于我是男人，现有技术是女人；我是右腿，现有技术是左腿。"

我说："是的。审查员就会下审查意见通知书，说你的申请和现有技术的差异很小，不具有创造性，要驳回你的申请。面对这种情况，你该怎么办？"

吴天理很不耐烦地说："继续，继续。"

我说："你可以在意见陈述书中跟他争辩，跟他摆事实讲道理，说你的申请和现有技术的差异不小，你的申请有创造性。如果审查员被你说服了，就会给你授权。

"这种情况下，如果老王把杯子上的人做成女人（你的权利要求是男人），把花粉放在蜜蜂左腿上（你的权利要求在蜜蜂右腿上），就不应该判他为等同侵权。因为你在审查意见陈述书中已经主动说明了男人和女人、左腿和右腿是有本质区别的，它们之间不应该被等同看待。审查员也是因为接受了你这种说法才给你授权的，不能授权之后你的说法又不一样了。"

吴天理点着头说:"是这么个道理。适用禁止反悔原则的还有没有其他情况呢?"

我说:"有的专利在被提起无效的时候,为了不被无效掉,也会对权利要求的保护范围进行限缩,这种情况也适用。"

吴天理问:"法院判案的时候,怎么知道权利范围有没有限缩过呢?"

我说:"国家知识产权局会对专利申请文件、专利授权文件、审查意见通知书、意见陈述书等案卷进行保存,法院在需要的时候一查就知道了。"

所述杯把上到底是男人还是女人

——侵权判定中的捐献原则

上回书我们讲了禁止反悔原则。禁止反悔原则是对专利侵权判断中等同原则的必要限制，是为了防止等同原则的滥用。除此之外，还有一个捐献原则，同样是为了防止等同原则的滥用。

吴天理说："咋又出来个捐献原则，把啥捐献了？"

我说："《最高人民法院关于审理侵犯专利权纠纷案件应用法律若干问题的解释》第五条规定：对于仅在说明书或者附图中描述而在权利要求中未记载的技术方案，权利人在侵犯专利权纠纷案件中将其纳入专利权保护范围的，人民法院不予支持。

"北京市高级人民法院《专利侵权判定指南（2017）》第五十八条规定：仅在说明书或者附图中描述而未被概括到权利要求中的技术方案，应视为专利权人放弃了该技术方案。权利人主张该技术方案落入专利权保护范围的，不予支持。"

吴天理说："别背那些规定了，赶紧举例说明吧。"

我说："那就还以你发明的那个奇葩杯子为例吧。"

吴天理很不满地说："那个奇葩杯子咋成了我发明的了？"

我说："这不是举例嘛。

"假如对于奇葩杯子的说明书你是这样写的：一种杯子，包括杯体、杯

116

盖和杯把，所述杯把上蹲了一个人，所述人是一个男人或女人。

"而权利要求是这样写的：一种杯子，包括杯体、杯盖和杯把，所述杯把上蹲了一个人，所述人是一个男人。"

吴天理问："说明书中杯把上蹲的是男人或女人，而权利要求书中杯把上蹲的只有男人？"

我说："是的。也就是说，说明书实际上记载了两个技术方案。一个是：一种杯子，包括杯体、杯盖和杯把，所述杯把上蹲了一个男人。另一个是：一种杯子，包括杯体、杯盖和杯把，所述杯把上蹲了一个女人。而权利要求书中只记载了杯把上蹲了一个男人这一种技术方案。

"如果老王制造、销售的杯子的特征跟你的权利要求相比，除了杯把上蹲的是一个女人以外其他都一样，他也不算侵权。"

吴天理说："这个时候等同原则就不起作用了？"

我说："之前我们讲过上下位概念，既然男人和女人可以通过上位概括成'人'，你在权利要求书里面却没有进行上位概括，也没有把男人和女人两种情况并列记载，就表示你已经把杯把上蹲一个女人的技术方案放弃了或者说捐献出去了。既然已经捐献了，就不能再主张女人和男人属于等同的特征。"

吴天理说："这样的话，对我就太不公平了。那么多特征他老王跟我的都一模一样，就这么一个特征不一样，他就不侵权。"

我说："这有啥不公平的。导致把技术方案捐献出去的情况大概有两种，一种是疏忽大意或者不懂游戏规则，技术特征该上位概括的时候没有上位概括，技术特征该并列记载的时候没有并列记载。如果是疏忽大意，为自己的疏忽大意买单不是理所应当的吗？如果是不懂规则，为什么不找一家靠谱的代理所，花一点钱把专业的事情交给专业的人去做？"

吴天理说："你这是在不失时机地给自己打广告吧。"

我接着讲："还有一种情况是为了获得授权，故意缩小保护范围。比如，申请人最开始就知道，如果把说明书中的男人或女人上位概括到权利要求中写成人，这个权利要求很可能没有新颖性或创造性，为了能够获得授权，就只能放弃上位概括。如果把女人与男人在权利要求中并列记载，包含女人的这个技术方案也会没有新颖性或创造性，所以也只能放弃包含女人的这个技术方案。

　　"这种包含了女人的技术方案本来就不能被授权，捐献也就捐献了，对专利权人来说实际上并没有任何损失。如果不采用禁止反悔原则和捐献原则对等同原则的适用加以限制，对专利权人以外的社会公众来说反倒是不公平的。

　　"总之，还是那句话：专利不仅要保护专利权人的合法利益，也要保护社会公众的合法利益。"

紧握权利，防止被老王们架空

——从属权利要求及其作用（上）

吴天理说："你之前讲过权利要求分为独立权利要求和从属权利要求，独立权利要求记载的技术特征最少，保护范围最大，从属权利要求是对独立权利要求的进一步限定。

"那么问题就来了，既然独立权利要求的保护范围最大，从属权利要求已经被独立权利要求的保护范围所覆盖，还费劲地写那么多从属权利要求干啥？"

我说："首先对你的说法做个纠正。从属权利要求分两种，一种是独立权利要求的从属权利要求，一种是从属权利要求的从属权利要求。所以从属权利要求可能是对独立权利要求的进一步限定，也可能是对其他从属权利要求的进一步限定。"

比如有这样一组权利要求：

1.一种水杯，包括杯体、杯盖和杯把，其特征在于，所述杯把上蹲了一个人，所述人手上拿着一朵花。

2.如权利要求 1 所述的水杯，其特征在于，所述人为男人。

3.如权利要求 1 所述的水杯，其特征在于，所述花为玫瑰花。

4.如权利要求 3 所述的水杯，其特征在于，所述玫瑰花上趴着一只蜜蜂。

这组权利要求中，权利要求 1 为独立权利要求，它的技术特征包括：杯体、杯盖、杯把、杯把上的人，以及人手上的花。

权利要求 2 引用了权利要求 1，就是独立权利要求的从属权利要求，它的技术特征包括：杯体、杯盖、杯把、杯把上的男人，以及男人手上的花。

权利要求 3 同样引用了权利要求 1，也是独立权利要求的从属权利要求，它的技术特征包括：杯体、杯盖、杯把、杯把上的人，以及人手上的玫瑰花。

权利要求 4 引用的是权利要求 3，因权利要求 3 本身已是从属权利要求，所以属于从属权利要求的从属权利要求，它的技术特征包括：杯体、杯盖、杯把、杯把上的人、人手上的玫瑰花，以及玫瑰花上的蜜蜂。

我把这组权利要求写在纸上，说："你好好看一下，然后我们接着讲为啥要写那么多从属权利要求。"

吴天理说："别急。你先讲讲权利要求 2 只写了'其特征在于，所述人为男人'，为啥技术特征却包括那么一大堆？"

我说："因为权利要求 2 是引用的权利要求 1 呀，所以权利要求 1 中的技术特征也就包含在权利要求 2 里面了。"

吴天理想了一下，说："现在你可以讲为啥要写那么多从属权利要求了。"

我说："首先，一定数量的从属权利要求可以防止其他人在独立权利要求的基础上进行局部的进一步开发。

"假如一件专利只有一个权利要求，比如就只有刚才所举的权利要求 1，同时我们仍然假设这件专利就是你吴天理的。老王看见了这件专利，发现它的保护范围虽然很大，但可进一步开发的地方也很多，比如可以把杯把上的人限定为糙老爷们儿，把人手上的花限定为玫瑰花，因为一个糙老爷们儿拿一朵玫瑰花看着比较有喜剧效果。

"老王改进过后，就可以拿改进的技术方案去申请专利。如果改进的地方足够多，申请的专利也足够多，这时，就会把你的原专利包围起来或者架空。"

吴天理说："不太明白。"

我说："因为你自己也会对最初获得专利的产品进行改进升级，以便获得更大的市场空间。但是问题就来了，等到你的产品升级以后，很可能就会落入老王专利的保护范围。

"也就是说，形成了这样一种局面：老王如果按照他自己的专利生产产品，他可能会侵犯你的专利权，因为他的专利就是在你的专利基础上改进得来的；反过来，你想按照自己改进后的方案生产产品，也可能会侵犯老王的专利，因为你的改进很容易跟老王的改进撞车。

"形成这种局面后，老王很可能就会跟你谈交叉许可。"

吴天理说："交叉许可，你之前讲过，我还记得。就是我允许他用我的专利，他允许我用他的专利，双方都可以生产各种改进的杯子，共享市场。"

我说："如果你在申请专利的时候就把今后可能的改进方案尽可能地想到，并且把所有的改进方案都以从属权利要求的方式写进权利要求书中，哪儿还轮得到老王他们去改进、去申请专利呢？没专利他们还有什么资格跟你谈交叉许可……"

吴天理抢过话说："他们就更没资格跟我共享市场了。"

我说："这就是从属权利要求的第一个作用。"

吴天理说："从属权利要求还有其他作用？这一个作用就让人不敢小看了。"

我说："当然还有，还不止一个。且听下回分解吧。"

背着从属的名分，担着天大的责任

——从属权利要求及其作用（下）

上回书说到，在权利要求书中布局从属权利要求，除了可以防止他人在独立权利要求的基础上进行进一步开发之外，还有几个重要的作用。

第二个作用是构筑退守壁垒，提高获得授权的可能性。

之前已经讲过，从属权利要求是对其引用的权利要求的进一步限定，因此一般来说，越是排在后面的从属权利要求保护范围就越小。这就相当于打仗的时候构筑起了层层后退的防御壁垒，当敌人攻破第一道防御壁垒的时候还可以退守到第二道进行反击，第二道也被攻破的时候还可以退守到第三道，不至于一下子全盘崩溃。

如果权利要求书中只有一条权利要求，就相当于只有一道防御壁垒，当审查员认为这条权利要求没有新颖性、创造性的时候，我们没有修改的余地，基本上只能眼睁睁地看着申请被驳回。反过来，如果权利要求书中布局了很多从属权利要求，就可以通过删除、合并等方式对权利要求书进行修改，从而产生新颖性和创造性。

我们仍然以上回书中的那组权利要求为例（本回中命名为权利要求书 A）：

1.一种水杯，包括杯体、杯盖和杯把，其特征在于，所述杯把上蹲了一个人，所述人手上拿着一朵花。

2.如权利要求1所述的水杯，其特征在于，所述人为男人。

3.如权利要求1所述的水杯，其特征在于，所述花为玫瑰花。

4.如权利要求3所述的水杯，其特征在于，所述玫瑰花上趴着一只蜜蜂。

假如审查员经过检索发现，权利要求1代表的技术方案已经是现有技术，不能被授予专利权，此时，我们就可以把权利要求2中的技术特征合并到权利要求1中，形成新的权利要求1。

修改后的权利要求就变成了（权利要求书B）：

1.一种水杯，包括杯体、杯盖和杯把，其特征在于，所述杯把上蹲了一个男人，所述男人手上拿着一朵花。

2.如权利要求1所述的水杯，其特征在于，所述花为玫瑰花。

3.如权利要求2所述的水杯，其特征在于，所述玫瑰花上趴着一只蜜蜂。

通过这样的修改，权利要求1可能就具有了新颖性和创造性。在独立权利要求具有新颖性和创造性的情况下，直接引用它的权利要求2和间接引用它的权利要求3也必然具有新颖性和创造性。

假如审查员认为杯把上的"男人"相对于现有技术中的"人"的改进还不够大，权利要求1还不具备创造性，这时可以进一步把修改后得到的权利要求2中的技术特征合并到权利要求1中。

再次修改后的权利要求书就变成了（权利要求书C）：

1.一种水杯，包括杯体、杯盖和杯把，其特征在于，所述杯把上蹲了一个男人，所述男人手上拿着一朵玫瑰花。

2.如权利要求1所述的水杯，其特征在于，所述玫瑰花上趴着一只蜜蜂。

这样修改后，独立权利要求1的范围虽然进一步缩小，但创造性会进一步提高，获得授权的可能性也进一步提高。

吴天理说："布局从属权利要求可以提高获得授权的可能性的道理你算是给我讲懂了，还有呢，从属权利要求还有哪些作用？"

我说："第三个作用，从属权利要求布局合理，还可以防止专利被全部无效。

"假如你提交的权利要求书 A 获得了授权，老王发现其中的权利要求 1 实际上早已是现有技术，就向国家知识产权局提起无效宣告，并提供了有力的证据。这时，权利要求 1 可能会被无效掉，但后面的从属权利要求或许还可以继续保持有效。

　　"当然，对于老王提出的现有技术证据，也可能存在每条从属权利要求单独来看都没有创造性的情况，这时就可以通过合并互不从属的从属权利要求产生新的技术方案，从而使新的技术方案具备创造性。

　　"总之，在应对无效宣告的时候，从属权利要求可以防止出现'一线失手，全盘崩溃'的局面。"

　　吴天理说："在这一点上，其实跟提高获得授权的可能性的道理是一样的，只是角度不一样而已，对吧？"

　　我点了点头，继续讲："第四个作用，在侵权诉讼当中，从属权利要求更利于法院判断侵权事实是否成立。

　　"我们仍然假设你提交的权利要求书 A 获得了授权，老王制造、销售了这样一种水杯：包括杯体、杯盖、杯把、杯把上的人、人手上的玫瑰花，以及玫瑰花上的蜜蜂。

　　"如果用权利要求 1 去判断老王是否侵权可能还有一点儿费事，因为权利要求 1 写得比较笼统，技术特征的个数也不一样；如果用从属权利要求 4 去判断就很容易得出老王侵权的结论，因为老王杯子的技术特征与权利要求 4 的技术特征刚好一一对应。"

　　吴天理感叹道："从属权利要求的作用真的大呀，这个'从属'的名分太委屈人家了。"

　　我说："其实每一条权利要求都是独立的，它们都各自代表了一个独立的技术方案。之所以把独立权利要求之外的叫作从属权利要求，仅仅是因为在撰写它们的时候采用了直接或间接引用独立权利要求的方式。而之所以要采用引用的方式，是为了让权利要求书看上去更简要。"

　　吴天理说："对，《专利法》里面专门规定了权利要求书应该'清楚、简要'。

　　"如果不采用引用的方式，权利要求书 A 中的权利要求 4 就要写成：一种水杯，包括杯体、杯盖和杯把，其特征在于，所述杯把上蹲了一个人，所述人手上拿着一朵玫瑰花，所述玫瑰花上趴着一只蜜蜂。确实比引用的撰写方式冗长多了。"

我说："正因为每一项权利要求都代表着独立的技术方案和保护范围，在进行专利许可的时候既可以全部许可，也可以分项许可。这就是从属权利要求存在的第五个作用。"

吴天理说："如果老王想生产我的专利水杯，我想收他的许可费又看他不顺眼，就只许可给他一个权利要求4。"

我说："你这人格局咋这么小呢？应该是想收他许可费又不希望他在市场上跟你分庭抗礼，就只许可给他一个权利要求4。"

吴天理讽刺道："你的格局确实大得多。"

吴天理和吉娃娃一起趴在水杯上

——专利的单一性（上）

吴天理问："权利要求书中可以有很多条从属权利要求，可不可以有很多条独立权利要求呢？"

我说："《专利法》第三十一条规定：一件发明或者实用新型专利申请应当限于一项发明或者实用新型。属于一个总的发明构思的两项以上的发明或者实用新型，可以作为一件申请提出。

"一件外观设计专利申请应当限于一项外观设计。同一产品两项以上的相似外观设计，或者用于同一类别并且成套出售或者使用的产品的两项以上外观设计，可以作为一件申请提出。

"这条规定我们称之为专利'单一性'的规定。

"从这条规定可以看出，一般情况下，一件专利只能有一个独立权利要求，因为一个独立权利要求代表着一项发明或实用新型。但如果两项及以上的发明或实用新型之间有一个总的发明构思使之相互关联，就允许它们出现在同一件专利中，也就是说在这种情况下一件专利中可以有两个或多个独立权利要求。"

吴天理问："如何判断多项发明或实用新型属于一个总的发明构思呢？"

我说："《专利审查指南》提出了一个专门评价单一性的概念，叫作'特定技术特征'。

"特定技术特征是指体现发明对现有技术做出贡献的技术特征，也就是使发明相对于现有技术具有新颖性和创造性的技术特征。当两项或多项发明具有相同或相应的特定技术特征的时候，它们就可以被认定为属于一个总的发明构思，就可以分别以独立权利要求的身份同时出现在一件专利中。"

吴天理说："太绕了，能不能快点儿举例说明啊？"

我说："假如有这样几条权利要求：

"1.一种水杯，包括杯体、杯盖和杯把，其特征在于，杯把上蹲了一个吴天理，吴天理头上插了一朵花。

"2.一种水杯，包括杯体、杯盖和杯把，其特征在于，杯把上趴着一个吉娃娃，吉娃娃嘴上叼了一根肉骨头。

"3.一种水杯，包括杯体、杯盖和杯把，其特征在于，杯把上蹲了一个吴天理，还趴着一个吉娃娃。"

吴天理说："叫你举例，你就这样举例？你咋不说你和吉娃娃趴在一起呢？"

我说："不举例你觉得绕，举例了你又不满意，你这人太难伺候。

"首先，这三个独立权利要求中都有相同的技术特征'杯体、杯盖和杯把'，但'杯体、杯盖和杯把'是一般的杯子都具有的特征，不具有新颖性和创造性，因此不属于特定技术特征。除此之外，权利要求1和2之间再没有其他相同技术特征，所以它们之间肯定不具有单一性，不能写到同一件专利申请中。你应该同意我的说法吧？"

吴天理说："这还用说，我吴天理和吉娃娃肯定不是相同的技术特征。"

我继续说："假如'杯把上蹲了一个吴天理'这个技术特征具有新颖性和创造性，那么它就属于特定技术特征，而权利要求1和3都有这个特定技术特征，因此权利要求1和3之间具有单一性，可以写到同一件专利申请中。

"同样的，假如'杯把上趴着一个吉娃娃'这个技术特征具有新颖性和创造性，那么它也属于特定技术特征，而权利要求2和3都有这个特定技术特征，因此权利要求2和3之间具有单一性，可以写到同一件专利申请中。

"再举个例子：1.一种插头，其特征在于，具有5个插片，插片两侧有不规则的锯齿。"

吴天理说："你那是钥匙还是插头？"

我继续说："2.一种插座，其特征在于，具有与权利要求1中的插片相对应的插槽。

"假如权利要求1具有新颖性和创造性，也就是说权利要求1具有特定技术特征，由于权利要求2具有与之相应的特定技术特征，也就是'插槽'，因此权利要求1和2之间具有单一性。

"还举一个例子：

"1.一种自行车踏板A。

"2.一种包括踏板A的自行车。

"假如权利要求1所说的踏板A具有新颖性和创造性，权利要求2和权利要求1之间就具有单一性。

"继续举例子：

"1.一种荞面，其特征在于含有甲、乙、丙、丁四种成分。

"2.一种荞面，其特征在于含有甲、乙、丙、戊四种成分。

"假如甲、乙、丙三种成分在荞面中用得很普遍，因此甲、乙、丙的组合没有对现有技术做出贡献，也就不能成为特定技术特征，即使权利要求1和2分别添加丁和戊之后都具有新颖性和创造性，它们之间仍然因为不具有相同或相应的特定技术特征而没有单一性。"

吴天理说："让你举例，你一口气举这么多。"

我说："还没举完呢，刚讲完同类独立权利要求的单一性问题，还有不同类独立权利要求的单一性和从属权利要求的单一性问题没讲呢。"

吴天理马上说："且听下回分解，且听下回分解。"

我一看手机，面馆上客的时间要到了，我要是再不且听下回分解，他老婆该指桑骂槐地赶我走了。

吴天理和吉娃娃得趴在两个不同的专利中

——专利的单一性（下）

上回讲了同类独立权利要求的单一性问题，所谓同类独立权利要求就是主题都是一个类型的独立权利要求，比如都是产品权利要求或都是方法权利要求。

这一回接着讲不同类独立权利要求和从属权利要求的单一性问题。

话不多说，直接举例：

1. 一种荞面，其特征在于含有甲、乙、丙、丁、戊五种成分。

2. 一种生产权利要求 1 所述荞面的方法 A。

3. 一种生产权利要求 1 所述荞面的方法 B。

权利要求 1 的主题是荞面，也就是产品权利要求，权利要求 2、3 都是方法权利要求，因此权利要求 1 与权利要求 2、3 是不同类型的权利要求。

假如权利要求 1 所说的荞面具有新颖性和创造性，那么荞面就是权利要求 1、2 和 3 都具有的特定技术特征。所以虽然三个权利要求的类型不同，但它们之间仍然具有单一性。

再举一个例子：

1. 一种荞面，其特征在于含有甲、乙、丙、丁、戊五种成分。

2. 一种生产权利要求 1 所述荞面的方法。

3. 一种权利要求 1 所述荞面在制备脑血栓治疗药物中的应用。

吴天理说："你也太会吹了，荞面还可以治疗脑血栓？"

我说："干你们这行的不都是这么吹的吗？随便一个饼一种小吃，不是源于春秋就是源于三国，不是可以美容养颜就是可以预防脑血栓。"

吴天理说："你这是在污蔑我们，没有十年脑血栓说不出你这样的话来。"

我不想跟他纠缠脑血栓的问题，接着讲："这三个权利要求中权利要求 1 是产品，权利要求 2 是方法，权利要求 3 也是方法，一种用途方法。假如权利要求 1 所说的荞面具有新颖性和创造性，权利要求 1、2 和 3 之间就具有单一性。

"再举一个《专利审查指南》中的例子：

"1. 一种含有防尘物质 X 的涂料。

"2. 应用权利要求 1 所述的涂料涂布制品的方法，包括以下步骤：（1）用压缩空气将涂料喷成雾状；（2）将雾状的涂料通过一个电极装置 A 使之带电后再喷涂到制品上。

"3. 一种喷涂设备，包括一个电极装置 A。

"假如，含有物质 X 的涂料具有新颖性和创造性，电极装置 A 也具有新颖性和创造性，而用压缩空气使涂料雾化以及使雾化涂料带电后再直接喷涂到制品上的方法是已知的。

"由于含物质 X 的涂料是权利要求 1 和 2 都具有的特定技术特征，权利要求 1 和 2 之间具有单一性；电极装置 A 是权利要求 2 和 3 都具有的特定技术特征，权利要求 2 和 3 之间具有单一性。但权利要求 1 和 3 没有相同或相应的特定技术特征，它们之间缺乏单一性。

"不同类型独立权利要求的单一性问题就讲到这里，下面讲从属权利要求的单一性问题。

"首先，从属权利要求与其所引用的独立权利要求之间不存在缺乏单一性的问题，但是需要注意一下假从属权利要求。"

吴天理问："从属权利要求还有真假？"

我说："有些权利要求从形式上看是从属权利要求，实际上却是独立权利要求。比如：

"1.一种水杯，包括杯体、杯盖和杯把，其特征在于杯把上蹲了个吴天理。

"2.一种如权利要求1所述的水杯，其特征在于所述吴天理由吉娃娃代替。"

吴天理说："下次蹲在杯把上的该换成你了。"

我说："权利要求2虽然从形式上看是引用了权利要求1，但权利要求2并没有包括权利要求1的所有技术特征，因此实际上并不是从属权利要求。此时，它们之间是否具有单一性就需要看它们共同的技术特征'杯体、杯盖和杯把'是不是特定技术特征。

"从属权利要求之间是否具有单一性，需要根据它们共同引用的独立权利要求来判断。比如：

"1.一种水杯，包括杯体、杯盖和杯把，其特征在于杯把上蹲了个吴天理。

"2.一种如权利要求1所述的水杯，其特征在于所述吴天理手上抱了个吉娃娃。

"3.一种如权利要求1所述的水杯，其特征在于所述吴天理手上抱了个胖娃娃。

"权利要求2和权利要求3是进一步限定权利要求1的从属权利要求，假如权利要求1具有新颖性和创造性，则权利要求1、2和3具有单一性。

"假如权利要求1不具有新颖性和创造性而不能被授权，剩下的权利要求2和权利要求3就应当被认为是独立权利要求来判断其是否具有单一性。而权利要求2中的吉娃娃与权利要求3中的胖娃娃既不相同也不相应，所以权利要求2和3就没有单一性。"

吴天理问："不符合单一性要求，会有啥后果？"

我说："审查员会要求申请人对申请文件进行修改，比如删除某些权利要求，或者删除某些技术方案，当然，也可以进行分案申请。

"所谓分案申请就是把原申请中的部分权利要求分出去，单独提出一份或几份新的申请，使得相互之间没有单一性的技术方案分别在不同的专利中加以保护。

"就像我举的水杯的例子，一个技术方案是'杯体、杯盖、杯把，以及杯把上的吴天理'，一个技术方案是'杯体、杯盖、杯把，以及杯把上的吉娃娃'，由于相同的技术特征'杯体、杯盖、杯把'早已是现有技术，所以两个方案之间肯定不具有单一性。如果两个方案都想受到保护就必须分案申请，让吴天理和吉娃娃趴到两个不同的专利中去。"

吴天理问："如果拒不趴到两个专利中呢？"

我说："好办，给你驳回就是了。"

吴天理说："这么无情？"

我说："人家这么规定是有道理、有原因的。一个是钱的原因，防止申请人只付一件专利的费用就让几个不同的方案得到保护。

"另一个是技术上的原因：专利是需要分类的，分类可以便于专业对口的审查员进行审查，也便于专利文献使用人进行检索。如果一件专利中可以放很多个不同也不相关的技术方案，就没办法对专利进行分类，也就不便于审查和专利文献的使用。"

我把水总得罪了

——专利代理师的作用（上）

水总又找我了，不过这次没有请我到酒楼喝酒，而是让吴天理领着他到了我所在的公司。

我招呼他们在沙发上坐下，水总就直截了当地说："今天来找飞老师，是想让飞老师帮忙看样东西。"

说着，他从一个购物袋里掏出一个用报纸包得严严实实的东西。报纸被剥了一层又一层，还没见到庐山真面目。

我打趣道："水总，我一个搞知识产权的，可鉴赏不来古董。"

水总说："飞老师真会开玩笑，我咋可能拿个古董请你鉴赏？"

最后一层报纸终于被剥掉了，一个自行车踏板出现在我眼前。但你说它是自行车踏板吧，上面还安了几排小算盘珠子。我不敢断定这到底是个啥，就问水总。

吴天理抢着回答道："这都看不出来，亏你还经常吹嘘说啥稀奇古怪的发明都见过。"

吴天理一说出口就意识到自己的话会让水总感到不快，赶紧往回圆："这么常规的设计……"

可能是又想到常规设计的专利申请根本不可能被授权，觉得还是不妥，吴天理只得尴尬地笑笑。

水总倒是好像根本没听见吴天理说了啥似的，说："就是个自行车踏板嘛，带按摩功能的踏板。"

吴天理又帮着强调："对对，这可不是一般的踏板，是带按摩功能的踏板。"

水总把踏板递到我手里，说："飞老师给看看，能不能申请个专利。"

我拿着那个算盘式踏板看了一阵，说："结构上一目了然，水总介绍一下这个踏板的有益效果吧。"

水总看了一眼吴天理，吴天理说："就是说说跟现在自行车上那些普通踏板相比，我们这个踏板有啥优点。"

水总从我手上拿过踏板，拨了几下算盘珠子，说："现在的人不是都很注重养生嘛，但是大多数人上班基本只能坐着，下班累了也只能躺着，所以到了周末就一定要出去活动活动。就拿我们成都来说，最近不是流行起在环城绿道上骑行吗？100来公里，一骑骑一天，把人累得半死不活，但是你去晚了还找不到共享单车。"

我说："骑行这项运动不错，就是太费前列腺。"

水总说："前列腺我们先不提，有句话不知道飞老师听过没有，叫'树老根先枯，人老脚先衰'。脚为精气之根，脚对人的重要性不亚于根对树的重要性。但是骑车吧，全身都运动到了，唯独脚没运动到，特别是脚掌。所以我就发明了这个踏板，一边骑车一边就把脚掌按摩了。"

"树老根先枯，人老脚先衰"，这句话我倒是早就在洗脚房的门口见过，不过我更愿意相信它不过是一句招揽生意的广告词而已。

我又从水总手上拿过踏板，用手掌代替脚掌在算盘珠子上来回滑动了几下，问道："但是你有没有考虑过脚踩在它上面会打滑，一打滑车还骑得走吗？"

水总被我这么一问，脸就垮下去了，说："来了这么久，水都没倒一杯，开门做生意就是这么对待客户的？"

说完，他从我手上抢过踏板往购物袋里一放，提着购物袋就走了。

作为专利代理师，我不仅见过各种稀奇古怪的发明，也见过各种稀奇古怪的发明人，但无论什么样的发明人都不爱听你说他的发明不好。

有时候我们好心提醒发明人，他的发明获得授权的可能性比较小，非要申请的话可能会白掏代理费和申请费。他们不但不心存感激，反而觉得自己视若珍宝的发明遭到了蔑视，一颗蕴藏着奇思妙想的心灵受到了伤害。

对于发明人的这种心情我们代理师是理解的，不管他的发明是好是坏，有价值还是没价值，有授权可能还是没授权可能，都像是他十月怀胎生出的孩子一样。自己的孩子长得丑、脑子笨，自己说可以，别人说就坚决不行。所以，作为专利代理师，在跟发明人沟通的时候，如果要指出发明创造的缺陷，一定要注意方式方法，要注意措辞婉转，不要伤害到发明人的感情。

我平时对待发明人都是很谨慎的，今天想到水总是直爽人，刚才吴天理说他的踏板稀奇古怪他也没往心里去，所以就没太注意。他拂袖而去了，我才发现自己还是大意了，从留在地上的那一大堆报纸就应该看出他对这个踏板发明有多珍视。

吴天理也没料到水总会有那么大的反应，先是愣了一阵，等反应过来想去追时，可能觉得追上也不知道说啥，所以又站住了。

确定水总不会返回来了，吴天理说："我也觉得他那个玩意儿没啥用，骑着打滑的踏板哪个自行车厂会用？不过话说回来，你管那么多干啥，虽然不实用但是有实用性啊，只要可以申请，就给他申请，把代理费挣了再说。"

我说："如果你是我同事，我会给你讲这样一句话——钱是要挣，但是挣钱之前一定要尽到提醒和告知义务，比如专利申请授权的可能性比较小，就一定要先告诉他，让他来决定到底要不要申请。"

吴天理说："你要是告诉他授权的可能性比较小，他很可能就不申请了，这样你不仅挣不到他的代理费，帮他分析专利是否可能授权花的时间精力也白费了。不过，你在我心中的形象突然高大了不少哟。"

我说："确实如你所说，我们尽了提醒和告知的义务之后，如果客户决定终止申请我们一分钱都收不到，毕竟在国内目前的这种大环境下，很少有人愿意为咨询意见买单。但作为专利代理师，该提醒还得提醒，该告知还得告知，毕竟这是最起码的职业道德。

"当然，除了为客户考虑之外，我们也有私心。如果什么都拍胸脯打包票，最终的结果却跟当初保证的大相径庭，这样就会消费客户对你的信任，你想再挣他的钱就难了。"

吴天理说："你就喜欢说这种画蛇添足的话，难怪你小学的时候虽然成绩好，却从来没有得过一次'三好学生'的奖状。"

我说："我就是一个俗人，所以从来不要求自己比别人高尚。"

吴天理说："不说高尚不高尚的问题了。水总那个踏板，如果他只想要个专利证书，其实还是可以申请的嘛。等他气消了，我给他打个电话。"

我说："你刚才提到了实用性，我看他那个踏板不仅不实用，可能也没有实用性。因为实用性不仅要求能制造或使用，还要求能产生积极的效果。虽然积极的效果不要求十全十美，甚至在发明点的积极效果比较突出时，还允许牺牲其他方面的效果，但他的踏板我看不出有任何效果。踏板一转，脚就从踏板上滑脱了，如何实现按摩脚的效果？既然发明点的效果不能实现，哪儿还有什么实用性？"

吴天理说："好像是这么个道理。不过水总这人不错，以后不能不见面了吧？这样，你想一想，他的踏板可以咋改进改进，给他出个方案。你帮他出了改进方案，他就不好再生你的气了不是？"

我收到一份技术交底书
——专利代理师的作用（下）

吴天理还没走，我的微信上就收到一条语音留言，是一个老客户发来的。老客户说他准备再申请一件发明，技术交底书已经发到我的邮箱，让我先看看。

我从邮箱里下载了技术交底书，见吴天理也凑到了我电脑边，便说："你还不回去，不怕你老婆家法伺候？"

吴天理说："刚才听那人说技术交底书，啥是技术交底书呢，我也想看看。"

我把文件打开，一份完整的技术交底书就呈现在了我们面前，吴天理竟然逐字逐句地读了起来。

我说："你要是想知道啥是交底书，就不要这样一字不落地读，而是先看大标题，这样才能了解技术交底书由哪些部分构成。知道了它的构成，再去看各个部分的内容。这样才能做到既见森林又见树木。"

吴天理说："有道理。首先是发明的名称，然后是背景技术……本发明的目的……本发明的具体技术方案……发明创造的有益效果、发明的实施方式……咦，这不就是一份完整的专利说明书吗？"

我说："差不多吧。"

吴天理说："既然发明人都写到这个程度了，还找你们代理师干啥？"

我说："首先呢，不是所有发明人都能提供这种程度的技术交底书，这个发明人之所以能写出这个程度的交底书，也跟我这个代理师是有很大关系的。

"其次呢，对于有完整技术交底书的情况，代理师会对交底书进行解读，理解发明人的发明目的、技术方案、发明点，然后进行现有技术的检索、分析，并根据检索、分析情况，评估技术方案的新颖性、创造性和可实现性，也就是我们所说的可专利性。若评估的结论是可专利性较强，再在技术交底书的基础上撰写专利申请文件。

"专利申请文件撰写之前的可专利性评估非常重要，而且需要花费一定的时间和精力才能得出较为可靠的结论。如果不管它有没有可专利性，拿着交底书就写申请文件，写完就向国家知识产权局提交，很可能就会浪费申请人的代理费和官费。"

吴天理问："要是发明人没有提供这么完整的技术交底书呢？"

我说："不完整的技术交底书，我们也会先看看能不能从中提取到有用的信息。如果有一些有用的信息，比如发明人对技术方案进行了简单的介绍，我们也会就着他的简单介绍进行检索、分析，并评估可专利性。然后再根据评估结果决定是否让发明人进一步补充信息，补充什么信息。

"也有提取不到有用信息的情况，比如有的发明人在交底书中只提出了一个要解决的技术问题，甚至给出了发明的有益效果，但就是不说为了解决技术问题采用了什么技术方案，或者是怎样实现这些有益效果的。"

吴天理问："这种情况该怎么处理呢？"

我说："这就需要跟发明人沟通，告诉他们需要补充技术内容。但是你以为让他们补充他们就能补充吗，有些时候他们补充过来的可能还是一些没有实质性内容的东西。这就需要进一步跟他们沟通，甚至手把手地教他们技术交底书应该怎么写。"

我手指着我们面前的那份技术交底书，继续说："像这份交底书的发明人，最初就是只写技术问题不写技术方案，因为他根本不知道该怎么写，经过我反复多次跟他沟通之后，才慢慢会写了。现在能写到这个程度，不能说没有我们代理师的功劳。"

吴天理说："教发明人写技术交底书，这是你们代理师的一个作用；根据技术交底书进行现有技术的检索、分析，评估技术方案的可专利性，这又是一个作用。说说看，除此之外，你们还有什么存在的价值？"

我说："你不是让我给水总的自行车踏板出个改进方案吗？帮发明人改进技术方案，使其具有新颖性和创造性，这算不算我们的一大作用？"

吴天理说："水总不是跟我们关系不一样吗，你们对其他发明人也提供这方面的服务？"

我说："有的发明人提供的技术方案，一枪毙掉吧，好像有点儿可惜，直接申请吧，又差那么点儿意思，这种情况下，代理师就可以根据自己的经验，给发明人提供一些改进的建议。改进之后，专利申请成功的概率可能就提升了。

"但是，如果发明人提供的技术方案实在是太常规，想改进也难以下手，代理师也就无能为力了。"

吴天理总结道："帮发明人改进技术方案，提升专利申请的授权概率，这是你们代理师的第三个作用。还有吗？"

我说："技术方案确定后，代理师就要开始写专利申请文件了。"

吴天理说："对，我怎么把这个给忘了。你们最主要的作用就是写申请文件嘛。"

我说："这么说也没错，毕竟最终能呈现在发明人面前让发明人看到的东西就是申请文件，所以很多人以为我们的作用只是写申请文件。"

吴天理也指着我们面前那份写得很完整的技术交底书，说："这份交底书的发明人，会不会觉得你们连申请文件都不用怎么写？"

我说："这个发明人还好，因为磨合了很多年，知道代理师在写作之外付出的劳动。而且他也明白，好的代理师还可以在他交底书的基础上起到点石成金的作用。"

吴天理说："点石成金，这词用得有点儿过了吧？"

我说："专利申请文件的关键在于权利要求书，因为它直接关系到专利申请能否授权，授权后保护范围的大小、权利的稳定性，保护的技术方案是否容易被人绕过等。

"这就需要根据交底书构建概括合理、层次分明、梯度保护、有替代方案、引用关系考究的权利要求书。要达到这个要求，不仅对发明人来说很困难，对一些入行时间不长的代理师来说也不是容易的事。所以有些代理机构规定，资历较浅的代理师只能写说明书，权利要求书要交给资深代理师来写。"

吴天理说："你先不忙说代理师资深不资深的问题，刚才你说的那一大堆什么概括合理、梯度保护、引用关系是什么意思，能解释一下吗？"

我说："这几个概念每一个都不是简单几句话可以讲清楚的，以后有机会我们再讲。正因为理解起来都很困难，所以要做到就更不容易。

"我们说权利要求的撰写很关键，不代表说明书的撰写就可以很随意。之前我们讲过，权利要求书要以说明书为基础，说明书必须对权利要求书起到支持作用，否则专利申请就可能得不到授权，即使授权也可能被人以权利要求书得不到说明书的支持为由而无效。

"所以，我们构建的权利要求书的质量越高，对说明书的要求就越高。因此，写说明书不是把技术交底书抄一遍就可以了事的。"

吴天理说："好吧，写出高质量的专利申请文件，是你们代理师的又一大作用。申请文件写完之后呢？"

我说："写完之后就是申请流程的工作。一般的代理机构都会有专职的流程人员，也是代理师的一种。

"由于专利事务涉及委托关系备案，提交申请文件，缴纳专利申请费，提出公开请求，提出实质审查请求，缴纳实质审查费，答复审查意见，办理登记手续，缴纳授权当年年费等多个环节，每个环节需要处理什么问题、如何处理，每个环节的时间有多长，都不是非专业人员能够轻易掌握的。"

吴天理说："所以专利代理师的另一大作用是处理专利申请过程中复杂的流程事务。"

我说："以上只是发明人已有技术方案的情况下专利代理师的作用，在发明人做出发明创造之前，代理师可通过前期介入，启发发明人的专利挖掘思路，帮助客户进行专利布局和申请规划。

"在客户有一定的专利数量之后，代理师还可以帮助其分析专利的价值，给出专利管理方面的咨询意见。比如，哪些专利价值高，需要长期维持，哪些专利随着技术的发展已经失去了价值，可以放弃等。

"除此之外，专利代理师还可以帮助客户进行侵权分析……"

吴天理说："够了够了，今天讲得够多了。"

我说："还有很多方面没讲到呢。"

吴天理说："不用讲了，已经讲到的这些，就足以让我对你们代理师刮目相看、肃然起敬了。"

改进后的算盘式踏板

——部件和整机的同时保护

我琢磨了很久，也没琢磨出如何改进那个踏板，才能同时实现自行车驱动和脚掌按摩的功能。

退而求其次，倒是琢磨出了可以在不同时段分别实现两种功能的踏板。也就是在踏板与转轴之间设置一个卡扣，通过这个卡扣，既可以让踏板转动，也可以让踏板固定。骑行时调成转动状态，按摩时就调成固定状态。

同时，把踏板改成一面有转珠，一面没有转珠。骑行时脚就踏在没有转珠的一面，按摩时翻转到有转珠的一面。

我把改进后的方案画成图发给了水总，水总不计前嫌又提着他的购物袋来到了我们公司，不过这次购物袋里装的不是踏板而是各种水果。吴天理听说踏板的改进有了重大突破，也跟着来了。

水总握着我的手说："飞老师，上次错怪你了，我给你道歉啊。"

我说："不说那些了，我们来说一下申请专利的事吧。"

我在电脑上写下一组权利要求让他们看：

1. 一种脚踏机构，包括转轴、踏板，其特征在于，所述转轴与踏板之间设有卡扣，所述踏板的一面设有转珠……

2. 一种安装有如权利要求 1 所述脚踏机构的自行车。

3. 一种安装有如权利要求 1 所述脚踏机构的健身车。

水总说："我们发明的就是一个脚踏机构，我以后准备生产的也是这个脚踏机构，你为啥把自行车和健身车也写上了？"

我没说话，看着吴天理。

吴天理说："如果权利要求 1 有新颖性和创造性，这三个权利要求之间就有相同的特定技术特征，也就有单一性，写进一个权利要求书里面倒是没有问题。不过我也不明白：水总又不生产自行车和健身车，把它们保护起来有啥意义呢？"

我说："假如有一个生产脚踏机构的 A 厂，未经水总许可制造了这种脚踏机构，并卖给了生产自行车的 B 厂；B 厂在他们生产的自行车上安装了这种脚踏机构，并将自行车对外销售。如果我们只获得了对脚踏机构本身的专利保护，我们怎么去告 A 厂和 B 厂？"

吴天理想了一下，试探着说："告 A 厂未经许可制造、销售专利产品，告 B 厂未经许可销售专利产品？"

我说："没错。A 厂未经许可制造、销售专利产品，这个是毫无疑问的，法院判定赔偿金额也相对容易。

"我们之前讲过，有几种方式可以用来确定侵权赔偿额，按照先后顺序分别是：因侵权造成的权利人的损失、侵权人因侵权获得的利益、专利许可费的倍数，以及法定赔偿。

"由于因侵权造成的权利人的损失很多情况下不容易确定，所以就需要采用侵权人获得的利益这一方式来判定。对于 A 厂来说，销售了多少脚踏机构，单件脚踏机构的利润是多少都很容易确定，将销售数量与单件产品的利润相乘，就可以得出他的侵权获利。

"但对于 B 厂来说，只能告他未经许可销售了专利产品。因为受专利保护的产品只有脚踏机构，B 厂并没有制造脚踏机构，他只是买进脚踏机构安装到自行车上再随自行车一起售出而已。

"此时，要判定赔偿金额就不那么容易了。因为 B 厂没有单独销售脚踏机构，脚踏机构到底给他带来了多少利润就不像 A 厂那么容易计算了，最后能从 B 厂获得的赔偿可能会非常有限。"

吴天理说："不过有 A 厂在，A 厂的赔偿就能抵消损失吧。"

我说："要是不存在只生产脚踏机构的 A 厂呢？B 厂自己既制造脚踏机构，又把脚踏机构安装在自行车上，这种情况下，对于作为专利权人的水总来说就会非常不利。

"这就是为什么即使自己不生产自行车，也要对采用脚踏机构制造的自行车进行保护的原因之一。"

水总递给我一个剥好的橙子，说："既然有之一，肯定还有之二。"

我说："反过来说，如果我们对脚踏机构和采用该脚踏机构的自行车都进行了保护，无论 B 厂是从别的侵权人那里买来脚踏机构安装于自行车上，还是自己制造脚踏机构安装于自行车上，水总都可以抛开脚踏机构不管，直接告 B 厂未经许可制造、销售自行车。"

吴天理说："自行车的销售数量和利润容易确定，对 B 厂因侵权需要赔偿水总的金额也就很容易判定。"

我说："不仅是赔偿金额容不容易判定的问题。你们想想：自行车的利润是不是比脚踏机构的利润要高得多？自行车被侵权获得的赔偿金是不是就要比脚踏机构被侵权获得的赔偿金高得多？"

水总想了想，像突然开悟了似的"嗷"了一声，说："对对对，是这么个道理。"

我说："脚踏机构不仅可以装在自行车上，也可以装在健身车上。既然自行车都保护了，何不顺便把健身车也保护了呢？这就是我写了三个独立权利要求的原因。"

水总说："所以说申请专利还得找专家呢，专家可以帮助发明人提升专利的价值啊。"

我说："对一般的专利代理师来说这些都是常识。"

吴天理却对水总说："先别忙着恭维他，再想想这个脚踏机构还可以安装在哪些车上要紧。"

吴天理的压面器专利授权了

——确定侵权赔偿数额的方式与顺序（上）

上回书提到，在专利的侵权案件中，计算侵权赔偿金额有四种方式。其中第一种方式，权利人受到的实际损失一般比较难以确定。这是为什么呢？

吴天理重复道："为什么呢？"

我说："权利人因被侵权所受到的实际损失，是指侵权行为导致的权利人实际获得的利润与假定没有侵权行为的情况能获得的利润之间的差额。"

吴天理说："说点人话吧。"

我说："假如你的压面器专利授权了……"

吴天理说："我的压面器不是假如授权了，而是已经授权了，你给我代理的，你还不知道？"

我说："我确实不知道，毕竟作为金牌代理师的我是有助理的，不需要每件专利的情况都亲自跟踪。不过你的压面器很有幸，以后我会重点关注它，因为我决定在下回书或者下下回书中继续拿它做文章。"

吴天理说："你先把本回书了结了再说吧。"

我继续说："你的压面器专利授权了，你关了面馆改行生产、销售压面器，每年获得利润200万元。水总见生产压面器这么赚钱，就把他那毫不实用的算盘式踏板丢到了一边，也开始偷偷摸摸地生产压面器。由于水总的侵权产品投放市场，你的压面器销量大幅下滑，一年下来只获得100万元的利润。这时，你受到的损失基本可以算出来就是 100 万元。"

吴天理说："这不是很好确定吗，为啥说权利人实际损失一般都不容易计算？"

我说："以上只是假设，而残酷的现实是你还得继续开面馆。但水总就不同了，人家本身就开着一个机械加工厂，假如水总真的不经你的允许生产销售压面器，他销售再多，对你的实际利润都没有影响，因为你在压面器专利上根本就没有获得一分钱的利润。但没有从专利上获得利润，不代表被侵权了也没有损失。这就是权利人因侵权造成的损失难以计算的第一种情况。

"假如你还是关了面馆改行生产、销售压面器，虽然水总的侵权产品也同时投放市场，但压面器的市场处于供不应求的局面，你的销量很可能不降反升。这就是权利人因侵权造成的损失难以计算的第二种情况。

"假如你的压面器销量确实因侵权下滑了，确实比正常情况下少挣 100 万元，但侵权的不止水总一个，少挣的 100 万元中有多少是水总造成的，有多少是其他人造成的呢？如果只把水总告上法庭，该判水总赔多少呢？如果把所有侵权人都告上法庭，又该分别判这些侵权人赔偿多少呢？这就是权利人因侵权造成的损失难以计算的第三种情况。"

吴天理说："你说得我对专利又没有信心了。"

我说："不要忘了，在权利人的损失难以计算的情况下，还可以按照侵权人的获利来判赔。"

吴天理说："侵权人的获利就容易计算吗？"

我说："有句话不是说'成年人的世界就没有容易二字'吗？上回书我们确实讲过，将侵权产品的销售数量与单件侵权产品的利润相乘，就可以得出侵权人侵权获利。但这只是比较理想的情况。"

吴天理又泄了气："不理想的情况呢？"

我说："首先，按照'谁主张，谁举证'的原则，你要侵权人水总赔偿，就得向法院提供水总非法获利数额的证据。证据是什么呢，主要是水总的销售记录、销售合同、销售发票、财务报表等，而这些证据都是掌握在水总手中的，他会老老实实交给你吗？

"其次，假如水总在制造侵权产品的同时，在广告宣传、营销策略、售后服务等方面也很下功夫，这些方面都可能是提高他获利能力的因素。在计算侵权获利时，就需要把这些因素带来的获利扣除，而到底该扣除多少，也不是那么容易量化的。

　　"还有呢，就是我们在上回书中讲到的零部件专利的情况。也就是说专利保护的是一个零部件，而侵权人生产、销售的是整机。整机的利润有多少是这个零部件带来的，也不那么容易计算。"

　　吴天理说："算了，以后不要再给我普及专利知识了，我对专利已经彻底失去信心了。"

　　我说："你先别着急啊。侵权赔偿额是难以判定，但不是不能判定。只要侵权事实成立，该赔偿的，权利人总是能得到一定的赔偿，只是数额有多有少罢了。

　　"我们还以水总的算盘式脚踏机构为例吧，假如 A 厂购买了其他人未经水总许可生产的脚踏机构，用于生产自行车。假如 A 厂购买脚踏机构的单价是 50 块，A 厂生产的自行车销售价格是 1000 块，这时，脚踏机构对自行车的利润贡献率就应该至少是 10%。

　　"为什么是 10% 呢？因为一辆自行车要装两个脚踏机构，而两个脚踏机构的价值为 100 块，所以脚踏机构对整车的价值贡献率至少是 10%，而价值贡献率基本可以对应利润贡献率。

　　"为什么要说利润贡献率至少是 10% 呢？因为算盘式脚踏机构增加了自行车的功能，相对于普通的自行车，消费者更愿意购买，所以它对自行车的利润贡献应该大于它的价值在整车价值中的比例。"

　　吴天理笑着说："安上水总那个脚踏机构，只会让消费者敬而远之吧。"

　　我说："这不是打比方嘛。"

吴天理的压面器专利授权了

——确定侵权赔偿数额的方式和顺序（下）

书接上回。如果权利人因侵权受到的损失、侵权人的侵权获利都无法确定，就轮到专利许可费的倍数上场了。

吴天理问："专利许可费的倍数好确定吗？"

我说："不好确定。因为首先这个专利得是被许可过的专利，如果根本没有许可过，就谈不上许可费。"

吴天理说："你赶紧走吧，别耽误我卖面了。"

我继续说："如果你的压面器专利许可给了水总，一年收10万元的许可费。有个黄总侵犯了你的专利权，这时就可以按照10万元的倍数来要求这个黄总赔偿。"

吴天理问："倍数又怎么确定呢？0.5倍，3倍，还是10倍？"

我说："0.5倍肯定是不可能的，要赔至少都是赔1倍以上。因为许可合同都是双赢的合同，水总既然愿意每年花10万元获得专利许可，那么实施这件专利的获利肯定不止10万元，侵权人实施专利的获利也就可以推定不止10万元。因此，按照许可费来确定赔偿金额的时候，肯定不会低于1倍。

"具体几倍呢，这就要考虑作为参照的许可类型、侵权行为的类型、侵权持续的时间等。

"首先讲许可类型。一般来说，独占许可的许可费高于排他许可，排他许可的许可费又高于普通许可。所以，如果你跟水总之间签的是独占许可协议，对黄总侵权的判赔倍数就会低一些；如果你跟水总之间签的是普通许可协议，对黄总侵权的判赔倍数就可以高一些。

"然后是侵权行为的类型。如果是制造、销售行为，判赔倍数就会高一些，如果仅仅是使用或销售行为，判赔倍数就会低一些。

"再然后是侵权持续时间。持续时间长，判赔倍数自然就高，持续时间短，判赔倍数自然就低。

"为了加大对专利的保护力度，2020年新修改，2021年生效的《专利法》还增加了惩罚性赔偿的规定。对故意侵权，情节严重的，可以按照以上三种方法确定数额的一倍以上五倍以下确定赔偿数额。

"假如你给水总发了几次律师函让他停止侵权，他都置若罔闻，不仅不停止生产、销售压面器，还扩大生产规模。又假如可以确定他的侵权获利总共是200万元，按照惩罚性赔偿的规定，可以最高判他赔偿1000万元。"

吴天理说："我记得你之前还讲过，要是权利人的损失、侵权人的获利，以及专利许可费都难以确定，就由法院酌情确定侵权赔偿数额。"

我说："没错。前面三种方式都难以确定赔偿数额的情况下，法院可以根据专利的类型、侵权行为的性质和情节等因素，确定3万元以上500万元以下的赔偿数额。这就是所谓的'法定赔偿'。

"法定赔偿最早并没有被写入《专利法》中，直到2001年才在最高人民法院的司法解释中有所规定，2008年修改《专利法》时才正式写进了法条中。

"而且法定赔偿的数额也不是一成不变的，2001年的司法解释中规定一般情况下赔偿范围为5000元至30万元，最高不得超过50万元；2008年在《专利法》中将赔偿范围提高到了1万元至100万元；2020年新修改的《专利法》才又将赔偿范围提高到了3万元至500万元。"

吴天理说："法定赔偿的范围是根据经济发展的程度来确定的，是吧？不过最低才3万元，也太少了吧。"

我说："刚才不是讲了吗，法定赔偿的数额要根据专利的类型、侵权行为的性质和情节等因素来确定。

"首先，判赔的时候要考虑被侵权专利是发明专利、实用新型还是外观设计，一般来说，发明专利的技术量要高一些，所以侵犯发明专利的赔偿数额应该高于侵犯实用新型、外观专利的赔偿数额。

"其次，要考虑侵权行为的性质和情节。侵权行为的性质是指是故意还是过失侵权，如果是故意侵权，赔偿数额就应该高一些，如果是过失侵权，赔偿数额就应该低一些。

"侵权行为的情节主要包括侵权行为的类型、侵权行为的规模、侵权行为持续的时间。侵权行为的类型包括制造、销售、许诺销售、进口、使用，如果是制造、销售侵权产品，赔偿数额就应该高一些，如果只是销售、许诺销售、进口或使用，赔偿数额就应该低一些。侵权行为的规模是指制造、销售、许诺销售、进口、使用侵权产品的数量，数量越多当然赔偿应该越高，反之就应该越低。"

吴天理问："打官司要请律师吧，我的律师费可不可以要求侵权人赔偿呢？"

我说："你想得很周到，《专利法》也想得很周到，规定在判定赔偿数额的时候，还要考虑权利人为制止侵权行为所支付的合理开支。

"制止侵权行为所支付的合理开支当然就包括打官司请律师的费用，除此之外还包括调查取证的费用。比如，为了证明别人侵权，就得买一个或一批侵权产品，购买侵权产品的支出就属于调查取证的支出。

"再比如，侵权行为如果发生在外地，就只能在外地提起诉讼，就会产生相应的差旅费、食宿费，这些费用也属于制止侵权行为所支付的合理开支。"

吴天理嘿嘿一笑，说："《专利法》既然想得这么周到，我就不怕水总、黄总、胡总，随便哪个总侵权了。"

我说："不要高兴得太早，要是真正被侵权了，你知道该怎么调查取证，怎么保存证据，怎么证据保全吗？"

我的白日梦

——专利侵权诉讼前侵权产品的公正购买

吴天理自从拿到了压面器的专利证书，就不好好卖面了，没事就到餐饮行业用品市场上转悠。

这天上午，我正在码字，接到了吴天理的电话。

电话里，吴天理喘着粗气说："赶快来，我被侵权了，我被侵权了。"

听得出来，他的语气中混合着极度兴奋和高度紧张两种成分。

我问他："你被侵权了你兴奋个啥？"

吴天理说："这不是可以去告侵权方了吗？告赢了不就可以拿赔偿了吗？"

我又问："那你又紧张个啥？"

吴天理说："告他们之前不得先取证吗？我想去买一台他们销售的压面器，但是又怕他们识破我的身份。"

俗话说做贼心虚，有时候抓贼更心虚。专利侵权诉讼中的调查取证过程，往往就是抓贼比做贼更心虚。

我说："你先不要贸然行动，再去那家店看看，压面器上有没有商标，或者有没有标明是哪家公司生产的。"

吴天理说："这还用你说，我刚才就已经看了，上面啥都没有，属于'三无'产品。"

我说："那你先不要去买，上面啥都没有，到时候人家不承认是自己销售的，你也拿人家没办法。"

吴天理问："那你说该咋整？"

我说："先去找个公证机关，让公证机关的人跟着你一起去。有公证机关的公证，侵权事实才不那么容易抵赖。"

吴天理说他不知道啥是公证机关，更不知道去哪里找公证机关，我只好停下手上码字的工作，找到以前打过交道的一个公证处，然后就带着公证处的工作人员老张去了餐饮行业用品市场。

我们到的时候，吴天理猫在卖压面器那家店斜对面的小巷子里，正鬼鬼祟祟地盯着那家店，好像人家随时都可能关门跑路似的。我从后面拍了他一下，他吓得触电一样跳了起来。

老张是有多次公证取证经验的人，他对吴天理说："不用紧张，我们三人一起进去，你就装作是开面馆的老板，我们俩是来帮你参谋的朋友。"

我说："他不用装，他就是面馆老板。"

老张说："那正好，本色出演，肯定不会露馅了。"

不知道是不是受到"本色出演"四个字的鼓舞，进了那家店后，吴天理反而放松了，真的开始本色出演，对人家的压面器一通横挑鼻子竖挑眼。

那个老板显然懂得"褒贬是买主"的道理，再加上吴天理已经是二次光临，知道这个买主跑不了，所以降了20块钱之后就再不松口。吴天理还要讲价，公证员老张咳嗽了两声，提醒他别忘了我们的目的，他才没再多说。

吴天理付了钱，老板开了一张收据，说："既然你们来了这么多人，我就不帮你们往车上搬了。"

老张说："你恐怕要给我们开张发票才行哟，东西出了啥问题，我们拿张收据咋好意思来找你？"

老板开了发票，我们就满面春风地抬着压面器走了。上了吴天理的陆风，我打开到公证处的导航，让吴天理把车直接开到公证处去。

去公证处的路上，老张就开始给吴天理普及起公证知识来："首先，要对压面器进行拍照，并把照片贴到公证书上，然后将压面器密封起来，最后把密封好的压面器保存在公证处。"

到了公证处，吴天理就开始拍照，老张说："你拍没用，法庭上人家说你手机里的照片是预先就有的，无法保证公证书上贴的照片是公证现场拍的，你就有口难辩了。"

老张说完，就自己对着压面器前后左右拍了几张，然后找来了一张塑料布。

吴天理说："这个让我来。"说着就要拿老张手里的塑料布。

老张再一次把他挡开了，说："密封也得我亲自动手，免得到时候人家说你在密封的时候动了手脚。"

老张把压面器密封好后，在塑料布上又贴上了密封签，在密封签上加盖了密封章。在拍照、密封、贴签、盖章的整个过程中，老张的一个同事一直在全程录像。

吴天理说："这下就万无一失了，感谢你，张……公证员老师。"

说着，就准备把密封好的压面器搬走。

老张又拦住了他，说："刚才在车上我不是说了吗，这东西要先放我们这儿，开庭之后再来取。"

我和吴天理正要离开公证处，老张办公桌上的电话响了。老张拿起电话"喂"了半天，那电话还是一直响。

原来，刚才的取证、公证不过是我做的一个梦，我从梦中醒来，发现是自己的手机在响。

我接了电话，那头传来吴天理的声音："你咋这半天才接电话呢？"

我说："你搅了我的好梦。"

吴天理说："大白天的，做啥白日梦？"

我说："有话快说，有屁快放。"

吴天理说："水总要我把专利许可给他，我想反正放我手上也没用，许可给他就许可给他嘛。但是许可合同咋签，我和他都一窍不通啊。"

吴天理要把压面器专利许可给水总

——许可合同的主要条款及注意事项（上）

水总想生产吴天理的压面器，需要吴天理把专利许可给他。所以，我又得去之前那家酒楼喝酒了。

去之前我从国家知识产权局网站上下载、打印了两份专利实施许可的制式合同，到了酒楼就给他们一人发了一份。

我说："专利许可合同主要包括这么几类条款。首先是序言，主要介绍合同的性质，许可方与被许可方的名称、地址，签约时间、地点和目的等。"

吴天理怕水总听不懂，解释说："许可方就是我，被许可方就是你。"

我继续说："其次是定义或者术语条款。比如专利是什么，技术资料、改进技术是什么，要在定义条款里写清楚，保证不会产生歧义。也就是说，后面的条款涉及的专业术语都要在这一条里解释说明，以保证双方在履行相关条款的义务时不会因为没有规定清楚而扯皮。

"然后是许可合同的目标专利条款，也就是说，被许可的是什么专利，专利名称、专利号等信息要在这一条体现。"

水总怕吴天理又把他当成啥都不懂的傻瓜，便抢着说："我们之间的目标专利就是老吴的压面器专利。"

我说："然后要有关于专利许可的权利范围的条款。就以这件压面器实用新型为例，它的权利范围包括制造、使用、许诺销售、销售、进口，水总想生产压面器，生产出来肯定要销售，那么你就至少要取得制造、许诺销售和销售的权利。只有获得了这三项权利，这份许可合同对你才有意义。"

水总对吴天理说："老吴，你同意吗？"

吴天理笑着说："有啥不同意的，只要钱给到位了，剩下两个权利都给你也没问题。"

水总对着我说："老吴这个人啥都好，就是不晓得说话要委婉点儿。"

我继续说："接下来就要约定专利许可的类型。"

吴天理问："你是不是想说普通许可、排他许可、独占许可？"

不等我回答，他就把什么是普通许可、排他许可和独占许可给水总解释了一通。

水总听完解释，说："那必须要独占许可，我要独家经营。"

吴天理有些拿不定主意，用目光征求我的意见。

我说："不着急，合同是谈成的，这些问题可以留到后面慢慢谈。接下来就该实施许可的期限的条款出场了。也就是说，老吴允许水总用这件专利多少年，要在这一条里约定清楚。"

水总说："那肯定是越长越好。"

吴天理说："签他个50年咋样？"

水总满口答应，连说了三个"好"字。

我连忙拦住水总，说："不要忘了，实用新型保护期限总共才10年，而且是从申请日起算。现在老吴的压面器专利离保护期满连10年都不到了，水总，你真愿意签50年？"

水总说："没想到老吴表面上老实厚道，实际上阴险得很，还给我挖坑。"

我继续说："水总可以在哪些地区制造、许诺销售、销售压面器，也需要明确约定，比如是四川省，是西南地区，还是某几个省。"

水总说："不用那么麻烦，直接全球范围好了。"

吴天理说："全球没问题，但是许可费你要给得大方点儿哟。"

我说:"水总,你又要掉他坑里了。他这件专利就只在国内管用,你要想跑到美国去生产、销售,他根本管不了,因为专利是有地域性的。

"啥是专利的地域性呢?简单来说,中国授权的专利,只在中国受保护,你到其他国家去实施相同的技术,专利权人是无权干涉的,除非他在其他国家也就相同的技术获得了专利。"

水总给吴天理倒了一杯酒,说:"老吴,你就是这样对待朋友的吗?不自罚三杯,你以后好意思跟我再见面?"

水总又给我倒了一杯,说:"飞老师,我敬你一杯。要不是你主持公道,我不晓得会被他坑成啥样。"

我抿了一口,继续说:"接下来就是你们最关心的条款了。"

吴天理和水总同时说:"莫非是许可费用?"

我说:"对咯,不愧都是生意人。许可费条款要考虑两个方面,一个是许可费金额,一个是支付方式。金额我就不多说了,你们自己后面慢慢商量。支付方式一般分三种,一次性支付方式、提成方式、入门费加提成方式。

"一次性支付也不用讲了,提成方式就是水总按照今后销售额的比例,或者生产、销售的台数给老吴支付;入门费加提成方式就是在合同签订后,水总先给老吴支付一定数额的费用,以后再根据提成的方式每年支付一定的费用。"

吴天理说:"那肯定要一次性支付咯,水总每年生产多少,销售多少,产生多少销售额,除了他自己还有谁晓得。他要是说他一年就卖了一万块钱,我岂不是只能干瞪眼。"

水总说:"你这就是典型的以小人之心度君子之腹。"

我说:"再往下就是后续改进技术成果的归属,以及另一方的利益如何保障的问题。

"比如,老吴以后对压面器进行了进一步改进,改进后的技术成果归谁所有?如果归老吴自己所有,他将改进的技术申请了专利,水总要使用改进后的专利技术,还需不需要另外支付费用?

"反过来,如果水总在专利实施过程中对专利技术进行了改进,改进后的技术成果又归谁所有,另一方要使用改进后的专利技术的话,又如何处理？”

　　吴天理说："搞个专利许可，要考虑的问题也太多了吧。"

　　我说："还没完呢，等我吃点儿菜，然后再慢慢说。"

吴天理要把压面器专利许可给水总

——许可合同的主要条款及注意事项（下）

专利许可合同中除了上回书提到的那些条款，以及大多数合同都应该具有的一般性条款以外，还有一些需要特别注意的问题应该加以规定。

首先，除了规定许可方要将专利说明书、权利要求书等文件交付给被许可方之外，最好还要规定许可方要给被许可方提供其他相关的技术资料，必要时还要提供技术指导。

吴天理问："这是为啥？"

我说："当然是为了保证被许可方能够顺利实施该专利。"

吴天理说："之前你讲过，专利说明书应该清楚、完整地描述技术方案，保证本领域技术人员看到说明书就能够实施，如果达不到这个要求，就不能获得授权。反过来说，获得授权的专利，本领域技术人员看了它的说明书就能够实施。既然如此，许可方向被许可方提供包括说明书在内的专利文件就可以了，为啥还要提供其他技术资料和技术指导呢？"

我说："话虽如此，但看了专利文件就能实施或者说就能很有效地实施，只是最理想的情况。而真要从专利文件到落地，往往都还有一段距离。所以如果除专利文件之外，还有其他更详细更具指导意义的相关技术资料的话，最好一并交付。如果看了相关技术资料仍然难以有效实施专利，就需要许可方给予技术指导。"

水总对吴天理说："老吴，听到了嘛。合同里面这条不能少哈。"

我说："还有一条不能少。我之前给老吴讲过，有些专利可能会落入其他专利的保护范围，这种情况下，实施该专利就会侵犯别人的专利权。被侵犯的专利权人就有可能起诉实施专利的人，要求停止侵权和赔偿，所以签合同前一定要考虑到这种情况，并在合同里规定，一旦出现这种情况该如何处理。"

吴天理见水总一头雾水，就把我们在《被凳子拿捏住的椅子——专利实施许可（上）》中讲到的内容给水总普及了一番。

水总听完，说："也就是说，我即使完全按照老吴的专利来生产压面器，也有可能会侵犯到老王、老张、老李等人的压面器专利，我就有可能成为老王、老张、老李等人的被告，就要承担停止生产、销售，以及赔偿的责任？"

我点了点头。

水总说："那得这么规定，如果我实施老吴的专利侵犯了别人的专利权，侵权责任都由老吴来承担，包括停止生产、销售给我造成的损失。"

吴天理对水总说："我这嘴咋这么欠呢，给你普及这些干啥？"

他又对我说："你也是，你到底是哪头的，咋老向着水总？"

我说："我既不是你那头的，也不是水总那头的，我是公理这头的。所以我要对水总说两句，一般来说，任何一个专利权人都没办法百分百保证自己的专利不落入别人专利的保护范围。因此，如果被诉侵权，侵权责任全部由专利权人来承担也是不合理的。"

水总说："如果实施老吴的专利真的侵犯了别人的专利，就算共同承担责任，对我来说也太冤枉了吧？"

我说："最好是在签许可合同之前，做一个全面的检索分析，然后再根据分析结果决定是否签订合同。"

水总敬了我一杯酒，说："这么专业的事情，又只能麻烦飞老师了。"

我说："不麻烦，我们公司本来就有这项业务，哪儿有业务主动找上门却嫌麻烦的道理？"

水总说："以我们之间的交情，不能免费帮个忙？"

我说："就算只是为了做个样子、交个差，出一份简单的侵权分析报告，至少也得一天时间。如果要做到全面彻底的检索和分析，也就是尽可能把国内外所有相关的专利都检索出来，并且一一对比、分析，最终出一份非常有参考价值的侵权分析报告，不花个十天半个月是不可能做到的。"

吴天理问："这种真正的分析报告，你们咋收费？"

我说："几万到几十万元都有可能。"

吴天理说："那还是算了吧，我这许可费才多少？"

我开玩笑道："水总都没说话，你着什么急？"

水总说："这回我同意老吴的说法。"

我说："我也劝你们算了。因为就算做了很全面深入的侵权分析报告，也只能给一个侵权风险大或小的结论，因为检索分析人不可能百分之百地保证检索得滴水不漏。"

吴天理说："那你还说最好先做个检索分析？"

我说："分析报告至少可以给双方一个参考嘛。而且只要检索分析到位，参考价值还是很大的。另外呢，这个主要是说给专利价值特别高，许可金额特别大的情况听的。"

水总问："除了这个，合同里还有没有啥需要注意的呢？"

我说："还有一种情况要注意，专利如果被宣告无效了，该如何处理。比如，你们签了五年的许可合同，结果签合同的第二年压面器专利就被宣告无效了，而水总已经一次性给了五年的许可费，被宣告无效之后年份的部分许可费是退还是不退，是全部退还是部分退。这些问题都应该在专门的条款里事先约定清楚。"

水总说："肯定是全部退嘛。不仅无效之后的部分要全部退还，无效之前的部分也应该退。我听说被宣告无效的专利视为自始不存在，既然自始不存在，老吴根本就不应该收我一分钱。你说是这么个道理吧，飞老师？"

我说："还真不是这么个道理。《专利法》里明确规定，'宣告专利权无效的决定，对在宣告专利权无效前……已经履行的专利实施许可合同和专利权转让合同，不具有追溯力……依照前款规定不返还……专利使用费、专利权转让费……'。"

水总说："这个规定明显没道理嘛。"

我解释道："对于已经履行的专利许可合同和专利转让合同，如果在专利被宣告无效之后允许被许可人要求退钱，就会导致一些负面影响。比如，专利权人会一直处于担心专利被无效后退钱的状态，这样就会影响专利权人许可或转让专利的积极性，进而影响无实施能力的发明人进行发明创造的热情。如此一来，就违背了专利制度鼓励发明创造的宗旨。"

吴天理问："还有要注意的问题吗？"

我说："许可合同签订后，一定要记得到国家知识产权局备案。"

吴天理问："什么是备案？"

我说："专利许可，不能光许可人和被许可人知道，还得让社会公众都知道。要让社会公众知道，首先得让国家知识产权局知道，让国家知识产权局知道的方式就是将许可合同提交给他们，由他们进行备案。

"国家知识产权局备案后，会在专利公报中进行公告，公告的内容包括：专利名称、专利号、备案号、许可种类等。这样一来，理论上社会公众就都可以知道你吴天理把一件压面器专利许可给了水总。"

水总说："这不过是我跟老吴之间的私事，有必要让全国人民都晓得吗？"

我说："假如你们签了独占或排他许可协议，同时假如你们没有进行许可合同备案，社会公众就不会知道也不可能知道你们之间的协议。假如老吴又把专利独占或排他许可给了老张，你发现了，虽然你有权以老吴违反合同约定为由要求他赔偿，但无权禁止老张实施该专利，因为老张是无辜的。

"不仅如此，假如老张既跟老吴签了专利独占或排他许可合同，又在国家知识产权局进行了许可合同的备案，老张还有权要求你水总停止生产压面器。

"而如果你和老吴的许可合同事先就进行了备案，老张再跟老吴签了许可合同。你知道之后，就可以理直气壮地要求老张停止实施该专利。因为他自己没有尽到事先调查的责任，就不再是无辜的了。"

水总听到这里，一连声地说："这个备案确实很有必要，很有必要。"

吴天理说："签合同之前，先调查要许可的专利在这之前有没有被许可过，以哪种方式许可过也很有必要。"

水总的算盘式踏板被查扣了

——假冒专利的行为

水总虽然从吴天理那儿取得了压面器专利的实施许可，但仍然在坚持生产算盘式踏板，没想到那玩意儿居然也有市场。然而，更出人意料的是，正当水总准备大干一番之际，产品却被市场监管局给查封了。

水总哭丧着脸找到我，大呼冤枉。原来，他的专利还在申请中，他就把专利申请号打在产品包装上，并高调宣称是专利产品。市场监管局查扣的理由是假冒专利产品。

他说："市场监管局说我假冒专利，我是申请了专利的，怎么能说假冒专利呢？"

我说："你的专利还在申请中，也就是还没拿到专利权，当然不能宣称相应的产品是专利产品。就像一个人正在攻读博士学位，还在为发论文抠脑壳，就不能宣称自己是博士一样。"

水总说："我哪儿懂这个道理呢，孔老师都说人不知而不愠，我又不是故意冒充专利，他们不分青红皂白就把我的东西封了，也太冤枉了嘛。"

我说："你这情况，说冤枉也冤枉，说不冤枉也不冤枉。既然要申请专利，要利用专利，就应该了解专利的规则。"

水总说："我又不是专业人士，哪儿能啥都懂呀？"

我说："不是专业人士，可以咨询专业人士嘛。"

吴天理对水总说："他那意思就是让你咨询他。"

水总说："现在咨询也晚了。"

我说："一点儿都不晚。你现在知道了这个坑，以后就会绕道走。但还有很多坑你并不知道，以后很可能又掉到其他坑里。"

水总问："这话怎么说？"

我说："你已经知道了，你把正在申请专利的产品宣称为专利产品，这属于假冒专利产品的违法行为。但你不知道，这只是众多假冒专利行为中的一种。也就是说，除此之外，根据《专利法实施细则》的规定，还有很多种行为可以被认定为假冒专利。今天就给你们一个一个地普及。

"第一种，在未被授予专利权的产品或者其包装上标注专利标识的。比如，你的产品没有申请专利，或者虽然申请了专利但还没有获得授权或已经被驳回，你在产品或其包装上打上'专利产品，严禁仿冒'的字样，这就构成了假冒专利的行为。"

吴天理说："没有申请或者申请被驳回，还打专利产品的旗号，明摆着就是故意的嘛，这不算假冒啥算假冒？"

我说："第二种，专利权被宣告无效后或者终止后继续在产品或者其包装上标注专利标识的。比如，老吴的压面器被国家知识产权局宣告无效了，或者因为没缴专利年费导致专利权终止了，还继续宣称相应的产品是专利产品，这也是假冒专利的行为。"

吴天理对水总说："你看，这就是容易踩的坑，哪个晓得专利终止之后继续宣称是专利产品也是假冒专利呢？"

我说："第三种，未经许可在产品或者产品包装上标注他人专利号的。假如老吴并没有许可水总实施他的压面器专利，水总擅自生产该专利压面器，并在产品或产品包装上打上老吴那件专利的专利号。这种情况，水总不仅侵权，还是假冒专利。当然，如果水总生产的压面器与老吴的专利不同，不落入专利保护范围，仅仅只是打了老吴的专利号，则只构成假冒专利的行为。"

水总说："这种事我肯定不会干的。"

我说："第四种，销售以上三种情况的产品的。比如，别人生产了假冒专利的产品，老吴买来卖，老吴也就构成了假冒专利的行为。"

吴天理对水总说："你看，这又是一个坑。他不讲，我们哪儿能想到这也算假冒专利呢？"

水总问："销售也构成假冒专利，这是啥道理？"

我说："现在社会分工越来越细，分工合作是很普遍的现象，分工合作干违法的事情现实中也不少见。如果你和老吴串通好，你只负责生产假冒专利的产品，老吴只负责销售该产品，假如仅规定生产假冒专利产品的行为才构成假冒专利行为的话，老吴虽然也有违法故意，却可以逃脱违法责任。你觉得这样合理吗？"

水总说："不合理，完全不合理，老吴也应该被绳之以法。"

我接着说："当然，如果销售不知道是假冒专利的产品，并且能够证明该产品来源合法的，就只需要承担停止销售的责任，可以免除罚款的处罚。

"比如，你通过正规渠道进了一批假冒专利的产品，并且能拿出正规的购货合同和发票来证明，同时你确实不知道进的是假冒专利的产品，这时就只需要不再销售。

"另外，如果在专利终止前已经在产品或产品包装上标注了专利标识，专利终止后继续销售该产品的，不属于假冒专利行为。

"第五种，其实跟前三种差不多，就是在产品说明书等材料中将非专利技术称为专利技术，将专利申请称为专利，以及未经许可使用他人的专利号。"

水总问："还有吗？"

我说："还有。伪造或者变造专利证书、专利文件或者专利申请文件的，也属于假冒专利的行为。

"伪造很好理解，所谓变造就是通过 PS 等手段篡改国家知识产权局颁发的专利证书、公告的专利文件等。"

吴天理问："还有吗？"

我说："法律条款一般很难把所有的违法行为都列举出来，所以一般都有兜底条款。《专利法实施细则》也不例外，对于假冒专利的行为，它也有一条兜底条款：其他使公众混淆，将未被授予专利权的技术误认为是专利技术的行为的，也属于假冒专利行为。

　　"也就是说，并非只要不是前面几种行为就不算假冒专利，而是不管具体行为如何，只要导致公众把非专利技术误认为是专利技术，就是假冒专利行为。之所以这样规定，就是要把所有我们想得到、想不到的假冒专利行为都尽可能地赶尽杀绝。"

　　吴天理说："遵纪守法不好吗？搞不懂有些人为啥绞尽脑汁要假冒专利。"

　　我说："还不是因为消费者对专利不了解，以为专利技术就一定是先进的技术，以为专利产品就一定是信得过的产品。"

　　吴天理说："难道不是吗？理论上讲，专利不都具备新颖性和创造性吗？"

　　我说："但新颖性和创造性不能与先进性完全画等号。而且同样是专利，还有低价值专利和高价值专利之分。所以，对专利不用过于迷信。如果消费者都不迷信专利，商家也就用不着假冒专利了。"

　　吴天理问："那什么样的专利是低价值专利，什么样的专利是高价值专利呢？"

　　我说："我正愁不知道下一回该讲啥，下回就讲这个吧。"

苏东坡的诗词何以不朽

——高质量专利与高价值专利（上）

上回书我们说到专利的新颖性和创造性不能与先进性完全画等号，换言之，有新颖性和创造性的专利不一定就意味着它代表的产品或技术是先进的。

为什么这么说呢？我们来分析一下。

首先，简单地说有新颖性就是跟现有的不一样，而仅仅跟现有的产品或技术不一样的肯定不能直接与先进挂钩。因为先进必须要有好的效果，要有进步。比如，我们吃饭通常都在饭桌上吃，有人非要端到马桶上去吃，这种行为算新颖吧，但它并不先进，而且不卫生。

再说创造性，创造性不仅要求跟现有的不一样，还要求必须带来有益效果……

吴天理抢过话说："既不一样还有有益效果，这不就是先进吗？"

我说："有益效果有可能是采用复杂的技术方案带来的，技术方案复杂，就难以实施，复杂而难以实施的技术方案很难说是先进的；有益效果也有可能是牺牲其他方面的功能和效果带来的，只是某一方面效果突出而其他方面非常弱的技术方案也很难说是先进的。"

吴天理问："那什么样的专利才是先进的专利，或者高价值专利呢？"

我说："我们国家的专利制度从 20 世纪 80 年代建立以来，截至目前只运行了短短不到 40 年，在专利数量上却已经全球领先。但这样的成绩并不值得夸耀，因为国家政策是鼓励专利申请的，所以一些价值不高的发明创造也会去申请专利。

"举个例子，苏东坡的诗词为什么不朽，是因为他实在是太有才华了，稍有所思所感，诗句自然就会从笔端流淌出来。他写诗不是为了获得朝廷的奖励，更不是为了吸引崇拜的目光。缺少那份才华，逼着自己写出来的诗词，肯定不可能是什么高价值的东西。"

吴天理说："你是在说你自己吗？"

我说："申请专利也是同样的道理。如果是因为通过研发获得了先进的技术或产品而去申请专利，那么就像苏东坡写诗，是自然而然的事情，这样申请的专利一般不会差到哪里去。如果是为了享受政府的补贴或奖励政策，为了获得政府认定的资质，硬逼着自己用各种手段去申请专利，这样的专利一般都不会好到哪里去。"

吴天理说："你说了这半天，还是没说清什么是高价值专利。"

我说："高价值专利的基础是高水平的研发创造，刚才我讲的就是研发创造的问题。因为专利的价值体现在技术、法律和商业三个方面，技术价值就主要来源于前期的研发创造。也就是说，一件专利能否成为高价值专利，首先取决于研发人员能不能研发创造出高水平的技术。

"什么样的技术算高水平的技术呢？比如先进的技术，代表了发展趋势的技术，适用范围广的技术，不容易被别的技术替代的技术。如果某专利满足了这几点，就可以说是一件具有高技术价值的专利了。

"光有技术价值还远远不够，如果一件专利只有技术价值，没有法律价值，也只能进入低价值专利的行列。"

吴天理听了这话，很惊愕地看着我。

我说："申请专利的目的是什么？是为了获得法律保护。如果不为保护，就用不着申请专利。如果想把新技术公之于世让大家都掌握，更无需申请专利，因为通过使用或者发论文的方式都可以起到公开的作用。所以，从保护角度说，技术价值再高，没有法律价值的专利也一文不值。"

吴天理问："那什么样的专利才是有法律价值的专利呢？"

168

我说："首先，要有合适的保护范围，专利的权利要求特别是独立权利要求所包含的技术特征要合理。我曾经看过一篇获得国家专利金奖的专利文献，估计是发明人自己写的，像写论文一样，在独立权利要求里事无巨细地把所有技术细节都写得清清楚楚……"

吴天理又抢过话说："就是说有很多技术特征？"

我说："是的，对于这种有几十上百个技术特征的权利要求，别人只要有一个特征不一样就可能不侵权，这样的专利保护范围就非常小，对发明创造的保护能力几乎为零。这样的专利当然谈不上有什么法律价值。"

吴天理说："也就是说，不仅不用迷信专利，连获得国家金奖的专利也不用迷信？"

我说："是的，目前我们普遍对专利价值的认识还仅仅停留在技术层面，认为技术先进的专利就是高价值专利，就连一些专利奖的评审专家也不例外，所以即使是获得国家知识产权局颁发的金奖证书的专利也不一定是高价值专利。

"专利的法律价值还体现在要有一定的权利稳定性。如果权利不稳定，很容易被无效掉，也就没有任何法律价值。"

吴天理说："我记得你在《来过却又从来没有来过这世间的专利——专利权的无效宣告》中提到过一个自拍杆，当时你说这个自拍杆的权利就非常稳定。这个自拍杆算一件高价值专利吗？"

我说："这个等会儿再讲，我们先继续说专利的法律价值。专利有没有法律价值，还要看维权的难易程度。

"之前我们讲过，有些专利是否被侵权是很难判断的，或者判断是否侵权虽不难却非常不易取证，这样的专利其法律价值也不会太高。

"此外，法律价值还体现在保护的时间长短和地域范围。我们知道，不同的专利类型保护的时间长短不一样，相同类型的专利在不同国家保护的时间长短也可能不一样，一般来说，保护时间长的专利比保护时间短的专利法律价值要高。但也不能一概而论，比如在某些技术更新特别快的领域，根本就不需要多长的保护时间，保护时间的长短也就不重要了。

"对于保护区域来说，通常情况下，在中国或者美国这样幅员辽阔的大国获得的专利比在越南、新加坡这样国土面积较小的小国获得的专利的法律价值要高，因为大国的市场大。但同样不能一概而论，比如某些产品的市场主要集中在某些小国，在这些小国获得的专利反而比在其他大国获得的专利的法律价值更高。"

吴天理问："专利的技术价值取决于研发创造，专利的法律价值又取决于什么呢？"

我说："专利的法律价值取决于申请和审查。"

苏东坡的诗词何以不朽

——高质量专利与高价值专利（中）

上回书中，吴天理问专利的法律价值取决于什么，我回答说取决于申请和审查。

首先说申请。在专利申请文件的撰写阶段，首先，要深入理解发明创造的技术方案和技术创新点（对代理师来说），并且一定要做好相关技术的检索，通过检索分析，明确本发明创造与现有技术的区别。然后，在权利要求的撰写中进行技术特征的合理布局，形成大小合适的保护范围。此外，专利说明书的撰写一定要做到清楚、完整，充分公开，保证权利要求书要求保护的范围能得到说明书的支持，同时保证不会因为充分不公开而导致专利在授权后被无效掉。

再来说审查。审查阶段我们希望遇到一个专业水平高、工作认真负责的审查员，这样的审查员才能提出正确、专业、高水平的审查意见，帮申请人找出申请文件中的问题和瑕疵。然后，申请人或者代理师根据审查员的意见在允许范围内进行修改，进一步提高专利文本的质量，进一步保证专利授权后有合适的保护范围和较高的稳定性。

吴天理问："专利的经济价值又怎么说，体现在哪些方面？"

我说："专利发源于技术，确权于法律，最终在市场中实现其经济价值。所以，一件专利有没有经济价值，主要看它能不能在市场上推广，它所在市场的规模，以及它能够抢到的市场占有率等。

"如果一件专利的市场应用前景广阔，市场规模足够大，且能抢到较高的市场占有率，必将带来丰厚的经济收益，也就无疑是一件经济价值较高的专利。"

吴天理问："专利的经济价值又取决于什么呢？"

我说："专利的经济价值首先取决于专利的技术价值，一件技术水平较高的专利，要么能提升产品的质量、改善产品的性能，要么能提高产品生产效率、降低生产成本，总之都可以增强产品在市场上的竞争力。

"当然，如果不对专利加以运用，技术价值再高，也不可能实现经济价值，预估的经济价值也难以得到验证。所以专利经济价值的实现离不开对它的高水平运用。

"专利运用的方式有很多种。对于高校、科研院所等没有实施专利能力的单位或个人来说，可以通过转让、实施许可、作价入股等方式实现专利的运用，从而实现专利的经济价值。

"对于企业来说，可以主要通过自行转化的方式实现专利的运用，也就是自行建设相应的生产线，自行使用专利技术或者生产专利产品。当然，如果某些专利产品并不是该企业重点布局的方向，也可以通过转让、实施许可，作价入股的方式实现其价值。此外，还可以将专利作为质押物，从银行等金融机构融资贷款。"

吴天理说："评判一件专利是不是高价值专利，要考虑的因素太多了，我一时半会儿很难记住。你前面讲了那么多，可不可以简单地用一句话来总结呢？"

我说："简单地说，一件高价值专利的产生离不开高水平创造、高质量申请、高标准授权，以及高效率运用。无论缺少哪一方面，高价值专利都很难成立。如果前三方面都已实现但缺少高效率运用，由于经济价值没有实现且难以预估，这样的专利可以说是高质量专利却不一定是高价值专利。"

吴天理说："无论是高水平创造、高质量申请，还是高标准授权、高效率运用，好像都很难量化，要评价一件专利是不是高价值专利很不容易吧？"

我说："国家在《知识产权强国建设纲要（2021—2035年）》中确立了2025年每万人口高价值发明专利拥有量达到12件的目标，也就是说全国要培育高价值发明专利168万件以上。如果都按照前面讲的那些维度去一件一件评价，是非常不现实的，所以官方给出了几个简单省事的认定标准。

"第一，战略性新兴产业的发明专利。战略性新兴产业是指对经济社会全局发展和长远发展具有重大引领带动作用，成长潜力巨大的产业，它本身就代表着科技创新和产业发展的方向，比如新能源、新材料、生物医药、节能环保、新一代信息技术等。"

吴天理说："这些听着就相当高大上。"

我说："所以，只要是这些领域的发明专利，官方都认为是高价值专利。

"第二，在海外有同族专利权的发明专利。什么是同族专利呢？假如你认为你的那个压面器技术非常先进，不仅在国内申请了专利，还在美国、日本、德国等国家申请了专利，这种技术方案一样、授权国家不同的专利就是同族专利。

"第三，维持年限超过10年的发明专利，也被官方认为是高价值专利。道理何在呢？我们知道，专利的维持是需要缴年费的，维持时间越长，每年的年费越高，所以一般来说，只有确实值得维持的高价值专利，专利权人才会花钱维持。

"第四，实现较高质押融资金额的发明专利。能够用来获得较高质押融资金额的专利，其价值通常都是经过专业机构评估过的，否则也不太可能获得较高的质押融资。

"第五，获得国家科学技术奖或中国专利奖的发明专利。道理也是一样的，能够获得国家级奖项的专利，都是经过权威专家评审后认可的，没有价值的专利一般也不可能获奖。

"所以你有没有发现，这些其实都是以结果作为评定标准。也就是说，要么是专利权人自己评价为高价值专利，要么是第三方评价为高价值专

173

利，然后官方就承认其是高价值专利。"

吴天理说："我倒是发现官方的认定标准里全是发明专利，难道实用新型和外观专利就不可能是高价值专利？"

我说："既然你问到这个问题，我们已经提过两次的自拍杆就该出场了。"

来，给爷笑一个

——高质量专利与高价值专利（下）

吴天理听到我说自拍杆该出场了，就从柜台下真拿出一根自拍杆来。只见他很熟练地把自拍杆一节一节拉长，把夹持手机的夹持部件翻开，又把手机夹在夹持部件上并连接好，然后搂着我的肩膀，说："来，给爷笑一个。"

拍完照，我像视频倒放一样把他的手机取下来，把自拍杆一节一节地收短，再把夹持部件还原到收短的杆体上，最后放进自己随身带着的一个小包里。

我说："就这么个小玩意儿，每年给它的专利权人创造几亿元的收入。"

吴天理问："既然有专利权人，也就是说它是被申请了专利的？"

我说："是的。深圳一家叫源德盛的公司于 2014 年 9 月提出了自拍杆专利申请，2015 年 1 月获得了授权。"

吴天理问："从申请到获得授权的周期来看，应该是一件实用新型专利吧？"

我说："确实是一件实用新型专利。"

吴天理说："这么说，实用新型也有高价值专利？"

我说："目前，不管是普通大众还是相关主管部门，不管是普通技术人员还是技术专家，在他们心里普遍存在一条专利鄙视链，也就是发明专利比实用新型高端，实用新型又比外观设计高端。

"之所以会存在这样一条鄙视链，除了发明专利对创造性的要求比实用新型高，并且要经过实质审查之外，跟专利权人对专利的运用方式也有关。

"比如，高校和科研院所主要把专利用于课题结题，企业主要把专利用于资质认定和项目申报，个人主要把专利用于职称评定。而不管是课题结题、资质认定和项目申报，还是职称评定，发明专利的得分都高于实用新型，而外观设计因为与技术无关，所以只能得很低的分甚至完全得不到分。

"但是，如果专利主要用于对自身技术和产品的保护，对市场竞争地位的维护，并且最终通过技术转化、实施许可、专利转让、质押融资等方式实现其价值的话，发明专利里面同样有很多低价值专利，实用新型和外观设计里面同样有很多高价值专利。从这个角度来说，这件自拍杆专利就是一件名副其实的高价值专利。"

吴天理说："前两回你讲了评价高价值专利的几个维度，自拍杆专利可以和那几个维度——对应吗？"

我说："首先，这件专利设计巧妙，结构简单，非常实用，虽然没有高精尖的技术加持，但仍然可以说有很高的技术价值。"

我从包里拿出吴天理的自拍杆，继续说："我们可以看到，它主要由两大部分构成，一部分是伸缩杆，另一部分是连接在伸缩杆顶端的夹持装置；夹持装置由载物台和设于载物台上方的夹紧机构构成，并且夹紧机构可以拉伸。

"由于夹持装置与伸缩杆一体式连接，使用时无须临时组装；伸缩杆可以拉长缩短，使用后缩短便于携带。

"但以上部件和结构都是容易想到的技术特征，该专利的发明点主要在于：夹持装置在伸缩杆的顶部可转动，并且夹持装置载物台上设有一个缺口，然后在夹紧机构对应的位置设有折弯部。

"通过以上几个技术特征的设置，伸缩杆与夹持装置之间不仅可以折叠，而且折叠后伸缩杆刚好容置于载物台的缺口和夹紧机构的折弯部中，使整个自拍杆处于折叠状态时结构更加紧凑，体积更加小巧。"

吴天理从我手中拿过自拍杆，把玩了一阵，说："你不说，我还没注意，确实是这样呢。"

我说："这样的专利，设计巧妙，同时结构简单，当然就易于转化为实际的产品，从这一点来说，又为它的技术价值加了分。"

吴天理说："它的法律价值如何？"

我说："法律价值更是可以大书特书的了。这件专利在授权大半年之后就陆续有人对其提起无效宣告请求，到目前为止，已经被提过20多次了，它仍然活得好好的。"

吴天理说："你以前讲过，在提过无效宣告请求之后，要对同一件专利再次提起无效宣告请求，必须有不同于之前已经用过的无效理由或证据。这么说，这件专利被以很多种理由或证据请求无效，结果都没有被无效掉？"

我说："是的，不过也不是完全没有无效掉。我们知道，专利的权利要求一般都不会只有一条，这件自拍杆专利也不例外，它一共有13条权利要求。

"在申请专利时，它的权利要求1是这样写的：一种一体式自拍装置，包括伸缩杆及用于夹持拍摄设备的夹持装置。所述夹持装置包括载物台及设于载物台上方的可拉伸夹紧机构，其特征在于：所述夹持装置一体式转动连接于所述伸缩杆的顶端。

"也就是说，权利要求1只记载了伸缩杆、夹持装置、夹持装置上的载物台、载物台上方的可拉伸夹紧机构，以及夹持装置与伸缩杆的位置关系和连接方式这些技术特征。

"在无效宣告请求中，有人找到了一份非常接近的现有技术，通过这份现有技术最终认定权利要求1没有创造性，因此权利要求1被宣告无效。

"但在专利申请时，它的发明点——在夹持装置载物台上设置的缺口，以及在夹紧机构对应的位置设置的折弯部——写在了权利要求2中。后来再提无效宣告请求的人再也找不到与权利要求2的技术方案接近的现有技术，因此权利要求2虽历尽波折却依然笑傲江湖。而权利要求3—13都是对权利要求2的进一步限定，当然也不可能被无效掉。"

吴天理说："所以这件专利的权利稳定性非常强。"

我说："没错。不仅如此，别人如果仿造，一眼就能看出有没有侵权，所以维权也相对容易。权利稳定，维权容易，法律价值当然就高。"

吴天理说："你刚才说，这件专利每年给那个叫源德盛的公司创造几亿元的收入，经济价值那就不用说了。"

我说："还是可以细说一下这几亿元的构成。一方面，源德盛自己生产自拍杆，所以几亿元里大部分是自拍杆的销售收入；另一方面，他们积极主动维权，所以可以获得来自侵权败诉方的赔偿；但赔偿都是次要的，由于自拍杆的市场很大，侵权败诉的想继续生产，没有侵权的也想进入这个市场，因此源德盛每年收到的专利许可费也非常可观。"

吴天理说："技术价值、法律价值、经济价值兼备，确实是一件高价值的实用新型专利。"

我说："外观设计一样有很多高价值专利，人嘛，大多喜爱设计得漂亮的商品，比如汽车、家具、灯具、服装鞋帽等。能得到喜爱的商品才会有好的销量，才会给商家创造丰厚的收益。所以汽车、家具、灯具、服装鞋帽等行业都是申请外观专利的密集行业。

"比如，成都有一家生产路灯的公司，就申请了大量的灯具外观专利。其中有一款玉兰灯，由于造型大气、典雅，不仅可以给道路照明还可以提升城市形象，因此各大城市争相订购安装于主干道上，给这家公司带来了巨大的经济收益，也成为很多厂家冒着侵权风险也要仿制的对象。"

吴天理问："成都的人民南路上安的是不是就是你说的这款玉兰灯？"

我说："没错，不仅成都，几乎我去过的所有城市都能看到这款灯。你看，虽然它只是很多人看不上的外观专利，但确实是高价值专利。所以，仅仅以是发明、实用新型还是外观设计来评价一件专利的价值，只能说格局太小了。"

吴天理说："我刚才注意到，自拍杆专利的名称不叫自拍杆。"

我说："前段时间我在一个聚会上认识了三个新朋友，第一个朋友说他是做人类长期基本需求供给的，我当时整个人都蒙了，你知道他是干什么的吗？"

吴天理说："不知道，只觉得很高端。"

我说："其实就是种地的。"

吴天理愣了一下，反应过来后就笑得前仰后合，好不容易止住笑，问道："第二个朋友是干什么的？"

我说："第二个朋友说他是在人流密集处利用高分子材料对通信终端进行表面处理的。"

吴天理说："这个感觉更高端了。"

我说："其实就是给手机贴膜的。"

吴天理又是一阵大笑，问："第三位朋友呢？"

我说："第三位朋友说，他是五险一金自缴会成员。"

吴天理说："让我猜一下……哈哈，这人肯定是个无业游民。"

我说："你看，再接地气的职业甚至没有职业都可以说得这么高大上，专利取名肯定更要有所讲究嘛，特别是发明和实用新型，适当地突出技术含量是非常有必要的。

"比如，我们过年的时候经常在手机上玩儿的一个游戏，它申请了个专利叫'基于增强现实的虚拟对象分配方法'，猜猜看是啥游戏。"

吴天理想了半天，还是只能摇头。

我说："其实就是集五福。"

我又从吴天理手上拿过自拍杆，把手机装上，搂着吴天理的肩说："来，对着这个一体式自拍装置，你也给爷笑一个。"

打开格局
——专利布局（上）

前面我们讲到，高价值专利的基础是高水平的研发创造，因为高水平的研发创造决定了专利的技术价值。但是，技术价值较低的专利就没有存在的必要吗，技术价值较低的专利就没有价值吗？也不尽然。

吴天理不解，问："这又怎么说？"

我说："一个社会，只要精英就可以了吗，普通大众就没有存在的价值吗？当然不是。如果只有精英，这个社会就只有做决策的、做管理的、引领方向的、创造科技和文化成果的。那么，决策就没有人去执行，管理就没有对象，引领方向的就没人跟随，科技和文化成果就无法落地。这样的社会就是不健全的社会，就是没有支撑、空中楼阁式的社会。

"对于专利来说，道理也是一样的。如果只有高技术的专利，或者说只有技术方案最优的专利，专利的保护力度也是非常有限的。所以，不仅要有高技术、高价值的基础专利或核心专利，还需要有辅助性专利、延伸专利等外围专利。"

吴天理说："一个一个地来，什么是基础专利、核心专利、辅助性专利和延伸专利？"

我说："要讲清楚这些专利，就需要先讲讲专利布局这个概念。

"什么是专利布局呢？简单地说，就是在考虑好什么时间、什么地点，申请什么专利的问题之后，制订专利申请的计划，并按计划申请专利的行为。

"首先，什么时间申请专利？"

吴天理打断我说："什么时间申请还要考虑？什么时候研发成功了，什么时候申请就完了嘛。"

我说："照你这么说，申请什么专利也不用考虑了，有什么技术申请什么专利不就完了吗？"

吴天理说："对啊。"

我说："要这样的话，就不存在专利布局这一说了。专利布局就是要提前去规划何时、何地申请什么专利，而不是有什么技术申请什么专利，也不是什么时候研发出新技术就什么时候申请专利。"

吴天理说："那你先说说，申请时间上需要怎么考虑。"

我说："一般来说，申请专利当然是越早越好，因为大多数国家都是先申请制，对同样的发明创造只给最早的申请人授权，申请得越早，就越不容易被研究同样技术或产品的竞争者抢了先。

"这个早可以早到什么时候呢？可以早到只有一个想法的时候。当然，这个想法必须是一个完整的技术方案，并且这个方案必须是可实现的。

"比如，你想开发一种防烫手的杯子，你想到了一个方案，就是把杯体做成两层，两层之间为中空结构。当这个方案还在你脑海里酝酿的时候，你就可以去申请专利（当然，在申请文件中需要把这个杯子的示意图画出来），而不一定要等到杯子的样品已经做出来了才去申请。因为这个杯子虽然没有做出来，但它是可以做出来的，而且从常识来推断，这种杯子做出来后是可以起到防烫手的作用的。

"但是，不是所有的专利都申请得越早越好。比如有些技术研发周期非常长，如果很早就申请专利，当产品上市的时候，专利已经获得授权很长时间了，专利能对产品给予保护的时间也就剩得不多了。

"还有，我们前面多次讲到，专利是以公开换保护。一旦申请专利，我们的技术信息就会暴露给竞争对手，竞争对手就可以很容易地通过我们申请的专利来掌握我们的研发动向，进而推测我们今后的市场策略。所以从这个角度来说，也不是越早申请专利越好。

"所以，什么时候申请专利，需要具体情况具体分析。"

吴天理说："看来申请专利的时机问题确实需要好好研究。"

我说："再来说什么地点申请专利的问题。

"我们在《苏东坡的诗词何以不朽——高质量专利与高价值专利（中）》里提到过同族专利，当时就说同样的发明创造可以在不同的国家去申请专利，获得不同国家的法律保护。"

吴天理打断我说："能在中国获得保护就不错了，还费事到其他国家去干啥？"

我说："你这话一说出口，就暴露了自己是个没把格局打开的人。

"假如你的产品的研发在中国，生产制造在越南，主要市场在美国，那么除了中国，在越南和美国是不是都应该申请专利？"

吴天理抠了抠脑壳，不是特别明白的样子。

我说："如果只在中国申请专利，你可以在越南生产，别人也可以在越南生产，这好像对你的影响不大。但别人在包括越南的中国以外的地方生产后，还可以在美国销售，就会大大影响你的销量。所以，为了保护我们的市场，就不能只在国内申请专利。

"当然，以上还不是地域布局的最高境界，最高境界是除了保护好自己的地盘，还要去争夺别人的地盘。

"比如，我的竞争对手是法国的一家公司，这家公司的产品生产在越南，主要市场在美国。我除了要把我的产品的研发、生产和市场所在国布局上专利以外，还应该去法国、越南和美国申请专利，从而起到限制这家竞争对手的作用，以免它发展到这些地方都装不下它之后来蚕食我的地盘。除此之外，还应该在东南亚其他国家申请专利，在其他潜在市场国家申请专利，从而堵住它战略转移的去路。"

吴天理问："为什么要跟越南这些东南亚国家过不去？"

我说："因为这些国家的劳动力廉价呀，你没发现很多跨国公司都喜欢把生产基地设在这些国家吗？如果我们在这些国家申请了专利，他们就不得不寻求其他地方，其他地方的人力成本高，就会削弱他们产品的竞争力。"

吴天理说："这招够狠毒的。"

我说："再来说说申请什么专利的问题吧。

"我们研发出来将要推向市场的新产品、新技术一般来说都要申请专利，这没什么可说的。但是我们在研发过程中产生的，由于并不是最优的产品和技术，并不打算推向市场的，这样的产品和技术还有必要申请专利吗？"

吴天理说："既然你都这样问了，那就是有必要嘛。"

我说："太有必要了。

"我们还以防烫水杯为例，假如你不仅想到了两层中空的最优方案，同时还想到了在杯体外加一层隔热材料的次优方案。由于隔热材料价格高昂，次优方案你不打算生产出来推向市场，也就没有申请专利。这样一来，如果别人也想到了第二种次优方案，就可以自由地生产销售。次优方案生产出来的水杯虽然跟你的水杯相比竞争力较弱，但对于消费者来说总是多了一种选择，既然多一种选择，你就不能独占防烫水杯的市场。所以，我们把研发过程中产生的次优方案拿去申请专利，也是很有必要的。"

吴天理点了点头，说："有道理。"

我说："之前我们在讲从属权利要求的时候讲到，从属权利要求要尽量把改进的技术方案覆盖完，以防止别人在我们独立权要求的基础上进行改进。

"但我们也讲过专利申请要满足单一性要求，也就是一件专利申请只能要求保护一个发明创造，除非不同的发明创造之间是来自同一个总的发明构思。当我们的改进方案与基础方案不满足单一性要求的时候，就需要单独提出新的专利申请，并且非常有必要提出新的专利申请。道理嘛，同样是防止别人在我们已有专利的基础上进行改进，然后还来反制我们。"

吴天理感慨道："专利申请这潭水确实深不可测啊。"

我说："申请什么专利这个问题还没完。刚才我们只考虑了保护自身的问题，如果只考虑到这个程度，说明我们的格局还没完全打开，要完全打开，就需要充分利用专利的排他性。"

吴天理问："什么是排他性？"

我说："以前我们讲过，自己获得专利不代表就可以随意实施自己的专利，因为实施自己的专利也有可能侵犯别人的专利。而且自己有专利也不一定非要实施，因为实不实施是专利权人的自由。但非专利权人未经许可去实施别人的专利，就是侵权，是法律所禁止的。这就是专利的排他性。

"有些把专利制度运用得炉火纯青的公司，就非常善于利用专利的排他性。"

吴天理问："比如说呢？"

我说："比如，有些公司对于自己的核心技术并不申请专利，而是作为商业秘密来保护，却天天盯着竞争对手，并且申请很多对竞争对手有用的专利。如此一来，竞争对手想用的技术没法用，一用就侵犯它的专利权。"

吴天理说："意思是说通过专利把竞争对手的技术掌握在它手上，让竞争对手受制于它？"

我说："没错。"

吴天理说："你在讲笑话吧，咋可能？"

我说："比如，你申请了防烫杯子的专利，我看到了，我就天天琢磨你下一步可能怎么改进，然后先你一步去申请改进后的专利。当你想改进的时候，就会发现我已经申请了相应的专利了。"

吴天理说："这么说还真可以实现。"

我说："专利的排他性不仅可以用来限制竞争对手，还可以限制产业链上游的供应商和下游的客户。

"比如，你生产防烫杯子需要用到一些机器设备。你在使用这些机器设备的时候，可以有意识地关注它们存在的问题，然后提出改进的方案，并将这些方案申请专利。当这些机器的制造商自己对他们的设备改进后，或许会发现刚好落入了你的专利保护范围。这时，你就可以把你的专利许可给他们。"

吴天理说："这样一来，我除了卖杯子赚钱，还可以收许可费赚钱。"

我说："所以说你格局小呢。"

吴天理说："你格局大，你不收许可费？"

我说："当然可以不收许可费，但我肯定不是白许可给他。我可以要求他不收我的设备费，同时在向我的同行销售机器设备的时候提高售价，这样一来，我的同行们生产杯子的成本高了，我就有定价优势了。"

吴天理说："好吧，我承认你的格局大。这算是把上游供应商控制在手中了，那对下游客户又怎么控制呢？"

我说："对下游客户的控制，有一个经典的案例，我们留到下一回专门讲吧。总之，仍然是充分运用专利的排他性。

"把专利的排他性用好了，才算得上懂专利了。所以，很多知名企业都是运用专利排他性的高手。甚至某公司的知识产权负责人曾经说过这样一句话，'我们从来不申请对自己有用的专利，我们只申请对别人有用的专利'。"

吴天理说："这话咋听起来像是你自己杜撰的？"

我说："你太抬举我了。我只杜撰得出这样的话，'申请专利就是走别人的路，让别人无路可走'。"

芳砜纶之殇

——专利布局（中）

今天就来讲一个通过申请专利让别人无路可走的真实案例吧。

2002 年，上海纺织控股（集团）有限公司与上海市纺织科学研究院联合申请了一件名为"芳香族聚砜酰胺纤维的制造方法"的专利。

这件专利的诞生，标志着一种新材料的横空出世。

吴天理说："啥新材料，配得上'横空出世'几个字？"

我说："这么说吧，在这个材料出现以前，美国杜邦公司生产了一种商品名为'Nomex'（诺梅克斯，一种间位芳纶，也称芳纶 1313）的材料。Nomex 具有很高的强度、绝缘性，以及很强的耐热阻燃特性，在 250 ℃的高温下，也可长期保持稳定，可以广泛用于防护制品、过滤材料、电绝缘材料等军品、民品的生产。杜邦公司光卖这个 Nomex 就赚得盆满钵满。

"上海纺织控股和上海纺织科研院这件专利代表的材料同样具有很高的强度、绝缘性，以及很强的耐热阻燃特性，应用领域也跟杜邦的 Nomex 高度重合。不仅如此，在各项性能指标上比 Nomex 还要更胜一筹，完全可以将其取而代之。

"杜邦公司一看情况不妙，就赶紧来跟上海纺织控股和上海纺织科研院谈专利转让，希望把这件专利买到手。

"面对这种情况的如果是你吴天理，你卖吗？"

吴天理说："那要看给多少钱了，钱到位了一切都好说。"

我说："上海纺织控股和上海纺织科研院并不这样想，他们认为自己手上有全球领先的专利技术，好比拥有了一座挖不完的金矿。既然是金矿，肯定要自己来挖，以便长久获利。

"所以，当杜邦来谈的时候，他们已经专门成立了一家叫特安纶的公司，还给自己的专利产品起了个名字叫'芳砜纶'，并且开始买地建厂，准备大干特干一番。所以，杜邦公司想买专利的请求，被他们毫不犹豫地拒绝了。"

吴天理说："对，手握这么先进的专利，就应该自己实施，振兴我民族工业，怎么能贪一时之利呢？"

我说："可是很遗憾啊，杜邦公司虽然买专利不成，却并没有就此善罢甘休，而是进行了一通专利布局的操作，让芳砜纶还没上市就没了市场。"

吴天理说："听起来很匪夷所思啊，杜邦是咋操作的？"

我说："首先我们要知道，杜邦和特安纶都处于产业链的上游。产业链的中游有生产纱线的，生产织物的，生产纸材的，以及生产其他复合材料的；产业链的下游有生产防护服、防护器具的，生产过滤毡、过滤器的，生产标牌、标签、证券纸的，以及生产各种管材的。

"杜邦在防护器具、过滤器、耐火纸材、耐火管材等几个方向都布局了芳砜纶的专利，具体包括含有芳砜纶这种原材料的纤维、纱线、织物、纸材、复合材料、防护服、过滤器、各种纸和管材等产品，还包括采用芳砜纶制造纤维的方法、制造纱线的方法、制造纸材及复合材料的方法。

"听明白了吗，杜邦并不生产芳砜纶，它生产芳砜纶就会侵犯特安纶公司的专利，但是它却在芳砜纶的中下游布局了大量的芳砜纶专利。"

吴天理问："然后呢？"

我说："然后就是，这些中下游的企业虽然知道特安纶公司的芳砜纶比杜邦公司的 Nomex 还要好，但由于用芳砜纶生产中下游产品的专利都掌握在杜邦公司的手中，他们用芳砜纶生产的产品就有可能侵犯杜邦的专利权，为了稳妥起见，他们就只能继续使用杜邦的 Nomex。"

吴天理说："能不能说得再具体一点儿？"

我说："我们就拿中游的一个产品来举例吧。杜邦申请了关于织物的专利，这种织物中含有芳砜纶这种原材料，假如你是生产织物的，你用芳砜纶作为原料来生产织物，就有可能落入杜邦这件专利的保护范围。虽然只是可能，但是为了尽量降低侵权风险以免惹上官司，你会怎么样？"

吴天理说："这下完全明白了，当然尽量不用芳砜纶了。"

我说："如果你就是要支持国货，你偏用芳砜纶生产织物产品，除了可能惹上官司，对你来说还有什么影响你知道吗？"

吴天理摇了摇头，又做出一个让我继续的手势。

我说："你的织物产品很可能卖不出去。刚才我们讲了，杜邦不仅在中游布局了跟芳砜纶有关的专利，同样也在下游布局了。下游用织物生产防护服的厂商，如果用你的织物产品来生产防护服，很可能陷入双重侵权，一方面是使用了中游的侵权产品也就是你生产的织物，一方面是制造防护服的行为侵犯了下游的防护服专利。

"处于中游的你还有可能因为只涉及中游的专利而冒险用芳砜纶，但处于下游的生产商由于涉及的专利更多，侵权风险更大，用芳砜纶的可能性当然就微乎其微了。

"而一旦下游拒绝使用含有芳砜纶的产品，中游用芳砜纶生产的产品就无处可卖，中游生产商也就只好断绝使用芳砜纶的念头。所以，芳砜纶虽好，但由于只申请了两三件专利，从而使得杜邦有机可乘。杜邦先发制人地通过专利布局牢牢控制住了中下游客户，搞得特安纶公司非常被动。"

吴天理关切地问："现在特安纶公司怎么样了，发展得如何？"

我说："相当惨淡。特安纶是 2006 年注册的，2007 年宣称自己可量产芳砜纶 1000 吨。4 年后的 2011 年，杜邦的 Nomex 年产能已达到 2.5 万吨，全球销售额高达 84 亿美元；而特安纶年产能仍然停留在 1000 吨，全球销售额仅有 0.2 亿美元。"

吴天理又问："这又过了 10 年了，特安纶有没有翻过身？"

我说："不要说翻身了，几乎销声匿迹。"

吴天理心有不甘，说："我不信。"

我说："我也不信啊，我在网上搜索过很多次，几乎搜不到特安纶最近几年的消息。最近我又在某企业查询网站看了一下，虽然特安纶公司显示状态仍然是'存续'，但参保人数只有 5 人。"

吴天理叹息道："手上有那么好的产品，就因为专利被限制住了发展成这样，也太可惜了。"

我说："稍让人宽慰的是，特安纶从 2007 年以后一直在陆续申请专利，申请的内容也主要集中在芳砜纶的下游应用方面。虽然申请的不算多，到目前为止总共也就 30 几件，但至少说明他们没有放弃。"

吴天理说："希望特安纶可以东山再起。"

我说："通过这个案例，从特安纶的角度我们可以看到，当我们自己有好产品好技术的时候，一定要提前做好专利规划，然后按照规划去申请专利，不仅要把核心技术保护起来，还要把产品可能的应用也保护起来，否则一旦被别人抢先布了局，就会陷入万劫不复的境地。

"从杜邦的角度我们可以看到，虽然我们不生产竞争对手的产品，也不生产下游客户的产品，但我们可以用竞争对手的产品去布局下游的专利，这样就可以控制下游客户使其不敢买竞争对手的产品。"

吴天理说："突然觉得专利这门学问真是博大精深。"

我说："我们可以再通过这个案例回顾一下专利布局的几大考虑要点。"

吴天理说："我还记得，就是时间、地点、申请什么嘛。"

我说："特安纶 2007 年宣布可以进行芳砜纶的量产，杜邦马上就派他们的首席科学家去跟特安纶谈判，谈判不成，一个月之后杜邦就布局了 13 个关于芳砜纶的专利族，2007 年年底又补充了 1 个专利族，2008 年又继续补充了 1 个专利族。由此可见，杜邦在不到一年的时间内，就布局了 15 个关于芳砜纶的专利族。这就表明，在这个案例中，杜邦是在争分夺秒地抢时间。

"也就是说，在回答时间这个问题上，杜邦面对当时的形势，给出了越快越好的答案。"

吴天理问："对于地点这个问题，他们又是怎么回答的呢？"

我说："刚才我们说，杜邦布局的是专利族，也就表明他们就同样的技术方案在不同的国家申请了专利。主要在哪些国家呢？有中国、韩国、日本、德国、欧洲、墨西哥、加拿大和美国。为什么是这些国家呢？因为这些国家是他们自己的产品 Nomex 卖得最好的地方。"

吴天理说："也就是说，通过专利限制这些地方的下游客户使用芳砜纶，从而保住 Nomex 原有的市场。"

我说："至于申请什么专利的问题，刚才已经说了，他们不仅申请了中下游的产品专利，也申请了产品制造方法的专利。"

吴天理突然问："你想好今天这一回的题目了吗？"

我说："想好了呀，就叫'芳砜纶之殇'。一个本可以睥睨天下、傲视群雄的产品，却在出生不久就被扼杀于摇篮之中，未尝不能说是一种夭折。"

来，再给爷笑一个

——专利布局（下）

上回我们讲了一个出身高贵，有资格傲视群雄的产品被扼杀于摇篮的悲情故事，今天就来讲一个出身草根却终成一代霸业，让人精神振奋的故事。

吴天理迫不及待地问："被扼杀于摇篮的是芳砜纶，成就一代霸业的是啥？"

我对着他比了一个拍照的动作，说："来，再给爷笑一个。"

吴天理有些失望，说："又是自拍杆，不是已经讲过了吗？"

我说："之前讲，是用它来说明什么是高价值专利。今天又拿它说事，是为了继续讲专利布局的问题。"

吴天理说："好吧，那就请开始你的表演。"

我说："一般提到专利布局，主要是指宏观布局，也就是我们之前讲到的主要从何时、何地，申请何种专利的角度考虑问题的布局。但我认为，除了宏观布局，专利的微观布局同样非常重要。

"什么是专利的微观布局呢？我个人认为，专利的微观布局包括两个层面，一是每一条权利要求中技术特征的布局。在这个层面的布局，主要考虑每条权利要求应该写入哪些技术特征，不应该写入哪些技术特征。

"另一个层面是每一件专利申请中权利要求的布局，主要考虑在权利要求书中写入多少条权利要求，写入哪些权利要求，权利要求之间如何引用等。"

吴天理说："相对来说，权利要求中技术特征的布局最为微观。"

我说："为了把以上两个层面的微观布局讲清楚，就该让源德盛的第一件自拍杆专利再次出场了。为讲述方便起见，我们就给它起一个代号叫自拍杆 1 号吧。"

"之前我们讲过，自拍杆 1 号在申请时，权利要求 1 只记载了伸缩杆、夹持装置、夹持装置上的载物台、载物台上方的可拉伸夹紧机构，以及夹持装置与伸缩杆的位置关系和连接方式这些技术特征，却把真正的发明点——在夹持装置载物台上设置的缺口，以及在夹紧机构对应的位置设置的折弯部——写到了权利要求 2 中。

"这是为什么呢？因为独立权利要求只需写入解决技术问题的必要技术特征即可。

"自拍杆 1 号要解决的技术问题是什么呢？是'克服现有自拍装置使用时需临时组装，使用完后又需进行拆分的缺陷'。

"要解决上述技术问题，伸缩杆、夹持装置、夹持装置一体式转动连接于所述伸缩杆的顶端等技术特征已经足够；同时，要解决上述技术问题，伸缩杆、夹持装置、夹持装置与伸缩杆的连接方式又一个都不能少。这种一个都不能少的技术特征就是必要技术特征。

"为了保证独立权利要求的保护范围尽可能大，在独立权利要求中写入必要技术特征即可，这就是独立权利要求的布局原则。"

吴天理问："既然必要技术特征只有那三个，为什么权利要求 1 还写入了夹持装置上有载物台、载物台上方有可拉伸夹紧机构这些技术特征？"

我说："可能是申请人或专利代理师认为那三个必要技术特征形成的技术方案没有足够的新颖性和创造性吧。由此可见，独立权利要求中技术特征的布局，不仅要考虑必要技术特征，也可以适当考虑能否获得授权的问题。"

吴天理说："好，继续讲权利要求的布局吧。"

我说："一件专利申请中，光有独立权利要求肯定不行。道理嘛，已经在《从属权利要求及其作用》中讲清楚了。同时，那些道理也是权利要求布局需要考虑的方面，这里就不再啰嗦了。但我还是想以自拍杆 1 号为例，从另外的角度多说几句。"

为了直观起见，我们把自拍杆的权利要求呈现如下（如果觉得看权利要求的内容枯燥乏味，只看权利要求之间的引用关系就好了）：

1. 一种一体式自拍装置，包括伸缩杆及用于夹持拍摄设备的夹持装置，所述夹持装置包括载物台及设于载物台上方的可拉伸夹紧机构，其特征在于：所述夹持装置一体式转动连接于所述伸缩杆的顶端。

2. 根据权利要求 1 所述的自拍装置，其特征在于：所述载物台上设有一缺口，所述夹紧机构设有一与所述缺口位置相对应的折弯部，所述伸缩杆折叠后可容置于所述缺口及折弯部。

3. 根据权利要求 2 所述的自拍装置，其特征在于：所述伸缩杆包括若干伸缩节。

4. 根据权利要求 3 所述的自拍装置，其特征在于：所述伸缩杆上端设有一连接头，该连接头与所述伸缩杆的最上端伸缩节一体式设置。

5. 根据权利要求 4 所述的自拍装置，其特征在于：所述连接头与所述夹持装置转动连接，且转动连接位置设有锁紧装置。

6. 根据权利要求 3 所述的自拍装置，其特征在于：所述伸缩杆的下端设有手持部，该手持部上设有拍摄按钮。

7. 根据权利要求 6 所述的自拍装置，其特征在于：所述手持部包括一防滑区，所述防滑区设有防滑纹。

8. 根据权利要求 6 所述的自拍装置，其特征在于：所述手持部的底端设有电源开关。

9. 根据权利要求 7 所述的自拍装置，其特征在于：所述手持部的底端设有 "USB" 接口。

10. 根据权利要求 2 所述的自拍装置，其特征在于：所述载物台的上表面为前端高后端低的曲面。

11. 根据权利要求 10 所述的自拍装置，其特征在于：所述夹紧机构设置于所述载物台的上表面的后端，所述折弯部沿所述载物台的上表面的前端方向凸起。

12. 根据权利要求 11 所述的自拍装置，其特征在于：所述折弯部沿载物台的上表面的前端方向凸起位置设有一提手以及一体式设于提手下方的软垫。

13. 根据权利要求 12 所述的自拍装置，其特征在于：所述提手上设有防滑纹。

吴天理看完，我问："从权利要求的引用关系，看出啥门道了吗？"

吴天理直摇头。

我说："我们之前已经讲过，这件专利的权利要求 1 被无效了，从权利要求的引用关系可以看出，申请人或者写这件专利的代理师或许早有预料。

"为什么这么说？因为后面的 12 条从属权利要求中，除了权利要求 2 直接引用了权利要求 1，其他都是直接或间接引用的权利要求 2。"

吴天理问："如果从属权利要求都引用权利要求 1 会怎么样？"

我说："我们以权利要求 3 为例吧，如果引用权利要求 1，它的技术特征就包括：伸缩杆、夹持装置、夹持装置一体式转动连接于所述伸缩杆的顶端，以及伸缩杆包括若干伸缩节等技术特征。

"也就是说，权利要求 3 只是对权利要求 1 中的伸缩杆进行了进一步限定，而伸缩杆有若干伸缩节是现有技术，所以这种进一步限定并不能在没有创造性的权利要求 1 的基础上产生创造性。因此，在权利要求 1 被无效的情况下，若权利要求 3 引用权利要求 1，权利要求 3 也一定会被无效，就失去了它在权利要求书中的价值。

"反之，权利要求 3 增加的特征虽然不能带来创造性，但由于它实际引用的是具有创造性的权利要求 2，所以它仍然具有创造性。权利要求 2 不会被无效掉，它也就不会被无效掉。

"其他从属权利要求不直接引用权利要求 1 的道理也是一样的，我就不一一分析了。"

吴天理说："你刚才说不啰嗦了，结果还是啰嗦了这一大堆。"

我说："那就进入下一个话题，源德盛中观层面的专利布局。

"源德盛于 2014 年 9 月 11 日申请了这件'一种一体式自拍装置'专利之后，又分别于 2015 年 1 月 30 日、2 月 12 日申请了 3 件专利，一件是'一种一体式自拍装置'，另一件还是'一种一体式自拍装置'，第三件仍然是'一种一体式自拍装置'。"

吴天理说："你以为你是鲁迅先生再世吗，我家门前有两棵树，一棵是枣树，另一棵也是枣树。"

我说："鲁迅先生家门前的两棵树虽然都是枣树，但肯定长得不一样吧？同样，源德盛家的四件一体式自拍装置也长得不一样。"

吴天理说："你这不是废话吗，长一样申请四次干啥？"

我说："就像两棵枣树之间的区别不会太大一样，这四件自拍装置之间虽有差异但区别也不是特别大。来，让我们看看它们的样子。

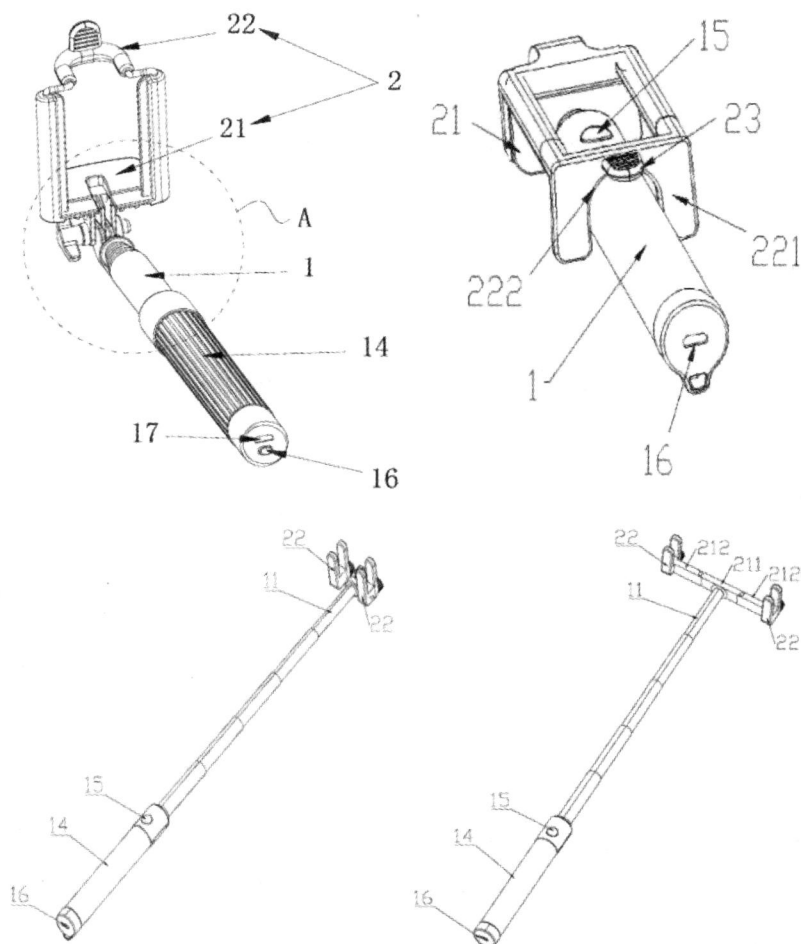

注：第一件（左上角）为自拍杆 1 号

"发现了吗，四件专利的区别主要在于夹持装置。源德盛就是通过对自拍杆 1 号夹持装置的变形设计，形成另外三个不同的技术方案，从而获得不同的专利。"

吴天理说："我觉得另外三件都没有自拍杆 1 号长得好看，而且市面上好像也只有自拍杆 1 号在卖，难道源德盛就是为了多申请几件专利吗？"

我说："当然不是。因为自拍杆的市场火热，其他公司必然会绞尽脑汁在自拍杆 1 号的基础上进行改动，从而规避自拍杆 1 号的保护范围，这样就可以生产、销售既类似又不侵权的自拍杆。如果你是源德盛，你愿意看到这种局面吗？"

吴天理说："当然不愿意。"

我说："所以，与其让别人去规避设计，不如自己先把可能的替代方案都申请了专利，从而把其他公司的路堵死。

"这样的布局就算是中观层面的布局，也就是说，围绕同一个技术问题（比如以上四件专利都是为了解决自拍杆不易收纳的问题），布局几个甚至几十个专利。"

吴天理说："按照这个思路走下去，下面就该讲源德盛的宏观布局了吧？"

我说："源德盛在穷尽了自拍杆收纳的技术方案之后，继续通过进一步扩展要解决的技术问题和要实现的功能来布局专利。

"比如，为了实现更好的拍照效果，专业摄影师都会采用补光的方式来获得更好的光影，而专业摄影师一般都有助理，普通人自拍不可能还随身带个助理。源德盛为了解决这个问题，就在自拍杆上设计了可夹持补光灯的夹持装置，从而形成新的专利。除此之外，还布局了可以夹持麦克风的自拍杆专利。

"又比如，近几年流行直播，有时主播需要把手机固定在面前，源德盛就把自拍装置从手持式向座式拓展，布局了各种自拍支架。有的主播喜欢边走边拍，这样就会存在影像晃动的问题，为了解决这个问题，源德盛又布局了手机云台等专利。

　　"总之，虽然做的是看似相当草根的产品，源德盛却把专利布局的路越走越长，越走越宽。"

　　吴天理问："一个自拍杆，也能全球到处布局吗？"

专利的多重国籍
——专利的地域性与同族专利

我们在《吴天理要把压面器专利许可给水总》那一回提到过专利的地域性，又在《苏东坡的诗词何以不朽》中提到过同族专利这个概念，而专利的地域性和同族专利之间是相互关联的，这一回我们就专门来讲讲这两个概念，以及它们之间的关联。

所谓专利的地域性，是指一个国家或地区所授予和保护的专利权仅在该国或该地区的范围内有效，对其他国家或地区不发生法律效力，在其他国家或地区其专利权是不被确认与保护的。

如果专利权人希望在其他国家或地区享有专利权，那么，必须依照其他国家或地区的法律另行提出专利申请。除非加入国际条约及双边协定另有规定之外，任何国家都不承认其他国家或地区或者国际性知识产权机构所授予的专利权。

吴天理抱怨道："又不说人话了。"

我说："用人话说就是，一项技术在哪个国家获得专利授权，就只能在哪个国家获得专利保护，要想获得其他国家的保护，只能再向其他国家提出专利申请。换句话说，中国的法律不会保护其他国家的专利权，其他国家也不会保护中国的专利权。

"所以，如果我们掌握了一项全球领先的技术或者全球都有市场的技术，一定不能仅仅局限在国内申请专利，否则就得不到更加广泛的保护。

　　"反之，如果一项技术只在国外申请了专利保护，我们可以在国内实施该专利技术，而不存在侵权的问题。但是国外的进口商没有得到专利权人的许可，从中国进口该专利产品到国外仍然属于侵权。"

　　吴天理问："既然专利保护有地域限制，在判断专利申请的新颖性和创造性的时候，所用的对比文件有没有地域限制呢？也就是说……"

　　我终于找到抢他话的机会，说："也就是说，当我们在中国申请专利的时候，审查员是不是只能用中国境内的文献或中国境内的其他现有技术作为评价新颖性和创造性的对比文件，是吗？"

　　吴天理说："嗯，孺子可教。"

　　我说："对于新颖性的评价，不同的国家有不同的规定，有的国家采用的是绝对新颖性原则，有的国家则采用相对新颖性原则。

　　"相对新颖性是说，一项技术只要在国内没有现有技术，就算具有新颖性；绝对新颖性是说，一项技术必须在全球范围内没有现有技术，才算具有新颖性。

　　"在我国以及其他多数国家，采用的都是绝对新颖性原则，只有少数国家采用相对新颖性原则。"

　　吴天理问："既然在判断新颖性时普遍采用没有地域限制的绝对新颖性原则，那有没有不受地域限制的国际专利呢？"

　　我说："没有。"

　　吴天理有些不相信，说："你确定？前几天楼上××科技咨询有限公司的人下来吃面，我怎么就听他们提到国际专利？"

　　我说："只有国际申请，没有国际专利。什么是国际申请呢？首先我们需要知道的是，联合国下设有一个世界知识产权组织，该组织又下设有一个机构叫国际局。国际局负责接收来自世界知识产权组织各成员国的专利申请，这样的专利申请就是国际申请。

　　"但国际局并不负责给专利申请授权，而是起到一个向各个国家传递专利申请的作用。当然，国际局的作用并不这么简单，更不是只扮演了一个传达室大爷的角色。

"也就是说，当我们要向其他国家申请专利的时候，可以通过国际局这个中转站，而不是直接把专利申请递交到某个国家的知识产权局。但我们的申请最终能不能得到授权，仍然是各个国家的知识产权机构根据各自的法律法规说了算，而不是由国际局发一个可以在全球横着走的国际专利。"

吴天理说："既然还是由各个国家发证书，为啥不直接向各国专利局申请，而要通过国际局呢？"

我说："如果我们仅仅向一两个国家申请，当然没必要通过国际局。当我们需要向多个国家申请专利的时候，通过国际局就可以减少很多麻烦。比如，用一种语言、一份申请文件，并且交一份申请的费用，就可以获得在多个国家的申请效力。"

吴天理问："既然每个国家有自己的法律法规，对专利的规定一定有差异吧？"

我说："这个问题问得好，各个国家对专利的规定确实会遵循一些国际通行的准则，但也都有自己的特色。

"首先是专利保护的期限不同，我国目前规定发明专利保护期限为 20 年，实用新型 10 年，外观设计 15 年；而有些国家发明专利保护期限只有 15 年，实用新型和外观设计只有几年，或者采用 m+n 的方式。"

吴天理问："什么是 m+n 的方式？"

我说："也就是前面有 m 年的保护期限，m 年到期之后，专利权人自行决定要不要续展，如果要续展，就可以再保护 n 年；不续展，保护期限就从此终止。

"除了保护期限，各个国家对专利的审查标准也有差异。就像刚才讲的，对于新颖性的评价，有的国家采用绝对新颖性原则，有些国家采用相对新颖性原则。再比如，多数国家要求专利申请必须具备创造性才会授予专利权，而某些国家的发明申请却不会因为缺乏创造性而被驳回。

"还有，专利事务的管辖机构也有所不同。比如，中国专利的无效宣告是由行政机关即国家知识产权局审理并作出决定，而在某些国家这一职责则是由法院承担。

"除以上几方面之外，还有一些不同。比如，在中国申请专利，申请人既可以是个人也可以是公司、学校、科研院所等法人；而在美国申请专利，申请人必须是发明人本人，也就是说只能是个人作为申请人。"

吴天理说："这样岂不是对发明人所在的单位很不公平？"

我说："所以一般来说，当发明人取得专利权后，又会通过转让的方式将专利转让给单位。

"还有，美国允许专利权人在获得专利授权后重新申请对专利的审查，这时专利权人可以修改授权专利中的错误，扩大或缩小专利保护范围。美国专利和商标局就会对修改后的申请进行重新审查，符合相关规定的可以再次颁发专利证书。这就是美国的专利再颁程序，而中国是没有这个程序的。

"此外，美国还有临时申请制度。当发明人的技术方案还不成熟的时候，就可以提交临时申请。临时申请只需要提交披露发明思想的草稿性文件，甚至可以只是论文或实验总结，无须撰写说明书、权利要求书等正式文件。等到技术成熟后，发明人再提出正式申请。这样的制度，在中国也是没有的。

"正因为同一项技术在不同的国家申请专利会受到不同情况的审批和保护，所以同一项技术在不同国家授权的专利就不能说是同一件专利。就好像多胞胎，一个具有中国国籍，一个具有美国国籍，一个具有韩国国籍……虽然看上去一模一样，但的确是有不同国籍并且相互独立的个人。而这种有多个国籍的发明创造所对应的专利就是同族专利。"

吴天理问："既然大多数国家都采用的是绝对新颖性原则，同一项发明创造要获得多个国籍，岂不是只能在同一天申请，不然就会自己破坏自己的新颖性？"

我说："关于这个问题，请听下回——《专利的优先权》。"

有个老美叫 Peter

——专利的优先权

上回书中，吴天理提出了一个问题，那就是一项发明创造在一个国家提出专利申请之后，有可能会影响它在另外的国家申请专利时的新颖性。

针对这个问题，《巴黎公约》中设计了优先权制度。由于《巴黎公约》是各成员国都需要遵循的国际公约，所以各成员国在自己的《专利法》里都规定了优先权制度，中国也不例外。今天我们就来讲讲中国《专利法》对优先权的规定。

在中国，优先权又分为外国优先权和本国优先权。先讲外国优先权，《专利法》第二十九条规定……

吴天理知道我又要背法条，赶紧拦住了我，说："直接说人话。"

我说："直接说人话这事还真没法讲清楚，必须先把法条摆在这儿，然后对法条进行逐字逐句的解释。

"《专利法》第二十九条规定：申请人自发明或者实用新型在外国第一次提出专利申请之日起十二个月内，或者自外观设计在外国第一次提出专利申请之日起六个月内，又在中国就相同主题提出专利申请的，依照该外国同中国签订的协议或者共同参加的国际条约，或者依照相互承认优先权的原则，可以享有优先权。

"什么意思呢？假如有个叫 Peter 的老美，先在美国提出了一件专利申请，一段时间之后又拿同样的发明创造到中国来申请专利，这件中国专利申请就可以以之前的美国申请为基础享受优先权。"

吴天理说："你法条也背了，人话也说了，但我还是不是特别明白啥是优先权啊。"

我说："那就讲得再具体一点儿吧，假如 Peter 在美国的发明专利申请是 2015 年 1 月 1 日提出的，2015 年 6 月 1 日该申请被美国专利商标局公开了，Peter 又于 2015 年 7 月 1 日拿同样的东西向中国申请专利。如果他在向中国提出专利申请的同时要求了美国申请的优先权，2015 年 1 月 1 日就是中国申请的优先权日。中国国家知识产权局在审查这件专利申请的时候，就不再以 7 月 1 日这个实际申请日作为审查其新颖性、创造性的时间节点，而是 1 月 1 日。这样一来，6 月 1 日公开的美国申请就不会影响中国申请的新颖性。"

吴天理说："也就是说，有了优先权制度，用同样的发明创造在多个国家申请专利的时候，自己不会影响自己的新颖性？"

我说："不仅自己不会影响自己的新颖性，其他人在优先权日之后公开的同样的技术方案也不会影响其新颖性。

"需要强调的是，要享受优先权必须把握好时间，如果是发明或实用新型申请，在后申请的时间必须在在先申请的十二个月之内；如果是外观设计申请，在后申请的时间必须在在先申请的六个月之内。

"假如 Peter 在美国申请的是发明或实用新型，申请日是 2015 年 1 月 1 日，在中国申请的时间是 2016 年 4 月 1 日，这时离他在美国申请的时间已经超过十二个月了，在中国申请时就不能再以美国申请为基础享受优先权了。"

吴天理说："这种情况下，审查 Peter 在中国的申请的新颖性就以实际申请日即 2016 年 4 月 1 日作为时间节点，是吗？"

我说："完全正确。这种情况下，如果 Peter 在美国的申请已经公开，就会破坏其在中国申请的新颖性。如果美国申请没有公开，就不会破坏中国申请的新颖性；但如果在 2016 年 4 月 1 日之前，其他人公开了同样的技术方案，仍然会破坏 Peter 中国申请的新颖性。"

吴天理问："本国优先权又是怎么回事呢？"

我说："我又要背法条了，法条说：申请人自发明或者实用新型在中国第一次提出专利申请之日起十二个月内，或者自外观设计在中国第一次提出专利申请之日起六个月内，又向国务院专利行政部门就相同主题提出专利申请的，可以享有优先权。

"也就是说，假如 Peter 在中国提出了一件专利申请，在规定的时间之内，又拿同样的发明创造再次向中国提出专利申请，在后的中国申请可以在先中国申请为基础享受优先权。"

吴天理说："有两个问题。第一，为什么还是 Peter 而不是我吴天理？第二，同样的发明创造为什么要在中国提出两次申请，吃饱了没事干？"

我说："首先回答第一个问题。外国人本来就可以不在他自己国家申请专利而直接到中国来申请专利，同时中国的本国优先权是针对所有人的而不是只针对中国人，所以我故意还以 Peter 为例。

"然后回答第二个问题。在后申请，一般情况下不会把在先申请原封不动地再提交一遍，而是在在先申请的基础上对技术方案进行修改和完善之后重新提出的申请。

"比如，在先申请是一个杯子，只有一条权利要求：一种杯子，包括杯身、杯把和杯盖。经过几个月的完善之后，就可以在在先申请的基础上增加从属权利要求，从而提出在后申请。假如在后申请的权利要求有两条，包括：1. 一种杯子，包括杯身、杯把和杯盖。2. 一种如权利要求 1 所述的杯子，其特征在于杯身包括内层、外层，以及内外层之间的中空层。这件在后申请中的权利要求 1 就可以要求优先权，因为在先申请中记载了同样的技术方案。

"以上是一方面的原因，还有一方面，在后申请可以转换专利类型。比如在先申请是发明，由于发明专利对创造性要求较高，难以获得授权，申请人就可以通过提出在后申请的方式将其转变成实用新型；或者在先申请是实用新型，但申请人经过考虑认为该申请完全能达到发明的高度，就可以通过提出在后申请将其转换为发明。"

吴天理说："还有一个问题。享受外国优先权的，在外国的申请和在中国的申请都有可能获得授权，是吧？那么享受本国优先权的两件申请有没有可能都获得授权呢？"

我说："首先，享受外国优先权的申请只要满足各国专利授权的条件，确实都可以被授权，但享受本国优先权的两件申请不行。因为同一个国家不能对同一项发明创造重复授权，所以，如果一件本国申请已经被授权，就不能再以它为基础要求优先权了；如果在先申请还没被授权，要求本国优先权的在后申请一经提出，在先申请就会被视为撤回。"

插队有理……吗？

——专利申请加快审查的途径

吴天理和水总又一次驾临我所在的公司，不过这次除他们二位之外，一起来的还有一个黄总。

水总介绍说："黄总是我的甲方，他们是生产大型数控机床的，长期从我那里采购零部件。"

黄总说："听水总和老吴说飞老师是知识产权方面的专家，我这里正好遇到一点儿知识产权方面的问题，所以就请水总牵线搭桥，冒昧前来请教。"

吴天理说："上个周末我不是又去钓鱼了吗，不仅碰上了水总，还通过水总认识了黄总。中午吃饭的时候就聊到了专利，黄总说发明专利申请的审查周期太长了，不知道有没有什么快速授权的办法。我仿佛记得你之前提过，说有几种方式可以加快审查速度……"

我不等吴天理说完，道："水总，你和黄总以后有啥事直接来找我就好了，不要耽误了老吴面馆的生意。"

水总说："我也是这么想，但是老吴这人热心肠，我也不好辜负他一片好意。"

我说："他哪儿是啥热心肠，他就是喜欢凑热闹。"

黄总说："以前我合作过两家专利事务所，给我做的发明专利一般都要两三年才有个结果，甚至有几件都四五年了，还躺在那儿没动静。前几天，其中一家事务所给我打电话，说他们刚建立了一个渠道，可以两三个月内帮我拿下发明专利。我当时忙没顾得上多问，巧的是第二天就通过水总认识了老吴，又听他说有飞老师你这个专家朋友，所以就迫不及待登门拜访来了。"

我说："对于专利申请，确实有几种加快审查的方式。但只是加快出结果，不是加快授权。授不授权，还是要看我们的申请符不符合授权条件。"

黄总问："也就是说，飞老师这边也有加快审查的渠道？"

我说："不只是我这边有，有专利代理资格的正规机构都有。"

显然水总对这方面也很感兴趣，问道："都有哪些渠道呢？"

我说："国家要发展高新技术、战略性新兴产业，各个省、市也有自己重点优先发展的方向，所以各级政府就出台了各种政策来支持相应产业的发展。

"具体到专利而言，你们不是一直诟病审查速度太慢了吗？好，我就壮大审查员队伍，从整体上压缩审查周期。但再怎么压缩，发明专利的平均审查周期还是需要一年多两年时间，毕竟审查员队伍不可能无限扩增。于是，政府又想了一招——给国家和地方政府重点支持的产业相关的专利优先审查的资格。"

吴天理好像很懂似的，对水总和黄总说："就是给这些专利申请插队的特权。"

黄总问："哪些是国家和地方政府重点支持的产业呢，我们做机床的肯定是吧？"

我说："国家层面重点发展的有节能环保、新一代信息技术、生物医药、高端装备、智能制造、新能源、新材料等，机床可以归属于高端装备吧。"

水总问："地方重点支持的有哪些呢？"

我说："各个省、市重点支持的产业肯定是不一样的，像我们四川，目前正在构建'5+1'现代产业体系，'5'就是电子信息、装备制造、食品饮料、能源化工、先进材料这5个万亿级支柱产业，'1'就是数字经济。"

黄总问："优先审查，可以节约很多时间吗？"

我说："对于实用新型和外观设计而言，提出专利申请并完成专利申请费缴纳之后就可以提优先审查请求，从优先审查请求得到国家知识产权局同意之后，两个月内就会结案，所以整个周期一般不会超过3个月。

"对于发明申请而言，进入实质审查阶段才可以提优先审查请求。从优先审查请求得到国家知识产权局同意之日起，45天之内就会发出第一次审查意见通知书。"

吴天理怕水总和黄总听不懂，解释道："也就是说，优先审查请求被批准后，审查员必须尽快审查，并在45天之内把他认为哪里不合适，专利申请有没有新颖性和创造性等意见以通知书的形式发给申请人或代理师。"

我继续说："一件获得优先审查资格的发明申请，从优先审查请求得到同意之日起一年之内就会结案。"

黄总说："一年时间还是有点儿长。"

我说："那就来个更短的——快速预审。刚才我们讲的优先审查，是在提出专利正式申请时或者正式申请后去申请而获得的一种资格。快速预审，则是在提出专利正式申请之前进行的预先审查。

"目前，很多省、市都建立了知识产权保护中心，这些保护中心的一大职能就是开展快速预审工作。"

水总问："能够快速预审的专利也需要在国家重点发展的产业领域内吧？"

我说："准确地说是在各省、市知识产权保护中心确定的产业领域内。比如四川知识产权保护中心确定的领域就是新一代电子信息和装备制造。"

黄总听到有装备制造，问道："通过快速预审的专利，多长时间能结案？"

我说："以发明专利为例吧，在正式申请前，先将专利申请提交到地方知识产权保护中心，保护中心一般7个工作日就会给出预审结果，预审合格的，再正式向国家知识产权局申请，国家知识产权局很快就会进行审查并发出审查意见通知书。从正式申请到结案，一般情况下是3个月左右。"

水总和黄总听说一件发明专利申请3个月就能结案，都感叹这个速度确实很快。

吴天理说："那么问题又来了，优先审查和快速预审的资格要怎么去申请呢？"

我说："若要优先审查，需要向国家知识产权局提交优先审查请求书，以及相关证明材料。

"若要快速预审，首先申请主体资格备案，比如水总、黄总你们的公司要在地方知识产权保护中心备案，取得快速预审的主体资格。然后，将每一件准备走快速预审通道的申请与保护中心的备案专利分类号清单进行比对。

"比对之后，若确定你准备提交的专利申请在清单之内，就可以通过保护中心的预审案件提交系统提交相应的专利申请文件。待预审通过之后，再向国家知识产权局提交相应的专利申请文件即可。"

黄总说："听上去还是挺简单，就是多一道手续而已。"

我说："两种加快审查的途径不仅要求保护中心和国家知识产权局快速进行审查，快速给出审查意见，同时对申请人或者代理师也提出了快速反应的要求。比如，保护中心给出审查意见后，有时会要求申请人或代理师必须在当天针对审查意见进行申请文件的修改。

"通过保护中心的预审之后，必须尽快向国家知识产权局提交正式申请。收到国家知识产权局下发的第一次审查意见通知书后，必须在 10 个工作日内针对审查意见作出答复和相应的修改；收到第二次审查意见后，必须在 5 个工作日内作出答复和修改。"

水总说："10 个工作日和 5 个工作日的时间还是挺宽松的嘛。"

我说："你知道普通审查情况下收到一审和二审意见，规定的是多长时间答复吗？分别是 4 个月和 2 个月。"

水总说："这么一比较，要求答复和修改的时间确实快了很多。"

我说："所以，即使是普通审查，如果在收到审查意见后能快速答复，也可以节省不少时间。"

吴天理说："如果一审和二审都能秒答，那就可以节省半年的时间。"

我说："可以这么说。另外，对于发明专利，《专利法》规定，如果申请人没有要求提前公开，则在申请日起满 18 个月时公开，公开之后才会进入实质审查阶段。同时还规定，国家知识产权局是否启动实质审查，主要取决于申请人是否提出实质审查的请求。"

吴天理说："我还以为提交了专利申请，国家知识产权局自然会安排实质审查呢。"

我说："申请人最长可以有三年的时间来考虑是否提出实质审查请求，如果从申请日起满三年没有提出实质审查请求，专利申请就被视为撤回，国家知识产权局也就不用进行实质审查了。"

吴天理问："不经过实质审查，发明专利就不可能被授权，咋还有提了专利申请却不提实质审查的呢？"

我说："这个问题我们留待下回分解。

"如果三年快到期的时候，申请人才提出实质审查请求，此时国家知识产权局才会将其安排进入实质审查阶段。黄总刚才说有两件申请都四五年了还没结果，很可能就是快满三年时才提的实质审查请求。当然，也有可能根本就没提，说不定已经被视为撤回了。"

黄总说："那我得赶紧问问原来那个代理机构。"

我说："刚才我们说如果申请人没有要求提前公开的话，发明申请文件是在提出申请之日起 18 个月后公开，但如果我们在提出专利申请之时就要求提前公开，两三个月之后就会公开。如果我们在提专利申请的同时又提了实质审查请求，申请文件公开后马上就会进入实质审查阶段。

"以上就是为什么同样是普通申请流程，有些可以在一年多的时间结案，有些却要四五年的原因。"

吴天理清了清嗓子，好像刚才一直是他在讲一样，说："我们来总结一下，其实加快专利审查共有三种方式，一种叫优先审查，一种叫快速预审，还有一种叫早公开、早提实质审查请求，然后秒答审查意见。"

黄总说："飞老师不愧是专家，教出来的学生都这么专业，我以后的专利就都交给飞老师来处理了。"

吴天理问水总："水总，黄总这个客户，算谁给老飞介绍的呢？"

水总说："当然算你介绍的。"

吴天理说："既然水总这么仗义，我吴天理也不能不讲究。飞老师，处理介绍费的时候，给我和水总一人算一半哈。"

申请专利就是为了授权？

——实质审查请求权的灵活运用

上回书中，吴天理问，怎么还有提了专利申请却不提实质审查请求的。这一回，我们就来聊聊这个问题。

前面我们讲过，一件发明专利从提交申请到获得授权，中间需要经历初步审查、申请文件的公开，以及实质审查。也就是说，没有完整经历这三个阶段的专利申请是不可能被授权的。

专利申请文件提交到国家知识产权局以后，不需要申请人另外提出请求，国家知识产权局会主动进行初步审查。但是实质审查就不一样了，只有申请人专门提了实质审查请求，国家知识产权局才会根据请求进行申请文件的实质审查。

吴天理问："申请专利不就是为了获得授权吗，既然申请人提交了专利申请，国家知识产权局按照程序该初步审查就初步审查，该公开就公开，该实质审查就实质审查就行了嘛。为啥要搞得这么麻烦，还要求申请人专门再提实质审查的请求呢？"

我说："因为，提交专利申请，不一定都是奔着授权去的。"

吴天理有些吃惊，问道："还有申请专利不为了授权的，那是吃饱了没事干吗？"

我说："提交专利申请，除了授权，还可以有其他的目的。比如，为了公开技术方案。

"什么情况下会为了公开技术方案而提交专利申请呢？假如，你在设计压面器的过程中，设计了5个技术方案，这5个技术方案里只有一个你最满意，如果要生产的话，也只会生产那个最满意的，其他4个都不会生产。

"这种情况下，那个你最满意的一定会拿去申请专利，是吧？但另外4个呢，就不管了吗？其实另外4个也可以拿去申请专利，并且在提专利申请的时候同时请求提前公开。这样的话，两三个月后这4个申请的技术方案就公开了，别人再想以同样的技术方案申请专利就不可能被授权了。"

吴天理说："所以提出这4件专利申请的目的就是为了防止别人拿同样的技术方案去申请专利？"

我说："是的。申请文件被公开后，你就可以选择不提实质审查的请求，因为你的目的已经达到了。不提实质审查请求就不用交实质审查费，还可以节约一些钱。"

吴天理说："除此公开技术方案，申请专利还有其他啥目的呢？"

我说："为了占位。

"我们知道，包括我们国家在内的大部分国家都采用的是先申请制。也就是说，对同样的技术方案，谁先提出专利申请就给谁授权。在如今竞争这么激烈的情况下，如果等到研发的技术成熟、完善之后再去提专利申请，就很可能会被别人抢了先。

"所以，为了避免这种情况，很多人在技术还只是雏形的时候就去提申请。提了申请却并不要求提前公开，更不提实质审查请求。"

吴天理问："这样就把位置占住了吗？"

我反问道："还记得我们之前讲过的优先权制度吗？"

吴天理说："当然记得，刚讲了没多久嘛。"

我说："申请人以技术雏形提交了第一件专利申请之后，可以继续进行技术的完善，然后在一年之内拿完善了的技术方案去提交第二件专利申请，并且要求以第一件申请为基础享受优先权。这时，第一件专利申请就完成了它的使命。"

吴天理问："除了占位，还有其他目的吗？"

我说："还有为了观望。

"有时候，发明人并不确定自己研发出来的东西到底有没有保护的价值，或者不确定几年后还有没有价值，这种情况下，就可以管他三七二十一，先提交个专利申请再说。

"提交了专利申请之后，申请人有三年的时间来考虑要不要提实质审查。在这三年里，申请人可以对技术发展趋势、市场需求动向等情况进行观察和分析，从而判断自己已经提交了申请的技术到底值不值得保护。如果值得保护，就在三年期满之前提实质审查请求。如果不值得保护，就不提实质审查请求，这样就可以省去实质审查费和授权之后的年费。"

吴天理感叹道："没想到专利有这么多玩法。"

我说："专利制度里面之所以规定实质审查需要申请人主动提出，就是为了给申请人更多的自主权，让申请人可以根据各自的情况灵活抉择，而不是为了给申请人制造麻烦。"

吴天理的娃是提前剖出来的

——专利申请提前公开的利与弊

吴天理的娃是 8 月 31 日出生的，跟大多数 8 月 31 日出生的娃一样，这个娃是在预产期前两三天强行剖出来的。提前剖出来的目的，当然是为了让娃能在年满 6 岁的时候顺利入学，而不用多等一年。

这个强行剖出来的娃不仅顺利入了学，而且事事都比我家娃提前一步。提前上了早教，提前进了幼儿园，提前学了口算，提前认了字……现在，这个事事提前的娃和我家娃一样都上三年级，却暂时看不出跟我家娃相比有啥优势。

吴天理说："有点儿想不通。"

我说："有啥想不通的，并不是啥事都越快越好，比如我就认为舒缓的音乐比快节奏的音乐更动人；也不是啥事都越提前越好，比如有时候专利不提前公开就比提前公开好。"

吴天理说："三句话不离本行，那就说说为啥专利不提前公开比提前公开好吧。"

我说："也不是不提前公开就一定比提前公开好，只是根据不同的情况，有时候提前公开好，有时候不提前公开好。

"之前我们讲过，提前公开就可以早一点儿进入实质审查阶段，早审查就可以早出结果。结果是授权的话，就可以早一点儿获得保护。对于更新迭代比较快的技术，一般来说当然是早授权的好。另外呢，如果专利权人急于通过专利转让获利，当然也是越早授权越好。

"提前公开除了能让专利尽早被授权，还有几个好处。

"第一，可以更早地获得临时保护。

"什么是临时保护呢？专利申请文件公开后，竞争对手或许会根据公开的内容实施该技术。在专利获得授权之后，专利权人就可以要求实施该技术的竞争对手支付适当的费用。这种对于在专利获得授权之前被别人实施的保护就是临时保护。"

吴天理说："不提前公开，竞争对手就不会那么早知道你的技术，为什么要提前公开呢？"

我说："专利申请不提前公开，不代表竞争对手不能从其他途径了解我们的技术。比如，我们提了专利申请之后，马上就把产品推向了市场，竞争对手把产品买回去研究研究就可以仿制。如果专利申请18个月后再公开，竞争对手就可以无偿仿制18个月。如果要求了提前公开，竞争对手最多无偿仿制两三个月。"

吴天理问："提前公开的第二个好处是啥？"

我说："可以影响竞争对手专利申请的创造性。

"假如在我们提出专利申请的5个月后，竞争对手也以类似的技术方案提出了专利申请，如果我们在提出专利申请时请求了提前公开，很可能在竞争对手提出专利申请之前就已经公开了。按照规定，已经公开的专利文献，不管授权与否，都可以用来评价在后专利申请的创造性。所以我们的申请就有可能让竞争对手的申请失去创造性，从而阻止它获得授权。

"如果我们提出专利申请时没有请求提前公开，就很可能在竞争对手提出专利申请之后才得以公开，这种情况下，我们的申请就只能用来评价竞争对手专利申请的新颖性，竞争对手的专利申请获得授权的可能性就会大一些。"

吴天理问："那提前公开的第三个好处是啥呢？"

我说："第三嘛，可以获得更长的保护时间。"

吴天理说："其实跟前面说的可以尽早获得授权是一回事嘛。"

我说："好吧，我承认我暂时想不出还有其他好处了。"

吴天理说："那就讲讲不提前公开的好处。"

我说："不提前公开至少有这么几个好处。

"第一，为自身技术的修改和完善争取时间。

"之前我们讲过，为了占位，可以在技术还不成熟、完善的情况下就提出专利申请，提完之后再继续完善。当技术完善之后，可以提出另外的专利申请。如果前一件申请已经公开了，前一件申请就可以用来评价后一件申请的创造性，后一件申请获得授权的阻力就会增加。所以，前一件申请不提前公开的话，更有利于后一件申请获得授权。

"第二，专利撤回后，便于改用技术秘密的方式进行保护。

"专利申请是可以撤回的，比如专利申请后，我们觉得涉及的技术内容改用技术秘密来保护更合适，就可以撤回专利申请。但如果我们要求了提前公开，即使撤回了专利申请，技术内容已经公开的事实是撤回不了的。

"如果没有要求提前公开，只要在专利申请后的18个月内撤回，涉及的技术内容就不会暴露在公众视野之内，这样就可以用技术秘密来加以保护。

"第三，避免技术内容的过早暴露。

"我们在申请专利，竞争对手可能一直在关注我们申请了什么专利。我们越提前公开我们的专利，竞争对手就越早知道我们申请了什么专利，就越容易掌握我们的研发动向和研发重点。

"当竞争对手掌握了我们的情况，就可以针对我们制订相应的技术开发策略和市场竞争策略，并且还有可能从我们公开的技术方案中得到启发，并针对我们的技术方案进行技术升级或规避设计。所以，提前公开容易让竞争对手把我们一眼看穿，不提前公开才能做到高深莫测。

"第四，为申请人争取更多时间评估发明的价值。

"上回书我们讲过，有时候，发明人并不确定自己研发出来的东西到底有没有保护的价值，或者不确定几年后还有没有价值，这种情况下，就可以管他三七二十一，先提交个专利申请再说。

"比如医药发明，只要做了体外实验和动物实验就可以提交专利申请，因为没有经过临床试验，还不清楚其效果和毒副作用到底如何。这种情况下，就可以不着急请求公开和实质审查，待临床试验的结果出来再作进一步打算。如果效果不佳或者毒副作用较大，就可以选择放弃该申请。

"第五，为申请人省一些专利维持费。

"专利授权后，从授权当年开始每年都需要缴纳年费，这样才能维持专利权的有效性。对于不太重要或者不急于获得授权的专利，则不妨让它的审查周期拉长一点儿，这样就可以让它晚两年获得授权，晚两年开始缴纳年费。对于那些动不动一年申请上千件专利的大户来说，可以省不少费用。"

吴天理说："看来啥事都不是越快越好，越提前越好。"

我说："是啊，快有快的好处，慢有慢的好处，关键是要掌握好节奏。节奏掌握好了，快就是早起的鸟儿有虫吃；节奏掌握不好，快就成了早起的虫子被鸟吃。"

没穿衣服的水总

——OEM 和 ODM 合同中的注意事项

水总曾经在尚未获得专利权的产品上打上专利产品的标记，因此受到过市场监管局的处理，没想到这才过了半年就又摊上事了。

我问："到底摊上什么事了？"

吴天理反问我："你还记得那个黄总吗？"

我说："你是说生产机床那个公司的黄总？"

吴天理说："对，就是那个黄总，他把水总给坑了。他让水总给他加工啥头，结果另外一个公司说那个啥头是人家的专利产品，水总没经过许可就擅自生产，侵犯了人家的专利权。"

我说："水总，黄总委托你生产啥头了，还是你自己来说吧，老吴说半天把我说晕了。"

水总说："黄总他们公司不是做机床的吗，龙门数控机床上用的镗铣头，他们自己不生产，而是委托我们公司加工的。前几天一家公司给我来了一份律师函，说我加工的这个镗铣头侵犯了他的专利权，要求我停止加工，并且还要赔偿他的损失。"

我问："黄总委托你加工的这个镗铣头，是你们公司设计的，还是黄总给你提供的图纸？"

水总说："是黄总提供的图纸。"

我说："那就是说，你们只是单纯地进行加工生产，属于典型的代工行为？"

水总说："对对，确实是单纯的代工，我们都是按照黄总的要求来的，黄总说怎么做我们就怎么做，没想到这也会侵别人的权。"

吴天理插话道："所以我说水总被黄总坑了。"

我问水总："你们公司跟黄总他们公司之间有委托加工合同吗？"

水总说："有。"

我又问："合同有没有规定，如果发生了专利侵权纠纷，由谁来承担侵权责任？"

水总说："我根本就没有想到我按照他提供的图纸来加工产品，还会侵犯其他公司的专利，所以……"

我说："那就不好办了。"

吴天理说："我们来找你，是让你帮忙想办法的，不是听你说不好办的。"

我说："办法倒是多，比如，可以先把你加工的镗铣头跟那家公司的专利比对一下，看是否确实落入了他们家专利的保护范围，然后再根据比对结果制订进一步的应对策略。"

水总说："那就麻烦飞老师帮我比对一下。"

我说："也不着急这一时半会儿的，毕竟现在我既不清楚那家公司的专利长啥样，也没看到你加工的镗铣头长啥样。我倒是想先给你们讲讲代工和贴牌关系中的知识产权问题。"

吴天理说："都火烧眉毛了，他还有雅兴扯这些。"

我说："水总目前收到的只是律师函，还不是起诉状，就说明对方还没有起诉，所以离火烧眉毛还远，最多只能算火烧胡子。"

水总到底比吴天理要稳得住一些，说："我就是吃了不懂知识产权问题的亏，先上一课就先上一课吧。"

我说："我们经常听到的 OEM 就是所谓的代工，代工是由委托方提供产品设计方案，受托方只是单纯地进行加工生产。在这种关系中，受托方的制造行为受委托方控制，生产什么产品，生产成什么样都是委托方说了算。所以，作为受托方，一定要事先把侵权责任的问题提出来，并且要在委托加工合同中特别约定：如若发生专利侵权，侵权责任由委托方承担。否则的话，一旦被人告了，就会很被动。"

水总问："刚才已经说了，我之前根本没想过这个问题，合同里压根没有提这方面的事，现在还有办法补救吗？"

我说："你可以跟黄总他们商量一下，看能不能签个补充协议。如果他们通情达理的话，我想应该会同意的。如果他们不同意，那家公司又把你的公司起诉了的话，你还可以把黄总他们拉进来作为共同被告，共同承担责任。"

水总说："这样的话，那我就放心多了。"

我说："我们接着说贴牌吧。通常所说的 ODM 就是贴牌生产，又叫'定牌加工'或'授权贴牌生产'。在这种关系中，受托方为委托方生产制造产品或配件，委托方只提供品牌或商标。"

吴天理问："也就是说，在 ODM 关系中，委托方不提供图纸或产品设计方案？"

我说："是的，在 ODM 关系中，从设计到生产都由受托方自己完成。如果合同中要约定专利侵权责任的问题，自然应该规定：侵权责任由受托方自己承担。

"除了对专利侵权责任的约定，委托合同中还应该规定专利的归属问题。也就是在合同执行过程中，如果产生了技术成果，专利权应该归谁的问题。

"在 OEM 关系中，图纸和设计方案都是委托方提供的，所以一般来说这些图纸和设计方案应该归委托方所有；如果在生产、加工过程中，对图纸和设计方案等进行了修改和完善，修改、完善后的图纸和设计方案应该归修改、完善的一方，如果两方都有贡献，那就可以双方共同享有。

"在 ODM 关系中，由于委托方只提供品牌或商标，产品的设计是由受托方完成的，形成的专利一般来说应该归受托方所有。"

吴天理说："道理是这么个道理，但是可不可以不按道理来约定呢？"

我说："当然可以，只要合同中的约定是双方平等协商的结果，并且在不违反法律、不损害他人利益的情况下，法律上都是允许的。比如，要是委托方愿意多给钱，也可以在合同中约定，即使技术成果是受托方研发的，专利权仍然归委托方所有。"

水总说:"不瞒你们说,我这个公司啊,大部分都是承接的 OEM 和 ODM 的活,飞老师今天这一课确实值得听,而且听得我后背直冒汗。"

我说:"我知道你为啥后背冒汗,因为你所有的合同都没有专利侵权方面的约定。水总,你相当于一直在裸奔呀。"

吴天理也对水总说:"那你得赶紧找那些委托方签补充协议,尽量把衣服都穿上。"

水总说:"说得对,就算以前的没法补穿,以后签合同也一定要先把衣服穿上再说。"

水总想了一下,又说:"除了 OEM 和 ODM 合同中需要注意专利侵权的问题,其他合同有这方面的问题吗?或者还有其他问题需要注意吗?有的话,飞老师你一起给我讲了,免得穿了上衣又发现还没穿裤子。"

我说:"不着急,下回我们接着讲专利转让需要注意的问题。"

穿了衣服还要记得穿裤子

——专利转让中的注意事项

之前我们讲过专利许可，这一回我们讲讲专利转让。如果说专利许可相当于租房子，专利转让就相当于卖房子。专利许可只是把专利的使用权让渡出去，专利转让则是把专利的所有权转移出去。

专利转让的双方，一方是转让方，也就是原专利权人，另一方是受让方，也就是转让后的专利权人。

专利的转让，有一些关键问题需要注意，也有一些必要的手续需要履行。

水总说："飞老师，你讲得太及时了，我最近正好有一件专利在转让。"

我问："是你转让出去，还是转让进来？"

水总说："是我转让进来，目前我手上还没有可以转让出去的专利哟。"

我说："这样的话，准确地说，你是准备受让一件专利。"

水总说："对对，是受让。"

我说："对于受让人来说，专利转让中需要注意的问题尤其多。首先，你得调查一下，准备受让的专利目前是否有效。有的转让人，或许是有意也可能是无心，把已经失效的专利拿出来转让，受让人也不知道调查，稀里糊涂地就把转让合同签了，结果花钱买个失效的专利。

"另外，最好在转让之前再评估一下专利的稳定性。《专利法》规定，宣告专利权无效的决定，对已经履行的专利权转让合同，不具有追溯力。

"什么意思呢？如果你受让了一件专利，受让专利的费用已经支付给转让方了，然后专利被无效了，这时你只能自认倒霉，不能因为专利被无效而要求转让方退还转让费。

"所以，专利转让之前，作为受让方，最好先对专利的稳定性做一个评估，对于那种明显不具有稳定性的专利就需要慎重。

"除此之外呢，还要调查一下专利有没有被许可。如果转让方在专利转让之前把专利许可给了第三方，并且许可合同还没到期的话，专利转让就不再只是转让方和受让方之间的关系，问题就会复杂一些。"

吴天理说："这话又有点儿绕了，这样，你拿我们三个打比方，说得通俗易懂一点儿。"

我说："好，以我们三个来打比方。我有一件专利，目前正在许可老吴实施，现在又要把这件专利转让给水总。

"水总如果不知情就把专利受让过去了，后来发现老吴在实施这件专利，那么我们三家之间就可能发生纠纷。所以转让之前，最好先调查清楚，专利有没有被许可。"

水总问："如果我发现你已经把专利许可出去了，我们之间还可以进行转让交易吗？"

我说："当然可以。因为我在专利转让之前已经把专利许可给老吴使用，合同没到期就应该继续允许老吴使用，但是同时又要照顾水总的利益，所以一方面可以在合同中约定，专利转让后，作为受让方的水总应该允许老吴继续使用该专利，直到我跟老吴的专利许可合同失效；另一方面，可以约定将收取的许可费分一部分给水总。"

水总说："好的，这个问题清楚了，还有其他需要注意的吗？"

我说："专利可以作为质押物到银行等金融机构去融资，现在专利质押融资虽然只有一小部分人在玩儿，但早已不是什么新鲜事物。所以，在签转让合同之前，最好先确认一下，专利是否被质押给了银行。如果是的话，同样存在要处理好三方关系的问题，所以应该谨慎对待。"

吴天理问："还有吗？"

我说："之前我们讲过，实施自己的专利都有可能侵犯别人的专利权，因为有些专利涵盖了别人专利的全部技术特征。同样的道理，实施受让的专利也有可能侵犯别人的专利。这就存在一个侵权责任的问题。所以，最好在转让合同中事先约定侵权责任由谁承担。"

水总说："那肯定要转让方承担。"

我说："一般来说，转让方不会同意由他来承担侵权责任，因为谁都保证不了实施自己的专利100%不会侵别人的权。但是受让方可以以此作为谈判筹码，让转让方降低转让费用。"

水总说："飞老师，你这个信息太及时了，这几天我正在跟对方谈费用的问题呢。"

吴天理问："还有需要注意的地方吗？"

我说："专利转让，合同是要签的，这个不用提醒吧，合同里面需要约定的问题，刚才也提了一些，就不多说了。

"合同签订之后，还有很重要的一步，就是要到国家知识产权局去进行登记。转让方和受让方之间的合同是从签订之日或者双方约定的时间开始生效，但不代表专利的转让也随之生效。根据《专利法》的规定，专利权的转让只在国家知识产权局登记之后才生效。

"什么意思呢？还是以我们三个打比方吧。假如我两个月前跟水总签了一份专利转让合同，但是一直没有到国家知识产权局登记，然后一个月前我又把同一件专利转让给了老吴，并把与老吴之间的转让合同在国家知识产权局进行了登记。虽然我与老吴之间的转让合同签订在后，但是由于这份合同进行了登记，所以专利权归老吴所有而不是水总。"

水总说："那我们之间签的合同又算怎么回事呢，就成一张废纸了吗？"

我说："我们之间的合同当然仍然是有效的，所以你可以拿着合同要求我承担违约责任，比如让我赔偿损失、支付违约金，但就是没办法把专利从老吴那儿要回来。"

水总又问："还有什么要注意的吗？"

我说："我暂时就想到这么多，以后想到再说吧。"

水总说："好的，我在转让合同签订之前和之后一定把飞老师刚才讲的都注意到。"

吴天理说："这样裤子也穿上了。"

水总收到的律师函

——专利侵权律师函的作用和必要的内容

水总听我讲完 OEM 和 ODM 合同中的注意事项，以及专利转让中的注意事项后，知道了以后遇到类似问题应该多长几个心眼，但是眼前的问题仍然没有得到解决，终于还是忍不住掏出他收到的那一份律师函，要我帮忙看看。

吴天理对水总说："最好现在叫人从你们厂里搬一个那个啥头来。"

水总说："对对，我让人把我们加工的镗铣头搬一个过来，飞老师就可以帮我比对一下，看看我们到底有没有侵犯他的专利。"

我把这份律师函浏览了一番，说："没这个必要了。"

水总和吴天理不约而同地问："为啥？"

我把律师函放到桌上，说："你们看，他措辞倒是用得挺吓人，但是水总到底侵犯了他哪件专利，他都没有说清楚，我们想比对也比对不了啊。"

水总问："那就不理他了吗？"

我反问道："有没有兴趣再听我上一堂有关律师函的课？"

水总知道我讲的东西对他来说都是有用的，不会白白浪费他的时间，所以直点头。

我说："《专利法》规定，面对专利侵权纠纷，当事人有多种解决途径可以选择，自行协商解决就是其中的一种。而专利权人向侵权人发律师函，就是自行协商解决纠纷的第一步。

"发律师函的目的，一是让侵权人知道自己侵权了，因为有些侵权人可能根本就不知道自己侵权了；二是为了警告侵权人，促使其停止侵权，或者促使其与专利权人进行沟通和协商。"

吴天理说："打断一下，怎么可能还有侵权了却不知道自己侵权的情况呢？"

我说："很正常呀，比如有人在别人专利的基础上进行了技术改进，增加了一些技术特征，但他不懂专利侵权判定原则，以为制造改进后的产品并不侵权。当然，这种情况还不是最普遍的，最普遍的情况是销售了侵权产品却不自知。之前我们讲过，商家通过合法途径购进侵权产品再销售出去也属于侵权，但商家往往都判断不了他所购进的是不是侵权产品。"

吴天理说："明白了，你接着讲吧。"

我说："之前我们也讲过，如果商家不知道自己销售的产品是侵权产品，可以只停止销售，不用承担赔偿责任。但如果收到律师函之后，仍然置之不理继续销售，就会承担赔偿责任。"

吴天理说："对对，因为他已经知道他销售的是侵权产品了。"

我接着说："以上其实讲了律师函的一个作用，律师函的第二个作用是可以遏制专利侵权。

"刚才讲了，有的人对自己的侵权行为并不自知，有的人明知自己侵权却抱着不会被人发现的侥幸心理。收到律师函之后，不知自己侵权的知道侵权了，抱着侥幸心理的知道被发现了，有的侵权人怕吃官司，就会有所收敛或者停止侵权。

"《专利法》规定，对故意侵权，情节严重的，法院在判赔的时候可以要求加倍赔偿。而侵权人往往都会辩解说并不知道自己侵权，但如果权利人发过律师函，侵权人就很难再狡辩。这就是律师函的第三个作用。

"另外，提起专利侵权诉讼是有诉讼时效的，且诉讼时效为3年。也就是说，从专利权人知道被侵权以及被谁侵权之日起3年内，专利权人应该提起诉讼，否则就会失去胜诉的权利。

"如果专利权人向侵权人发送了律师函，诉讼时效就会中断，中断后诉讼时效重新计算。假如专利权人没有做好提起侵权诉讼的准备工作，就可以通过发律师函的方式中断诉讼时效，中断后又有 3 年的诉讼时效，也就为自己争取到了更多的诉讼准备时间。"

水总说："这是律师函的第四个作用，还有吗？"

我说："差不多就是这些吧。接下来我讲一下律师函的内容，律师函的内容如果不完整、不清楚，就很可能起不到上面讲的那些作用，达不到应有的效果。

"具体到专利侵权律师函来说，首先，应该明确到底是哪一件专利被侵权了，这就需要写清楚专利的名称和专利号。为了更加具体，甚至可以指明侵权人侵犯的是该专利中的哪一条权利要求。

"其次，侵权行为有很多种，包括我们之前讲过的制造、销售、许诺销售、使用、进口，因此，律师函中还应该写明侵权人是因哪种行为而侵权。

"另外，侵权人经营的产品常常种类众多，因此有必要写清楚，侵权人的哪一类产品或者哪一种产品或者哪一个型号的产品是侵权产品。

"最后，要明确专利权人的要求。也就是说，专利权人发律师函的目的是什么。是要求侵权人停止侵权产品的制造，还是要求停止销售，这些都要在律师函中写清楚。

"只有这些内容写清楚了，被疑侵权人才能够将自己的行为和产品与律师函中的专利进行比对分析，从而判断自己到底有没有侵权。只有判断清楚自己到底有没有侵权，才好做出进一步的行动，比如停止侵权，或者跟发律师函的对方沟通。"

水总拿起桌上那张律师函，说："这家公司肯定请了一个没毕业的律师，太不专业了。"

我从水总手上拿过律师函，看了一眼落款，对水总说："现在我回答你刚才的问题，对于这份不专业的律师函，也不能当没看见，而是给这家创造力有限公司回个函，让他们明确……"

吴天理抢着说："明确水总到底侵权了他们哪件专利，哪条权利要求。"

黄总和创造力有限公司的交易

——收到律师函的应对措施

水总依照我的建议，给创造力有限公司回了一函。对方经过提醒，又发了一函给水总，这次终于写清楚了他们认为水总侵权了他们的哪件专利。

我对创造力那件专利的权利要求进行了技术特征的拆分，然后又对水总加工的镗铣头进行了技术特征的拆分，再把两者的技术特征进行了比对、分析。很不幸，得出的结论是确实侵权。

委托水总加工产品的黄总倒是很讲江湖道义，当即拍胸口保证说："没关系，侵权责任我来承担，他们要求赔钱，我来赔。"

我说："侵权责任不仅仅是赔偿的问题，还有停止侵权，也就是要停止生产这个镗铣头。"

黄总说："这样的话麻烦就大了，我们的机床如果换一款镗铣头的话，恐怕客户不买账哟。"

我说："那就跟创造力有限公司谈，让他们把专利许可给你们。"

吴天理以为黄总不懂啥是专利许可，就要帮着解释，黄总却说："不知道他们愿不愿意许可哟，同行是冤家，自己有好东西一般都不愿意跟同行分享的。"

我说："这样，你们先调查一下，看看创造力自己有没有生产这款产品，如果没生产的话，可能会好谈一些。"

黄总和水总依照我的建议，真去做了个市场调查，发现创造力还真没有生产那款镗铣头。半个月后，他们就带着我，一起去找创造力谈专利许可去了。

没想到创造力狮子大张口，开口就要 100 万元，而且是每年。水总后来说，他一年在这个产品上的收入也就 500 来万元，利润还不到 100 万元。以此推算，这款镗铣头能给黄总公司带来的利润也不会高到哪里去。

创造力态度坚决，一分也不肯让步。水总和黄总答应他们要求的话，明显是赔本买卖。所以，谈判只能不欢而散。

从创造力公司出来，黄总问我："现在该咋办呢？"

我说："他不仁，我们也不义，直接把他这件专利打掉。"

黄总和水总同时反问道："打掉？"

吴天理终于又找到机会，赶紧给他们普及专利无效宣告的知识。黄总和水总听完，都说要委托我来做这件事情。

我说："要无效掉一件专利，花的时间、精力可要比代理申请一件专利多得多哟。"

黄总说："这个我懂，朋友归朋友，你帮了我们的忙，费用该咋算就咋算。"

我说："但是我花了大量的时间和精力，你们花了大把的钱，不一定可以得到你们想要的结果哟。"

吴天理又帮忙补充道："就是说，不一定能把创造力的专利无效掉。"

吴天理补充完，黄总就把话题岔开了，水总也没有明确的表态。这样的情况我见多了，也不便再多说啥。

黄总开车送我们回各自的地方，一路上他都没有再提起专利的事情，似乎心里已经有了解决方案。

后来我才知道，他把我送到公司之后，就借口说还有另外的急事要处理，让水总和吴天理自己打车回去，然后独自一人偷偷返回了创造力有限公司。

黄总又登创造力的门，不再是谈专利许可，而是想要甩开水总，把加工镗铣头的订单交给创造力。创造力仗着自己专利在手，开出了比水总高 30%

的价格。黄总没有同意，在晾了创造力一段时间之后，创造力却主动向黄总抛来了橄榄枝，于是有了黄总和创造力的第三次谈判。

这一次，终于取得了谈判成果。创造力做了一些让步，把价格下调了几个点，同时还承诺对水总和黄总既往的侵权行为不再追究。看来创造力的目的很明确，就是想自己来生产他的专利产品，而这个产品为数不多的下游用户中，黄总的公司算是做得比较大的。

黄总撇下水总转而找创造力合作的过程，当然是水总讲给我听的。

水总讲完，最后总结了一句："那个姓黄的太不地道了！"

我说："黄总是有点儿不地道，毕竟你们之间的合同还没到期。对了，他有没有给你支付违约金呢？"

水总说："倒是支付了，不过那点儿违约金，根本就弥补不了我的损失。"

我说："如果支付了违约金，倒也无可厚非。至少他在你们之间没有约定侵权责任的情况下，没有把责任全部甩给你去承担。"

吴天理也说："公正地说，老黄做得还不算太让人看不起。"

我对吴天理说："考你一下，收到律师函之后，一般应该如何应对。"

吴天理直摇头。

我说："回想一下我们和黄总这段时间都做了哪些事，不就清楚了吗？

"首先，把我们的产品和对方的专利进行比对、分析，确定是否确实侵权；如果确实侵权，可以找对方谈专利许可；许可不成，可以想办法无效对方的专利；当然，也可以在谈许可之前就想办法无效对方的专利。

"无效不成，或者许可谈判不成，如果我们是对方下游的厂商或销售商（就像黄总），还可以转而跟对方谈专利产品的买卖合同或定制合同。"

吴天理问："如果上面的几条路都行不通呢？"

我说："那就只好停止侵权行为，然后跟对方谈赔偿金额。"

吴天理说："如果赔偿金额谈不拢呢？"

我说："那就让对方起诉吧。"

吴天理说："让对方起诉就相当于坐以待毙咯？"

我说："那也不一定。我们一方面可以积极为应诉做准备；另一方面，如果我们自己手上也有专利，就可以看一看，对方有没有产品落入我方专利的保护范围，如果有，也给他发一份律师函。

　　"对方一看，你手上也有打他的枪支弹药，说不定就不会起诉，转而跟你握手言和。"

　　水总说："这倒是个好办法，可惜我手上没啥专利。"

　　吴天理说："创造力不是承诺不追究你们的侵权责任了吗？"

　　我说："一码归一码，他们承诺不追究也不是没有条件的。水总手上要是有专利，正好创造力又有产品落入水总专利的保护范围的话，告他们侵权也不是不可以。"

　　吴天理对水总说："你前不久不是从别人那儿受让了一个专利吗？"

创造力公司生产的喷水冷却器

——侵权诉讼的诉前准备

我上次说，当对方发律师函警告我们侵犯了他的专利权或者把我们告上法庭之时，我们可以看看对方有没有产品落入我们的专利保护范围，如果有的话可以向对方发起反击。这话水总是真听进去了。

两个月后，他又来找我了。这次来，又抱了一个什么东西。

我打趣道："来就来嘛，还送这么大个礼。"

一起来的吴天理说："哪个要给你送礼了？这个叫喷水冷却器，是数控机床上的一个部件。"

水总又从包里掏出一沓文件，说："这次我可是有备而来，这是我受让的那件专利的权利要求书和说明书，那是创造力有限公司生产的喷水冷却器。"

吴天理对着我，问道："你明白我们今天来的目的了吧？"

创造力生产的冷却器结构很简单，有哪些部件以及部件之间的连接关系和位置关系都一目了然，水总这件专利描述和绘制的冷却器的结构也很简单，我大致看了看，基本可以判断创造力的冷却器落入了水总专利的保护范围。

为了稳妥起见，我又在电脑上画了一个表，表的左侧一一列明了水总这件专利权利要求中的技术特征，表的右侧一一列明了创造力那件冷却器的技术特征。

吴天理很兴奋地说："水总，你看，都对应上了，创造力侵权了。"

水总见我对吴天理的话表示了肯定，问道："飞老师，你看下一步我该咋办，直接起诉还是先发律师函？"

我说："起诉很麻烦的，耗时费力，不到万不得已没必要起诉。"

水总说："行，那就先礼后兵，发个律师函看看效果再说。"

吴天理说："水总，我这两个月跟你忙前忙后图个啥，不就是为了看着你起诉创造力吗，你不能发个律师函就完事了哟。"

水总说："飞老师说得对，能自己解决的为啥非要打上法庭呢，只要能达到我们的目的，私下协商不是更好吗？"

我问水总："你的目的是啥？"

水总说："我想跟创造力搞交叉许可，他许可我生产镗铣头，我许可他生产冷却器。"

我问："他要是不干呢？"

水总说："那就法庭上见了。"

我说："未雨绸缪，你们需要了解一下侵权诉讼之前的证据准备问题。

"作为诉讼的原告，有提供证据的责任。在专利侵权诉讼中，原告一般需要提供三大类证据，包括：权利证据、侵权证据和索赔证据。

"权利证据是提起专利侵权诉讼的基础，又包括：原告主体资格证明、被告主体资格证明、专利权有效性证明。

"要证明原告的主体资格，首先要拿出国家知识产权局授权公告的专利文件，以及专利证书或专利登记簿副本等，以证明自己手上确实有专利。另外，如果专利权人是自然人，应该提供身份证复印件；如果是法人，应该提供营业执照复印件。"

吴天理提醒道："水总这件专利是转让的。"

我说："对于水总这种情况，如果没有转让后的专利登记簿副本，除了专利证书还需要国家知识产权局发的转让手续合格通知书。

"要证明被告的主体资格，如果被告是自然人，需要提交户籍机关证明；如果是法人，需要提交工商行政管理部门出具的盖章机读档案。"

水总说："户籍机关证明和机读档案是个啥，听起来好抽象。"

我说："这你不用了解得太清楚，因为这些都可以请律师到公安局或工商行政管理部门调取。"

吴天理问："调这些东西干啥？"

我说："主要是为证明起诉的时候被告还存在，不要都立案了才发现被告的自然人已经不在了，或者被告的公司已经倒闭了。

"要证明专利权有效，需要提供最近的专利年费收据，最近的专利登记簿副本等。如果用来告别人的专利是实用新型或外观设计，最好再准备一份专利权评价报告。"

水总说："要准备的东西还真不少。"

我说："刚才我们说要准备三大类证据，这还只讲完了权利证据，下面我们接着讲侵权证据。

"专利侵权可以分为对专利产品的侵权和对专利方法的侵权，为了避免把你们搞晕，我就只讲对专利产品的侵权。"

吴天理说："正好，创造力就是对专利产品的侵权。"

我说："要证明专利产品被侵权了，可以提供从市场上或者从被告那里购买的侵权产品、购买时开的发票，也可以提供被告的宣传资料，比如广告、网站上的产品介绍等。如果能提供第三方检测机构和司法鉴定机构出具的检测报告，以及侵权产品落入专利保护范围的技术分析报告就更好。"

水总指着我们面前那个冷却器，说："侵权产品已经买来了，发票也开了，而且是创造力自己开的。"

我说："那就继续讲索赔证据。

"索赔证据是用来支持原告的赔偿请求和赔偿金额的。我们要求法院判创造力赔100万元也好，300万元也好，都需要有证据来支撑。也就是说，我们凭什么要求他赔100万元或300万元，而不是10万元或30万元，就需要拿出相应的计算证据。"

吴天理说："我记得你之前讲过，专利侵权赔偿有四种计算方式。"

我说："没错。第一种是原告因侵权遭受的损失，要通过这种方式计算赔偿额，需要原告提供自己销量减少、成本增加、利润降低等方面的证据。

"第二种是被告因侵权获得的利益，要通过这种方式计算赔偿额，需要提供被告的销量、单价、成本等方面的证据。

"第三种是专利许可使用费的倍数，要通过这种方式计算赔偿额，需要提供原告的许可合同。"

水总说："这件专利我没有许可给别人，原来那个专利权人也没许可过。"

我说："其实前面三种方式的证据都很难取得，所以目前很大一部分专利侵权诉讼的赔偿额都是采用第四种方式判定的，也就是法定赔偿。当然，法定赔偿的依据仍然可以是前面三种方式的那些证据。"

吴天理问："既然可以提供前面三种方式的证据，为啥不直接用前面三种方式之一进行判赔呢？"

我说："有时候我们取得的证据会存在不完全、不充分的问题，比如，我们收集到了被告在很多地方销售侵权产品的证据，同时也收集到了侵权产品单价的证据，但收集不到侵权产品销售数量以及产品成本的证据，这种情况下就难以根据已掌握的证据对被告因侵权获得的利益计算出一个准确的数据。"

水总说："听飞老师讲了这么多，我感觉其他证据还好，就是赔偿证据最难收集。"

我说："那下一回我们就讲证据的收集吧。"

创造力公司生产的喷水冷却器

——侵权诉讼证据的收集（上）

过了一段时间，水总和吴天理又来找我了。原因是水总和创造力有限公司没有谈拢，而且对方一直很傲慢，水总的几个和解提议都被对方坚决拒绝了。

吴天理说："创造力一口咬定说他们肯定不侵权。"

水总说："只能走诉讼这条路了，所以我们今天是来听你讲如何收集证据的。"

我说："前面我们讲了，专利侵权诉讼中，原告需要提供权利证据、侵权证据和索赔证据。既然他们不承认自己侵权，那我们就从侵权证据的收集讲起。"

水总说："侵权证据我们已经收集到了呀，上次我带过来的那个喷水冷却器，就是从创造力那儿买过来的。"

我说："侵权证据的收集不止购买侵权产品一种方式，难道你们就不想听听？"

吴天理说："那你就讲吧，我们再不想听，也架不住你要讲啊。"

我说："第一种方式当然是购买侵权产品，但是购买也分自行购买和公证购买，上次你们带来的冷却器是自行购买的吧？"

水总说："是啊，我们自己去买的，有什么问题吗？"

我说："原告自行购买的侵权产品用于侵权证据时，在法庭质证过程中，被告很可能会否认原告提供的侵权产品来自他们。具体到我们目前这个案子，创造力完全可以说你买的冷却器不是他们生产、销售的。"

水总说："我手上有他们开的发票，他们也能抵赖？"

我问："冷却器上有创造力的铭牌或者其他标识吗？"

水总说："好像没有。"

我说："那么创造力就可以说，发票确实是他们开的，但你提供的侵权产品并不是他们生产的。你提供不了发票和产品之间有关联的证明，你完全可以在他创造力那里买一个不侵权的冷却器并让他开具发票，然后再从其他地方搞到一个侵权的冷却器栽赃到他创造力头上。

"甚至有时候产品上有侵权公司的标识标牌，侵权方也可能狡辩说是其他公司冒充他们生产的。这种情况下，原告提供的侵权产品就很有可能不被法院采信。"

水总说："那我们之前买的那个侵权的冷却器就白买了？"

我说："为了稳妥起见，最好再进行一次公证购买。所谓公证购买，就是在公证机关公证员的见证下，进行侵权产品的购买。也就是说，让公证机构为原告证明，侵权产品确实是从被告那里购买的，让被告无从抵赖。"

吴天理问："公证购买具体如何进行呢？"

我说："之前我写过一篇《我的白日梦——专利侵权诉讼前侵权产品的公证购买》，里面有详细描述，你们可以去看一下，今天就不再啰嗦了。"

水总问："除了购买，还有哪些收集侵权证据的方式呢？"

我说："还有网页公证。不管是工业品还是直接消费品，网上宣传和线上销售都是很普遍的情况。把对方网页上的宣传和销售信息保存下来，比如网页截屏、打印，也是收集侵权证据的一种途径。

"但对于网页信息，被告也可以狡辩说是原告伪造的。所以，最好还是在公证员的监督下，用公证机构的电脑和网络对网上的信息进行截屏或者打印，从而完成公证取证。

"线上销售一般会显示销售的数量，网页公证不仅可以获取侵权证据，还可以获取侵权规模和范围的证据，用以支持原告的赔偿请求。所以，网页公证经常可以收到一举两得的效果。"

水总说："今天回去我就看看他们公司的网页和电商平台上有没有这款冷却器的相关信息。"

我继续说："除此之外，还有展会公证。商家通过展会的方式宣传、销售自家的产品也是非常常见的营销手段。参展时一般会展出产品实物，发放产品宣传册、说明书等。此时，同样可以在公证员的见证下，对被告展出的产品进行拍照或录像，对侵权产品的宣传册、说明书等资料进行收集，从而用作侵权证据。

"所以展会公证有一个好处就是，可以省一笔产品购买的费用，特别对于那些购买取证成本很高的产品来说，展会公证不失为一个很好的选择。"

吴天理说："网页公证也有这样的好处。"

水总说："对产品进行拍照和录像，一般只能拍到产品的外观，所以展会公证主要是对外观设计专利侵权产品的取证有用吧。"

我说："确实如此。如果同时取得的宣传册、说明书等资料没有对产品技术方案的详细记录的话，展会上取得的证据很难用于发明和实用新型专利的侵权比对。另外，展会公证只能证明被告有许诺销售的行为，不能证明有销售的行为。当然，如果我们在展会上同时购买了侵权产品的话，那又另当别论。"

吴天理说："网页公证也有这样的缺点。"

我说："以上几种公证取证的方式，虽然有公证机构的参与，但原告都是主要参与方，所以都可以认为是原告在自行收集证据。原告除了自行收集证据，还可以委托行政管理部门和法院进行证据的收集……"

水总看了一下表，打断我说："吃饭的时间到了，这样，我们找个地方，边吃边聊。"

吴天理手上一直拿着个东西在无意识地把玩，听到水总说吃饭才放回我桌上。他把那个东西放回去的时候，突然发现是收款二维码，便好奇地问："咦，你弄这么个玩意儿干啥？"

我说："最近我开了个付费咨询的业务，咨询也是要产生价值的呀，我们不能光咨询不收费，是吧？"

吴天理说："咨询就是动动嘴皮子的事，你也好意思收费？我今天来你这儿的地铁上，看到你们一家同行在打广告，不仅可以免费咨询，还有很多服务都是免费的。"

我说："你知道医院看病为什么贵吗？就是因为大家普遍不认可医生诊断和医嘱的咨询价值，所以导致很容易判断的问题也会要你做一堆检查，只需要多喝水的问题也会给你开一堆药。如果认可医生诊断和医嘱的价值，愿意为此买单，过度检查和过度开药的问题肯定可以在一定程度上得到改善。

"干我们这行也一样，提供了免费的服务，他一定会绞尽脑汁在其他地方找补回来，甚至让你掏得更多。所以啊，免费的才是最贵的。"

水总尴尬地干笑了几声，说："对对，要承认咨询的价值，飞老师，你是按时间计费还是怎么计算，我这就付费。"说着，掏出手机对着二维码扫了扫。

我说："一小时 500 块，以前的就算了，就当是朋友之间帮忙了。"

水总还是付了 1000 块，说："刚才也没计时，今天已经讲了的和还没讲的总共就算两个小时嘛。"

我说："今天这顿饭就算我的了。"

水总说："怎么能让你请呢？"

我说："一码归一码。你给我付了费，就是在支持我的工作。朋友支持工作，难道不应该感谢吗？"

创造力公司生产的喷水冷却器

——侵权诉讼证据的收集（下）

我们进了楼下一家餐馆，找了一个靠窗的桌子坐下。

点完菜，水总说："飞老师你刚才说，原告除了自行收集证据，还可以委托行政管理部门和法院进行证据的收集？"

我说："是的。原告由于自身能力所限，总有某些证据收集不到或者收集不全的情况，这时，就可以借助行政机关或司法机关的力量去收集证据。

"之前我给老吴讲过，我国对于知识产权保护实行的是行政保护和司法保护的'双轨制'模式。也就是说，发生知识产权侵权纠纷的时候，权利人既可以向地方知识产权局申请行政处理，也可以向法院提起诉讼。

"具体到专利侵权纠纷的行政处理而言，根据《专利行政执法办法》的规定，专利权人因客观原因不能自行收集部分证据时，可以书面请求地方知识产权局进行调查取证。

"地方知识产权局在接到专利权人的书面申请后，一般都会同意该申请，然后启动证据的调查收集工作。"

吴天理问："一般都会同意，还有不同意的时候？"

我说："刚才我们说，专利权人因客观原因不能自行收集证据时，可以请求地方知识产权局进行调查取证。那么地方知识产权局就要审核，专利权人书面申请中要求调查收集的证据是否确实是他不能自行取证或难以自行取证的。如果有些证据明明是很容易收集到的，地方知识产权局肯定不会同意相应的请求。

"另外，地方知识产权局启动行政调查的前提是，专利权人已收集到初步的侵权证据。也就是说，专利权人应该提供初步的证据，让地方知识产权局相信，疑似侵权人确实有侵权的可能。如果，专利权人不能提供初步证据，地方知识产权局就很难同意行政处理的申请，不会贸然进行行政调查。"

水总问："我现在手上有从创造力那里买来的侵权产品，还有他们开的发票，算是收集到初步的证据了吧？"

我说："当然。这种情况下，你向地方知识产权局申请行政处理，他们应该不会拒绝。"

吴天理问："地方知识产权局怎么收集证据呢？"

我说："他们一般会去查阅、复印被疑侵权人相关的销售合同、发票、账册等文件，询问当事人和证人，对生产、仓储等现场进行拍照、摄像，对产品进行抽样等。

"对涉嫌侵犯方法专利权的，可能还会要求被疑侵权人进行现场演示。比如，对涉嫌侵犯产品制造方法专利权的，可能会要求被疑侵权人演示产品的生产全过程，从而将被疑侵权人的生产方法与专利权人的权利要求进行比对，进而判断被疑侵权人的生产方法是否落入专利权人权利要求的保护范围。"

菜上齐了，我们开启了边吃边聊模式。

我继续说："地方知识产权局收集到证据之后，能够将侵权行为坐实时，可以责令侵权人停止侵权，比如停止生产、销售侵权产品，但没有权力直接判侵权人对专利权人进行赔偿，只能就赔偿金额在专利权人和侵权人之间进行调解。而通过调解往往难以在双方之间达成一致意见，所以专利权人要拿到赔偿金，一般都有待法院的判决，法院判决则需要专利权人向法院提起诉讼。"

吴天理说："我记得你以前讲过，地方知识产权局收集到的证据，也可以在法院诉讼中使用。"

我说："没错。但地方知识产权局收集到的证据不会直接交给专利权人，专利权人要想在侵权诉讼中用到这些证据，需要向法院申请，然后由法院向地方知识产权局调取。"

水总问："法院在审案过程中，也可以进行证据收集是吧？"

我说："有时候法院为了案件审理的需要，会自行在职权范围内进行证据调查和收集，但多数情况下，还是需要专利权人向法院进行申请。

"是否同意专利权人的申请，法院也跟地方知识产权局一样，需要专利权人提供一定的初步证据。法院同意专利权人的申请之后，采取的证据调查和收集手段跟地方知识产权局类似。

"法院调查取证后，也就对侵权证据进行了固定，可以防止侵权人转移、销毁侵权证据，因此，法院的调查取证又叫证据保全。专利权人可以在诉前申请证据保全，也可以在诉中申请。"

水总问："诉前就是提起诉讼之前吗？"

我说："没错。在诉前申请证据保全，更容易获取相关证据，因为被疑侵权人可能都不知道有人要告他，一般不会提前防备。但如果诉前没有进行证据保全，在诉讼过程中申请诉中保全，也可以起到亡羊补牢的作用。"

吴天理对水总说："我们肯定是要把创造力告上法庭的，收集证据的事情就不麻烦知识产权局了，我建议直接向法院申请证据保全。"

我说："先别着急建议，地方知识产权局对于专利权人调查取证的申请一般都会同意，但法院对于证据保全的申请同意的情况并不多。"

吴天理问："这是为啥呢？"

我说："一般来说，只有在想要收集的证据可能会灭失或者现在不收集以后就很难再收集到的情况下，法院才会同意进行证据保全。"

吴天理又问："怎么才算证据可能灭失或者以后很难收集的情况？"

我指了指刚好从窗外走过的一个陌生女子，问吴天理："看到她，你有心动的感觉吗？"

不待他回答，我接着说："如果有心动的感觉，你最好现在就出去向她表白，否则她马上就会消失在茫茫人海之中或者转角就可能遇到其他人。有些证据就像这个美女，有可能被侵权人藏起来或转移到别处，这就算以后很难收集的情况。"

水总对吴天理调侃道："还不赶快冲出去，她真要走到转角处了。"

我又指了指桌上的一盘麻婆豆腐，说："还有些证据就像这盘豆腐，一会儿就被我们吃掉了，就算不被我们吃掉到明天也变质了，如果现在不进行取样并冷冻封存，就很难再准确分析出它的原料配比，这种情况就可以说证据会灭失了。"

水总问："证据可能会灭失，或者以后很难再收集，都需要向法院证明，是吧？"

我说："那是当然。这就是为什么法院启动证据保全程序情况不多的原因，因为要证明不马上进行证据保全，证据就会灭失或以后很难取得也不是那么容易的事。总之，证据收集的方法都给到你们了，就看你们如何运用了。"

箭在弦上也别着急发

——原告的诉讼策略

水总起诉创造力已经是箭在弦上，随时都可能射出去的事。然而，我又问了他一句话，让他把箭暂时从弦上撤了下来。

我问的是："你的诉讼策略制订好了吗？"

水总对这个问题显然毫无准备，像被偷袭了一样，愣了半天，才说："看来又需要你给我们上一课了。"

我说："我问你诉讼策略制订好了吗，说得通俗一点儿就是想知道你有没有考虑清楚诉讼要达到什么目的，什么时候起诉，在哪里起诉这几个问题。"

水总说："诉讼目的不就是让创造力生产不成我的专利产品，并且从他们那儿拿一笔赔偿金吗，还能有什么目的？"

我说："你说的这两个目的简单来说就是维护自己作为专利权人的合法权益，但专利侵权诉讼不仅是一种维权的手段，还是一种商业运营的手段。所以，对于原告来说，侵权诉讼可以有很多目的，比如警示竞争对手、宣传企业和专利产品、促成专利转让或许可交易、取得市场垄断地位、获得侵权赔偿等。"

水总说："你这么一说，我好像有点儿明白了，不过还是愿意听你详细讲讲。"

我说："首先说说警示竞争对手吧。某些专利技术实用性强，专利产品市场认可度高，对于这些有利可图的专利，必然会有不少人愿意冒着风险去干专利侵权的事。

"如果专利权人对别人的侵权行为放任不管，必然导致更多的人加入侵权行列中，也会导致原来的侵权人扩大侵权规模和范围，因为他们觉得侵权也没什么风险。但是，如果专利权人积极维权，即使只把某一个或者某几个侵权人告上法庭，也可以告诉所有侵权人我可不是好惹的，从而起到杀一儆百的作用。"

吴天理说："对对，我们这次提起诉讼，不仅要把创造力告倒，而且要让其他人不敢有非分之想。"

我问水总："你们公司目前在业内有没有一定的名气呢？"

水总说："像我们这样的公司，只能说有一些固定客户知道，名气还远远谈不上哟。"

我说："正好可以通过打官司，把名气打出去。

"目前，手上有专利的公司还是相当不少，但是真正有有用的专利的，还真没几家。那些没用的专利，专利权人自己都不会实施，就更不要说其他人会侵权了。既然有人侵犯我们的专利权，就说明我们是为数不多的手中有有用的专利的企业。我们就可以一面打官司，一面通过各种方式对官司进行宣传，从而让业内更多的人知道我们这家公司，知道我们有很好的专利。

"国内外有一些初创企业，虽然手上掌握了核心技术，但由于进入行业时间短而不为人知，后来就是因为积极维权，勇于提起侵权诉讼而广为人知。"

吴天理又说："打官司还能起到广告宣传的作用，创造力我们是告定了。"

我继续说："打官司也不一定要拼个你死我活，有的人打官司就是为了跟被告达成某种合作意向。比如，我们的主要目的可能并不是为了获得侵权赔偿，而是看中了对方手中的专利，想生产他的专利产品。我们提起侵权诉讼要求他停止生产、支付赔偿金，其实就是虚张声势。官司打到一定阶段，就可以跟他谈判，告诉他不停止生产、不支付赔偿金也行，前提是要允许我实施他的某件专利，或许他就会乖乖地跟我们签订交叉许可协议。

"当然，有一些专利权人自己不一定有生产专利产品的能力，这时候就可以把谈判内容改成收费许可，最终从对方那里收取许可费；或者把专利转让给对方，从而收取转让费。"

水总说："我告创造力，主要是咽不下那口气。"

我说："如果是这样，我们的诉讼目的主要就是让创造力停止侵权了。通过诉讼让对方停止侵权，让所有的侵权者停止侵权，其实更进一步的目的就是取得市场垄断的地位。别人都不能生产我的专利产品，这个产品只此一家。"

水总说："当然，垄断市场也是我的目的之一。"

我说："获得侵权赔偿就不用讲了吧。"

水总问："起诉时间方面又有哪些讲究呢？"

我说："任何事都讲究天时、地利、人和，打官司也不例外。要想赢得专利侵权诉讼，必须找一个最佳的起诉时机，而最佳起诉时机需要根据你的主要诉讼目的来选择。

"如果你的诉讼目的是警示竞争对手，那么就可以在刚发现侵权苗头的时候提起诉讼，让大家知道，你是一个眼睛里揉不得沙子的人。

"如果你的主要目的是宣传企业和产品，就需要在做好宣传准备之后再提起诉讼。

"如果你的主要目的是获得侵权赔偿，就可等对方侵权一段时间之后，达到了一定的侵权规模再提起诉讼。"

水总问："这是为啥呢？"

我对吴天理说："你来回答。"

吴天理想了一下，说："对于侵权赔偿金额，有几种计算依据，依次是原告因侵权受到的损失，被告因侵权获得的利润，专利许可费的倍数，以及法定赔偿。如果别人刚开始侵权就把别人告了，不管是你原告因侵权受到的损失还是他被告因侵权获得的利润都不会很多，所以能够获得的赔偿肯定很有限。"

我补充道："即使是采用法定赔偿的方式来确定赔偿金额，也是侵权时间长、侵权范围广、侵权规模大，确定的赔偿金额才可能高。"

水总说："听起来有点儿像放水养鱼。"

我说："没错，这就是放水养鱼策略。不过要注意的是，专利侵权诉讼是有时效的，从权利人知道或者应当知道被侵权之日起，三年内不起诉，就过了诉讼时效。所以，鱼养得差不多就行了，养得太久，虽然把鱼养大了，但是它也可能游跑了。

"对于诉讼时机的问题，还需要考虑的是，先谈判再诉讼，还是先诉讼再谈判。比如，你的主要目的是为警示竞争对手或者宣传企业和产品，就没有太大的必要去谈判了，直接起诉就好了。如果主要目的是为了达成许可或转让协议，倒是可以先谈谈，谈不拢再对簿公堂，毕竟和气生财的古训并没有过时，非必要最好别轻起战端。"

吴天理问："如果主要目的是为了赔偿呢？"

我说："为了赔偿一般可以先诉讼再谈判，毕竟不把他打趴下，他很难乖乖地掏钱，即使愿意花钱消灾，愿意掏的数目肯定也很有限。"

水总说："我们跟创造力之间已经谈判过了，也算是先礼后兵、仁至义尽了。"

我接着讲："刚才讲了天时的问题，最后来讲一下地利的问题，也就是官司在哪儿打的问题。

"考虑官司在哪儿打，首先要看哪些地方的法院对案件有管辖权。根据规定，对案件有管辖权的法院有被告所在地和侵权行为发生地相应的法院。

"被告所在地很好理解，对于创造力来说，就是他们的注册地或实际办公、经营地。创造力的注册地和办公地都在成都，那么成都中院就有管辖权，水总就可以向成都中院提起诉讼。

"侵权行为发生地是什么意思呢？假如创造力在成都生产侵权产品，又在西安销售侵权产品，侵权行为发生地就既有成都又有西安，那么成都中院和西安中院就都有管辖权，水总就可以在这两个法院中选一个提起诉讼。"

水总说："那我当然愿意选成都，毕竟我自己就在成都，什么事情都方便。"

我说："这就是要选择诉讼地的原因。当然，除了选择对自己方便的地方，有时也需要考虑法院的审理水平，比如北京、上海、广州等地在专利侵权案件方面的审理水平比其他地方可能会高一些，对于一些疑难、复杂案件，尽可能选择在这些地方的法院提起诉讼。"

吴天理说："想在北京就在北京，想在上海就在上海吗？"

我说："刚才不是讲了吗，侵权行为发生地相应的法院都有管辖权，如果一定要在北京、上海、广州这些地方打官司，可以调查一下侵权方有没有在这些地方生产、销售、打广告等。如果有，在这些地方提起诉讼当然没有问题；如果没有，甚至也可以通过在这些地方购买侵权产品的方式，让这些地方获得管辖权。"

吴天理感叹道："看来打官司确实有很多讲究呀！"

我说："制订诉讼策略要考虑的问题都告诉你们了，至于诉讼策略到底怎么制订就看你们的了。"

给我个理由先

——无效宣告的理由

水总已经下定决心要起诉创造力，问我在起诉前和诉讼过程中还有没有什么需要注意的地方。

我说："知己知彼才能百战不殆，那我们就推想一下，创造力收到起诉状之后，可能会有什么应对措施或者应诉策略。"

吴天理说："请吧，又到了你的表演时间了。"

我说："在专利侵权纠纷中，很多时候被告都会首先对原告的专利权发起挑战，也就是我们之前讲过的提起专利的无效宣告请求；如果无效宣告请求不成功，就会选择一种抗辩策略，比如现有技术抗辩、先用权抗辩，以及不侵权抗辩。"

水总说："什么无效，什么抗辩，我一个都没听过啊。"

我说："不着急，无效宣告和这三种抗辩策略我们一个一个地讲，今天就先讲无效宣告吧。"

吴天理说："无效宣告你之前给我讲过，不过我还是可以勉为其难地再听一遍，孔老师说过，温故而知新嘛。"

我说："要让你失望了，今天我要讲的跟之前讲的侧重点肯定有所不同，今天主要讲无效宣告的理由。

"根据《专利法实施细则》的规定，向专利复审和无效审理部请求宣告专利权无效的，应该提交专利权无效宣告请求书，请求书需要说明无效宣告请求的理由。也就是说，你不能无缘无故地提无效请求，你得有理有据。

"同时，《细则》还规定了十几种提起无效的理由，你可以以这十几种中间的任意一种或几种理由提起无效宣告。"

水总说："有这么多种理由，专利岂不是很容易就被无效掉了？"

我接着说："这十几种理由分别是：不属于专利保护的客体；违反法律、社会公德或者妨害公共利益；重复授权；违反保密审查规定；不具备新颖性、创造性和实用性；属于不授予专利权的对象；说明书不清楚不完整；权利要求书得不到说明书的支持；外观设计的照片或图片不清楚；修改超范围；独立权利要求缺少必要技术特征；违反分案申请中优先权的规定。

"下面我们分别解释一下这些理由具体是什么意思。

"《专利法》第二条规定：本法所称的发明创造是指发明、实用新型和外观设计。发明，是指对产品、方法或者其改进所提出的新的技术方案。实用新型，是指对产品的形状、构造或者其结合所提出的适于实用的新的技术方案。外观设计，是指对产品的整体或者局部的形状、图案或者其结合以及色彩与形状、图案的结合所作出的富有美感并适于工业应用的新设计。

"这一条是对专利保护客体的规定，如果授权的专利不符合以上规定，就不属于专利保护的客体。比如，一件授权的发明专利，权利要求书中的内容完全是一种商业模式，而商业模式就不属于专利保护的客体。

"在现实中，以不属于专利保护的客体为理由提起专利无效的情况比较少，因为是否属于专利保护的客体是很容易判断的。如果某件专利申请不属于专利保护的客体，大概率在审查的时候就被毙掉了。"

吴天理向水总补充解释道："既然都没有授权，也就没机会被提无效了。"

我接着说："专利不保护违反法律、社会公德或者妨害公共利益的发明创造，如果这样的发明创造侥幸获得了专利权，就可以这个理由向它提起无效请求。什么情况算违反法律呢？比如，一种赌博机，或者一种生产摇头丸的方法。什么情况算违反社会公德呢？比如，一种带有黄色图片的外观设计。什么情况算妨害公共利益呢？比如，一种可以喷射浓硫酸的防盗门。"

吴天理义正词严地说："对，这些专利就不应该授权，授权了就应该坚决给它无效掉。"

我接着讲："同样的发明创造只能授予一项专利权，这就是专利中的禁止重复授权原则，违背这个原则而授权的专利，也可以被无效掉。

"比如，创造力经过检索，发现还存在一件跟水总这件专利完全一样的专利，并且那件专利的申请日早于水总这件专利的申请日。这时，创造力就可以以重复授权的理由，对水总的专利提起无效请求。"

吴天理问："重复授权的情况也不多吧？"

我说："确实不多，但也不是没有。

"另外，《专利法》还规定，任何单位或个人将在中国完成的发明或实用新型向外国申请专利之前，应该通过国家知识产权局的保密审查。如果违反这项规定，直接向外国申请了专利，然后又以同样的发明或实用新型向中国申请专利的，不授予专利权。

"如果因为审查员没有注意到以上情况而被授权了，就可以以违反保密审查的规定为理由提起无效宣告。

"《专利法》中还规定了一些不授予专利权的主题，包括：科学发现；智力活动的规则和方法；疾病的诊断和治疗方法；动物和植物品种；原子核变换方法以及用原子核变换方法获得的物质；对平面印刷品的图案、色彩或者二者的结合作出的主要起标识作用的设计。关于这条规定，我在《一身正气且坚持原则的保镖——专利保护和不保护的对象》已经讲过，今天就不再啰嗦了。

"《专利法实施细则》规定，一件专利申请包括两项以上发明、实用新型或者外观设计的，申请人可以提分案申请。也就是说，可以从原专利申请中分出一项或多项发明、实用新型或外观设计从而提出新的专利申请。同时又规定，分案申请可以保留原申请的申请日，享受原申请的优先权。"

水总问："优先权是个什么东西？"

吴天理抢着回答说："这个说来就话长了，你可以去看他之前的一篇文章，叫《有个老美叫Peter——专利的优先权》。"

我继续讲："分案申请要享受原申请的优先权，所记载的内容就不能超出原申请的范围，否则就不能享受优先权。所以，如果某件分案申请的内容超出了原申请的范围，同时又享受了原申请的优先权，而且还获得了授权，针对这种情况也是可以提无效宣告的。

"小结一下，以上我们讲了6种无效宣告的理由，包括：不属于专利保护的客体；违反法律、社会公德或妨害公共利益；违反禁止重复授权原则；违反保密审查原则；属于不授予专利权的主题；违反分案申请中优先权的规定。

"这6种无效宣告的理由其实在司法实践中都不怎么常见，常见的是以下这几种：发明创造不具备新颖性、创造性和实用性；说明书不清楚、不完整；权利要求书得不到说明书的支持；外观设计的照片或图片不清楚；修改超范围；独立权利要求缺少必要技术特征。

"对于发明创造的新颖性、创造性和实用性，我已经分别在《吴天理的没天理之叹——专利的新颖性》《吴天理的没人性之叹——专利的创造性》《独领风骚的拉面舞——专利的实用性》中专门讲过了。

"说明书清楚、完整是什么意思，权利要求书怎样才算得到说明书的支持，我在《狗屁不通还是不说人话——专利申请文件》中有详细的讲解。

"关于必要技术特征，我在《来，再给爷笑一个——专利布局（下）》中也有所提及。

"那么，就剩下修改超范围的问题需要再单独讲一下。

"《专利法》中规定，在专利的申请、审查等过程中，申请人可以对其专利申请文件进行修改，但是，对发明和实用新型专利申请文件的修改不得超出原说明书和权利要求书记载的范围，对外观设计专利申请文件的修改不得超出原图片或者照片表示的范围。

"什么情况算是修改超范围呢？比如，原始申请文件中说'煮拉面的温度为75℃至85℃'，修改的时候变成了'煮拉面的温度为90℃至100℃'；又比如，原始申请文件中说'水杯的杯把上只趴了一个吴天理'，修改过后杯把上不仅有吴天理，还多了个吉娃娃。

"好，以上就是所有可以用来提起专利无效的理由。但我们一开始就讲了，提无效除了有理还得有据。据，就是证据。"

讲到这里，喉咙有点冒烟儿，我就使劲地清了清嗓子。

水总给我递来一瓶水，说："喝口水再讲。"

吴天理对水总说："你是不了解他，他这是准备拍惊堂木说'且听下回分解'了。"

我对吴天理说："你对我也了解得不够全面嘛，对你我肯定是下回分解，对水总就是继续分解。"

吴天理恍然大悟似的，说："对了，人家水总是扫了付款码的，我怎么把这一点忘了。"

我说："不同的无效理由，当然需要不同的证据来支撑。

"比如，以重复授权为理由的，就应该提供一份同样的且申请日在先的专利作为证据；以专利不具备创造性为理由的，就应该提供几份技术方案比较接近的对比文件；以说明书不清楚、不完整为理由的，就应该提供该专利的说明书，并论证它为什么不清楚、不完整；以修改超范围为理由的，就应该提供该专利的原始文件和授权公告文件，并且对两份文件的区别进行说明。

"刚才水总说，无效宣告有那么多种理由，专利岂不是很容易被无效掉。现在回答这个问题：专利确实容易被无效掉，但前提是找准理由并且有充分的证据。"

没有人能随随便便认尿

——不侵权抗辩

前面我们讲了被告在专利侵权诉讼中，经常通过提起无效宣告请求的方式，将原告的专利权无效掉，从而使原告失去维权的基础。

我们也讲了，有很多理由都可以用来提起无效宣告请求，但即便如此，也有很多专利是无效不掉的。无效不掉原告的专利，被告就会马上认尿吗？当然不是。

所以，正如我们上一回已经提到的，被告一般会进行不侵权抗辩，或者现有技术抗辩、先用权抗辩。

什么是不侵权抗辩呢？

简单地说，你原告不是告我侵权嘛，我就辩称我不侵权。

吴天理问："有那么容易吗，说不侵权就不侵权了？"

我说："当然没那么容易。说自己不侵权，得说出不侵权的理由。而且呢，理由还是很好找的，只是不是所有的理由都能被法院接受而已。"

水总问："不侵权抗辩具体要怎么做呢？"

我说："你作为原告，要分析创造力是否侵权，得把创造力的产品和自己的权利要求进行比对；作为被告的创造力，要证明他不侵权，也一样要把自己的产品和你的权利要求进行比对。不同的是，证明侵权的比对要抱着越看越觉得两者一样的心态，而证明不侵权的比对则要抱着越看越觉得两者不同的心态。"

水总说："经过我们的比对，创造力生产的冷却器跟我的权利要求一模一样，难道他还能说成不一样？"

我说："你认为一模一样，就是因为你站在了原告的立场，抱的就是越看越一样的心态。"

吴天理说："那我们现在就站在创造力的角度，分析一下他会怎么来比对他的产品和水总的权利要求。"

我说："这样吧，为了便于理解，我们假设水总手上有一个关于杯子的专利，权利要求是这样写的：一种水杯，包括杯体、杯把和杯盖，其特征在于：所述杯把上蹲了一个吉娃娃。

"而创造力生产了一款杯子，技术特征也包括杯体、杯把和杯盖，但杯把上蹲的不是吉娃娃而是贵宾。

"从我们原告的角度来看，贵宾和吉娃娃虽然不相同，但属于等同，因此可以主张创造力侵权。从被告的角度来看，创造力就会极力辩称贵宾和吉娃娃既不相同也不等同。"

吴天理说："贵宾和吉娃娃绝对属于基本相同的技术手段，解决基本相同的技术问题，达到基本相同的技术效果，而且把吉娃娃替换成贵宾是很容易想到的，谁来比对都会这样认为，怎么能说贵宾和吉娃娃不等同呢？"

我说："你还是站在原告的立场在思考问题，要是你站在被告的立场，你就不会这样认为了。"

水总说："他说不等同，总要给出点儿理由吧。"

我说："理由很好找啊。比如，他可以说，贵宾比吉娃娃更可爱，可以起到让消费者更愿意购买的效果，这就不再是达到基本相同的效果了吧。

"此外，他也可以去挖你专利申请过程中的修改和意见陈述文件，看有没有对保护范围进行限缩。假如，他发现你的专利最初写的是'所述杯把上蹲了一只小狗'，后来为了能够授权，把小狗改成了吉娃娃，他就可以根据禁止反悔原则，把你的保护范围限制在吉娃娃上，而不能延伸到其他小狗。

"以上我们举的是产品专利的例子，对于方法专利，一般来说更容易进行不侵权抗辩。"

吴天理说："这个道理我懂，之前你讲过方法专利的维权难度比较大。"

我说："那你来给水总讲。"

吴天理说："咨询费是你收的，凭啥让我帮你讲？你以为你是歌星，收了歌迷的钱还要歌迷帮你唱？"

我说："被告接到起诉状之后，可以通过调整工艺参数、减少工艺步骤或替换工艺步骤的方式对生产制造方法进行调整，等到法院来调查取证的时候，所采用的方法就会跟之前的方法有所不同，也就跟专利记载的方法有了明显的区别。这时，就可以主张自己不侵权。"

水总说："这样说来，方法专利岂不是一点儿用都没有？"

我说："被告的以上做法能够得逞，必须满足两个前提，一个是原告没有在起诉之前获取并固定被告的生产方法；另一个是被告调整方法后生产出来的产品跟原告取得的侵权产品没有明显差异。"

吴天理问："有明显差异会怎么样？"

我说："如果有明显差异，比如产品的质量变差了，功能变弱了，成分改变了，就很容易推定被告被调查取证时采用的方法并不是实际采用的方法。

"所以，对于原告来说，要想防止被告不侵权抗辩成功，一是所持专利对技术保护要足够严密，使对方无法轻易地通过调整参数或改变步骤等方式进行规避；同时，最好在起诉前就把被告采用的生产制造方法通过证据保全的方式固定下来。"

没有人能随随便便认尿
——现有技术抗辩

上一回我们讲了不侵权抗辩，这一回继续讲现有技术抗辩。

要搞清楚什么是现有技术抗辩，就得先了解什么是现有技术。所谓现有技术，就是原告用来主张权利的专利的申请日之前已经存在的技术。假如水总准备用来告创造力的专利叫 A 专利，而 A 专利的申请日是 2016 年 6 月 6 日，那么 2016 年 6 月 6 日以前已经存在的技术就是现有技术。

如果创造力能找到一项 2016 年 6 月 6 日以前的现有技术，并且能够证明，他们所生产的产品的技术方案跟这项现有技术是一致的，就可以以他们实施的技术方案是现有技术为理由抗辩自己并不侵犯 A 专利的权利。

听到这里，吴天理说："不对呀，既然能找到 A 专利申请之前的现有技术，不就可以把 A 专利无效掉吗，还用得着进行现有技术抗辩？"

我说："进行现有技术抗辩，一般有两种情况。一种情况是，虽然被告用找到的现有技术为证据提了无效宣告请求，但是专利复审和无效部对被告提供的现有技术不认可，认为其不能破坏 A 专利的新颖性、创造性，因而做出了维持 A 专利有效的决定。在这种情况下，被告就只能继续应诉，并且可以选择继续用他找到的现有技术进行现有技术抗辩。"

水总问："专利复审和无效部都不认可的现有技术，法院会认可吗？"

我说："法院跟专利复审和无效部是两套完全独立的系统，专利复审和无效部不认可的，法院不一定不认可。何况对于专利复审和无效部做出的决定，如果当事人不服，还可以把专利复审和无效部告到法院，请法院判决撤销专利复审和无效部的决定。

"另外一种情况是，被告虽然找到了现有技术，但觉得专利无效宣告费时费力，就会选择不提无效宣告而是直接在法庭审理过程中进行现有技术抗辩。"

水总又问："现有技术可以从哪些地方找到呢？"

我说："根据规定，通过任何方式公开，在国内外为公众所知的技术都是现有技术。因此，被告要找现有技术的话，可以在论文里找，在专利文献里找，在广告里找，在生产、销售和使用的现实中找……而且找的范围不限于某一国某一地。"

吴天理问："法院如何判断现有技术抗辩成不成立呢？"

我说："法院会将被诉侵权技术方案、专利技术方案、现有技术方案三者进行比对。

"以水总和创造力之间将要发生的专利侵权诉讼为例，假设水总的专利叫A专利，创造力生产的产品叫A1产品，创造力找到的现有技术叫A2技术。

"比对的通常做法是，先将创造力A1产品的技术特征与A专利权利要求的技术特征进行比对，从而判断A1产品是否落入A专利的保护范围；如果比对的结果是A1产品并不落入A专利的保护范围，就直接判定创造力不侵权。

"如果比对的结果是A1产品确实落入A专利的保护范围，就再将A1产品与作为现有技术的A2进行比对，判断A1产品与现有技术A2是否相同或等同。如果比对的结果是相同或等同，则现有技术抗辩成立，就可以判决创造力不侵权；如果比对的结果是不相同也不等同，现有技术抗辩则不成立，就可以判决创造力侵权。

"以上是通常的比对顺序，根据以往的案例，也有先将产品A1与现有技术A2进行比对的，比对结果如果是两者不相同或不等同，再将产品A1与专利A进行比对，从而判断被告是否侵权。"

吴天理问："判断专利申请的创造性可以用几份对比文件结合起来评

价，现有技术抗辩中可以用多项现有技术来比对吗？"

我说："作为被告，当然可以找多项现有技术来证明自己不侵权，但是多项现有技术只能单独使用，一项现有技术比对不成功可以再拿一项现有技术比对，而不能把两项或多项现有技术结合起来与被诉侵权产品进行比对。"

吴天理问："现有技术抗辩讲完了吗？"

我说："讲完了。"

吴天理说："好，我帮你说，下一回我们再讲先用权抗辩。"

没有人能随随便便认屄

——先用权抗辩

在中国以及其他大多数国家，是将专利权授予最先提交申请的人。因此，获得专利权的人不一定是最先做出发明创造的人。

后做出发明创造并且获得专利权的人，拿着专利去告先做出发明创造的人侵权，如果法院判决侵权成立，显然对先做出发明创造的人有失公平。因此，《专利法》有这样一条规定：在专利申请日前已经制造相同产品、使用相同方法或者已经作好制造、使用的必要准备，并且仅在原有范围内继续制造、使用的，不视为侵犯专利权。

什么意思呢？我们仍然假设水总的冷却器专利是 2016 年 6 月 6 日申请的，如果创造力在 2016 年 6 月 6 日之前就已经制造出了同样的冷却器，后来继续制造这款冷却器，并且制造的规模并没有超出 2016 年 6 月 6 日之前的生产能力范围，这种情况下，创造力就不算侵权。

除此之外，虽然创造力并没有在 2016 年 6 月 6 日之前制造同样的冷却器，但如果在这之前已经准备好了这款冷却器的图纸，已经购置了生产这款冷却器的主要设备和原材料，2016 年 6 月 6 日之后，创造力开始利用已经准备好的图纸和已经购置的设备进行冷却器的制造，并且没有在原有设备的生产能力上进行扩能，这种情况下，创造力也不算侵权。

创造力如果以这两种理由主张自己不侵权，就是所谓的先用权抗辩。

吴天理说："我的直觉告诉我,现实中以先用权进行抗辩的案例不会太多。"

我说："还真被你说准了。"

水总说："我也这么觉得,被告侵权方恰好在原告申请专利前先制造了专利产品,或先做好了制造专利产品的准备,这种情况发生的概率很小。"

我说："发生概率小只是一方面的原因,主要的原因是,先用权的成立需要满足几个苛刻的条件。

"首先,被告必须在原告的专利申请日前已经制造了相同的产品,或者已经做好了制造相同产品的准备。

"其次,被告后续的制造行为必须限于原有范围之内。

"最后,被告的制造行为必须一直在持续发生,中途不能有中断。

"要同时满足以上三个条件已经很不容易,要证明满足三个条件就更加困难了。"

吴天理说："比如呢?"

我说："比如,被告要证明在原告的专利申请日前已经制造了相同的产品,就得提供当时制造的产品,或者其他当时制造了相同产品的证明。而这个'当时'很可能是一个比较久远的时间,那时候的产品能不能保留到现在,就很难说了。"

吴天理说："哪儿有那么严重,几年前生产的冷却器保留到现在不是很平常的事吗?"

我说："如果不是冷却器,而是辣椒酱呢?"

吴天理说："对呀,如果是辣椒酱呢?"

我说："那就需要提供当时的生产记录,当时的配方记录,当时的检测报告等。"

吴天理说："这还是很容易的嘛。"

我说："虽然可以提供这些证据,但是怎么证明这些证据是当时就有的而不是后来伪造的呢?所以,除了这些直接证据,还需要提供证明这些证据的证据,你说难不难?"

水总说："如果检测报告是外部权威机构出具的,时间上一般不会有假，就不需要另外的证据来证明了吧？"

我说："权威检测报告的出具时间一般不会被质疑，但存在另外一个问题，那就是检测报告主要体现的是产品的质量、性能、安全等方面的指标，这些指标往往无法和产品的技术特征一一对应，更不大可能唯一对应，所以也难以证明检测的产品就一定是被诉侵权的产品。"

吴天理说："确实挺难的。不过越难我越高兴，创造力想用先用权抗辩基本上是不可能的了。"

水总说："反过来也提醒我们，平时就应该对生产的产品尽可能保留好相关的证据，万一哪天成了被告了呢。"

我接着说："如果要证明在原告申请专利之前已经做好了生产同样产品的准备，可以提供当时的设计图纸、工艺文件、购置专用设备的合同、发票等。"

水总说："按照刚才的逻辑，除了当时购置设备的发票，图纸、工艺文件还是得提供额外的证据来证明确实是当时就有的，是吧？"

我说："确实如此，如果图纸和工艺是委托第三方设计、开发的还好，可以提供与第三方之间的委托合同和付款发票等证据来证明，还可以请第三方作为证人来证明。但如果图纸和工艺是被告自己设计、开发的，要证明起来就很困难。"

吴天理问："要证明现在的制造行为是在原有范围之内，就更不容易了吧？"

我说："我个人认为，原有范围可能还容易证明一些。不管被告是在当时已经制造了与专利相同的产品，还是已经做好了制造相同产品的准备，当时肯定都已经购置了制造产品的设备。

"当时设备的种类、台套数，以及每台套设备的生产能力，一般都会体现在当时的合同和随附的设备清单中。只要能证明目前设备的种类、台套数，以及每台套设备的生产能力没有超过当时的设备，就可以证明现在的制造行为没有超出原有的范围。"

吴天理又问："被告的制造行为一直在持续发生又怎么证明呢？"

我说："这个也好办。既然在持续制造，就会持续购买原材料，可以提供持续购买原材料的合同和发票；既然在持续制造，就会持续销售，可以提供持续销售的合同和发票。"

吴天理说："好了，证据都有了，问题也来了，这些证据怎么用呢？"

我说："如果经过法庭质证，证据的真实性、关联性、合法性都没有问题，接下来的关键程序就是进行技术比对，也就是判断被告的被控侵权产品是不是当时已经制造的产品，或者已经做好准备要制造的产品。如果经过比对，被控侵权产品跟当时的产品相同，被告的先用权成立，反之则不成立。"

水总问："具体怎么比对呢？"

我说："首先，分解原告专利的权利要求的技术特征；其次，对应原告专利的技术特征，分解被控侵权产品的技术特征，同时分解被告在原告专利申请日前已经制造的产品的技术特征；最后，将被控侵权产品的技术特征与被告在原告专利申请日前已经制造的产品的技术特征进行比对。

"假如，原告的专利是一个杯子，技术特征包括：杯体、杯把、杯盖，以及杯体上的测温器。

"被告的被控侵权产品当然也是一个杯子，由杯体、杯把、杯盖构成，杯体上有数显温度计。

"被告在原告专利申请日前已经制造的产品当然还是一个杯子，由杯体、杯把、杯盖构成，杯体上有水银温度计。

"你们认为，被告的先用权成立吗？"

吴天理说："被告现在的杯子上是数显温度计，当时是水银温度计，两者不完全一样，先用权应该不成立。"

我说："刚才我们讲了，被告的被控侵权产品和在原告专利申请日前已经制造的产品并不直接对比，而是先对应原告专利的技术特征分解各自的技术特征，然后再进行技术特征的对比。

"在这个例子中，不论数显温度计还是水银温度计，都是原告专利中的测温器。所以，被告的被控侵权产品对应专利技术特征分解出来的技术特征应该是：杯体、杯把、杯盖、杯体上的测温器。被告在原告专利申请日前已经制造的产品对应专利技术特征分解出来的技术特征仍然是：杯体、杯把、杯盖、杯体上的测温器。从这个角度来看，被控侵权产品和在原告专利申请日前已经制造的产品是完全相同的。

"所以，我个人认为，在这个例子中，被告的先用权是成立的。"

吴天理说："你个人认为，也就是说你也不确定咯？"

我说："之所以说个人认为，是因为法律条文不可能对每个细节都规定得很到位，所以在审判中，每个法官可能会有不同的理解，作出的认定和判决当然也就不同。"

吴天理又问："还是这个例子，如果其他都不变，只把原告专利的测温器变为数显温度计，你个人又如何认为呢？"

我说："那当然是先用权不成立。因为，对应这种假设下的专利技术特征，被控侵权产品的技术特征分解为：杯体、杯把、杯盖、杯体上的数显温度计，被告在原告专利申请日前已经制造的产品的技术特征却分解为：杯体、杯把、杯盖、杯体上的水银温度计，两者显然不相同。"

吴天理说："说了这么多，总结为一点，证明先用权成立是一件很麻烦的事，所以我敢打包票，创造力用先用权进行抗辩的可能性几乎为零。"

我说："你就想说我刚才讲了那么多都是废话嘛。即便如此还有一句废话必须说，那就是：我们虽然一直在以产品举例，但别忘了先用权抗辩也适用于制造产品的方法和其他方法。"

黄总需要一个IPR

——专利风险管理

虽然水总当时咬牙切齿地说，告创造力不为别的，就为了让他们生产不成冷却器，并且要他们赔一笔钱。但起诉后不久，水总跟创造力之间的官司就以和解告终了。和解的条件是，创造力许可水总公司生产镗铣头专利产品，水总反过来许可创造力生产冷却器专利产品。

对于这样的结果我一点儿也不诧异，毕竟只有永远的利益，没有永远的敌人。水总说到底也是个商人，在冷静下来之后做出最划算的选择当然再正常不过。不过，双方能够和解还离不开黄总的参与。因为黄总承诺，只要水总可以合法生产镗铣头，他将给水总和创造力两家公司同时下订单。

经过这一次风波之后，水总和黄总都意识到专利风险管理的重要性，所以再次一起来向我咨询这方面的问题。

我说："你们能来向我咨询，就说明你们算是建立起来专利风险意识了，但在这之前，你们更应该建立的是对知识的尊重和对知识价值的认可。"

水总听出了我的弦外之音，指了指我办公桌上的收款二维码，对黄总说："黄总，现在咨询飞老师都是要付费的哟。"

黄总先是一愣，然后掏出手机，一边扫码一边说："对对对，要尊重知识，要认可知识的价值。"

我说："专利风险无处不在，经过你们和创造力之间的纠纷，想必你们已经深有体会。专利风险有侵权别人专利的风险，也有被别人侵权的风险。除此之外，还有技术研发的风险，技术在申请专利前泄露的风险，人才引进和人才离职带来的风险等。"

吴天理问："技术研发、人才引进和离职也会有专利风险？"

我说："那当然。我们一个一个地讲。

"什么是专利侵权风险就不再讲了，我们直接讲如何进行专利侵权风险的管理。

"首先，需要在公司内部建立专利预警机制，然后随时跟踪、收集国内外同行或相关行业的专利信息，并对这些专利信息进行分析，判断是否有侵权的风险。若有侵权风险，则尽早制订应对策略并采取应对措施，将侵权风险可能带来的不利影响降到最低。"

黄总问："一般来说有哪些应对措施呢？"

我说："假如，你是生产杯子的，你生产的杯子包括杯体、杯把、杯盖以及杯体上的水银温度计。而你发现水总有一件杯子专利，这件专利的技术特征刚好跟你生产的杯子完全相同。

"那么，你至少可以采取以下几种措施：首先看水总的专利是在你生产同样杯子之前申请的还是在之后申请的，如果是之后申请的，就做好先用权抗辩的准备；如果是之前申请的，可以看看能不能找到跟专利很接近的现有技术，并分析能不能用这些现有技术无效掉水总的专利，如果无效的可能性比较大，再选择是先发制人地提无效还是等被起诉了再提无效。

"如果专利被无效的可能性很小，又有两种选择，一种是主动进行规避设计，比如把自己杯子上的水银温度计替换成数显温度计，或者干脆把温度计去掉；另外一种是主动与水总协商，争取到水总的专利许可或者把专利转让过来。

"如果既不愿规避设计，也不愿花专利许可或转让的钱，那就要提前做好应诉准备。"

黄总又问："被别人侵权的风险又该如何管理呢？"

我说："如果被别人侵权，就可能导致我们面临的市场竞争压力增加，市场蛋糕被瓜分，销量和利润双减的结果。要防止被别人侵权，至少可以做两件事：一，通过在产品上标注'专利技术'等方式警告同行；二，随时紧盯同行和市场情况，一旦发现被侵权的苗头，及时通过发律师函等方式进行制止。当然，如果制止不了，就要做好起诉的准备。"

吴天理说："制止不了干脆放水养鱼嘛。"

我接着讲："在新技术、新产品的研发之前，要先进行查新检索，否则，研发出来的东西可能是别人早已研发出来并且已经申请了专利的成果。这就会造成人力、物力、财力以及时间的浪费。

"如果我们的专利够多，要做好专利管理台账，随时盘点自己的专利家底，根据专利的价值大小做好分级，对需要长期维持的高价值专利要及时缴纳年费，防止因缴费不及时而失效。"

黄总又问："人才引进方面会有什么风险呢？"

我说："当我们引进一些成熟的人才时，由于这些人多多少少都会掌握一些老东家的技术成果，如果我们贸然将新引进人才提出的技术成果申请专利，就有可能跟别的公司之间产生职务发明的权属纠纷。更严重的是，可能会给我们招来'挖墙脚''偷技术'的骂名。

"为了防止这样的风险，可以让新入职的员工签署相关的承诺书，保证不把前单位特有的技术成果带到本公司来。通过这样的承诺，一方面让员工树立起专利风险防控意识；另一方面，若仍然发生了专利权属纠纷，可以以此作为公司免责或减责的证明。"

吴天理说："你还挺会甩锅嘛。"

我接着说："既然引进人才的时候有可能顺便把别人的技术也引进来，那么人才离职的时候，也有可能导致自身技术的流失。

"为了防止这样的风险，可以跟核心人员签订竞业协议，限制他到同行那里去任职；人员离职时，通过谈话等方式重申竞业协议的效力，提醒他们把本公司的特有技术带到新东家后会产生的法律后果；人员离职后，进一步跟踪他们的动向，若发现他们将本公司的技术成果申请了专利，积极通过协商、诉讼等方式维权。"

黄总感叹道："跟专利有关的风险这么多，要管控好肯定很不容易哟。"

我说："确实不容易，所以很多大厂都设有专门的部门来管理知识产权事务，有些小一点儿的公司，没有专门的部门也有专门的人员。"

吴天理说："对对，这种专门的人员还有个专门的名称，叫知识产权专员，或者叫 IPR。"

我感到很惊讶，问吴天理："IPR 你都知道？"

吴天理说："那是，我前不久还去一家公司面试了 IPR 职位。"

此话一出，不仅是我，大家都差点儿惊掉下巴。

我问："你不是开玩笑的吧？你面馆不开了？"

吴天理说："哪个跟你开玩笑。面馆嘛，有我老婆就行了。这几年我明白了一件事，我和我老婆这两个鸡蛋不能都放在一个篮子里。另外嘛，你们也看出来了，我已经对专利上瘾了，所以下定决心要从事相关的工作。"

水总说："不是我恭维老吴，以老吴的水平，还真有资格干专利方面的工作。对了，面试结果怎么样呢？"

吴天理说："人家嫌我学历低了，我就是个大专生，人家要本科以上。"

水总和黄总又吃了一惊。

吴天理说："不瞒你们说，我和我老婆都是在大学里混过去的，我们还是同学呢。我们之所以毕业就开起了面馆，一是因为我们那个专业不好找工作，二是以为自己干要自由一些。真正干起来才晓得，自己干完全没有想象中那么自由。虽然没有老板或者领导管，但是有房贷管，有娃的兴趣班管，有顾客的需求管，有同行的竞争管……"

大家听了吴天理最后这句话，都很有共鸣，纷纷表示说得太有道理了。

吴天理的职业大转型

——IPR 的岗位职责（上）

吴天理很快就如愿以偿，成了一名光荣的IPR。招他入职的不是别人，正是不拘一格的黄总。

他们公司以前并没有专职的 IPR，更没有明确的知识产权管理任务。吴天理初入职场，不仅没人带，还得独挑大梁。

吴天理找到我，要我给他参谋参谋工作应该从何做起，还掏出手机要扫我桌上的收款码。

我把收款码扣了下去，说："我们之间就不需要了。"

吴天理也不坚持，做出一副求知若渴的样子。

我说："既然你目前最大的问题是不知道该如何开展工作，干脆第一件事就来制订岗位职责好了。"

吴天理说："我也这么想，但这个岗位到底该有哪些职责呢？"

我说："你想一想，黄总为什么要专门设这样一个岗位，不就是因为上次听我讲了专利风险管控的问题吗？也就是说，他的目的是要通过设置你这个岗位，把各种专利风险降到最低。既然岗位设置的目的明确了，反推需要做哪些工作才能达到这样的目的，不是很容易的事吗？"

吴天理说："有道理。"

我想了一下，接着说："不过风险管控只是一个方面，IPR 的职责不仅仅是风险管控。对于你们这种知识产权数量并不多的公司，首要的工作应该是知识产权的确权，然后是用权、维权，最后才是风险管控。"

吴天理不满地说："你刚才说以目的来反推工作职责，现在又说风险管控是最后一件事。"

我说："那是因为，做一个 IPR，确实需要重点考虑领导最看中的问题。把领导最看重的问题解决了，你的价值才能得到认可；你的价值得到认可了，你的工作才能得到支持并很好地推进。但领导最看重的问题或许并不是眼前最急迫的问题，也不是首先需要解决的问题。"

吴天理说："那你到底准备先讲啥呢？"

我说："先讲知识产权确权中与 IPR 相关的工作吧。但在讲确权之前，我们得明白一点，你既然是知识产权专员，心里就不能再只想着专利这一件事，还得想着其他的知识产权。对你们这种生产制造型公司来说，专利、商标、版权、商业秘密都需要装在你的心里。"

吴天理说："好，我现在已经打开心胸，把相关的知识产权都纳入进来了。"

我接着说："所谓确权就是各种知识产权权利的确认，对于专利来说，具体的工作包括专利的申请、答复、复审等。"

吴天理说："这些不是你们代理师的工作吗，难道你要我抢你们的饭碗？"

我说："我并没有说这些工作需要你亲自做呀，因此你的一大职责就是要筛选一些靠谱的专利代理公司和靠谱的代理师，并且在公司研发人员和代理师之间架起沟通的桥梁。"

吴天理听到这里，突然从包里掏出纸笔，边写边说："我得养成做笔记的习惯。"

我接着说："对于商标来说，确权就是进行商标的注册、驳回时的复审等。"

吴天理说："看来你需要单独再给我普及一下商标方面的知识。"

我接着说："对于版权来说……"

吴天理打断我，说："刚才我就想问，我们既不是作协又不是出版社，咋还涉及版权？"

我说："你们公司有 logo 吧，有口号、商标、设计图纸吧？这些都有版权。对了，你们生产的数控机床上一定有嵌入式软件吧？软件的代码也有版权。有版权，就可以进行版权登记。

　　"注意，当我们说到专利和商标的时候用的是'申请'，而说到版权的时候用的是'登记'，这是为什么呢？因为，版权的权利实际上是自动获得的，不需要哪个国家机关来授权。比如，当一个logo创作完成的时候，创作人或者委托人自动就获得了这个logo的版权。

　　"但为什么还要登记呢？登记相当于让国家权威机关给我们的权利做一个见证，当我们的版权受到侵犯时，登记机关发的登记证书就是我们拥有某个版权的最简单、有效的证明。"

　　吴天理说："也就是说，登记就是版权的确权，是吧？"

　　我说："可以这么说。另外，即使你们公司不涉及版权的登记，也会涉及别的与版权相关的工作。比如，你们公司会用到各种办公软件、设计软件，如果用了盗版软件，就会涉及版权侵权的问题。"

　　吴天理说："明白了。那商业秘密又怎么确权呢？"

　　我说："还记得商业秘密的'三性'吗？"

　　吴天理说："价值性、秘密性……"

　　我说："对，就是价值性、秘密性和保密性。你让你们公司开发的技术成果具备这'三性'，就确定了它作为商业秘密的权利。

　　"当然，价值性不是作为IPR的你可以掌控的，秘密性也是技术成果自身决定的，所以你主要的工作就是制订保密措施，并让相关人员执行该措施。"

　　吴天理说："知识产权确权的相关工作我清楚了，知识产权的用权需要做哪些工作呢？"

　　我说："不急。确权之后还有一个很关键的工作，那就是权利的维持。"

　　吴天理说："对对，如果是专利，就需要每年按时缴纳年费。"

　　我说："除此之外，有时专利权会受到无效挑战，所以专利权的维持工作还包括对无效请求的答辩等。"

　　吴天理说："我知道，答辩也可以交给你们代理师。"

　　我接着说："对于商标的维持，注册成功后一定要使用，不能束之高阁。作为 IPR 的你要随时收集商标使用的证据，以防止被人以三年不使用为理由申请撤销。商标不需要每年缴纳年费，但每十年要续展一次，不续展就会失效，所以 IPR 要特别注意在到期前对商标进行续展。商标也会被人提无效，IPR 需要针对无效的理由和证据积极应对。当公司地址等信息发生变更时，也要及时向商标局申请相应的变更。"

吴天理说："我越来越觉得你有必要专门开几节课给我讲讲商标。"

我说："我对商标的了解也很有限，暂时还给你讲不了。"

吴天理说："你除了专利代理师的资质，不是还有个知识产权师的职称吗？你连商标都讲不了，还好意思要那个职称？"

我问他："你到医院敢要求一个呼吸内科的医生给你做心脏搭桥的手术吗？"

吴天理说："那确实不敢。"

我说："我们知识产权师跟医生的道理是一样的。"

吴天理说："好吧，那你接着讲在商业秘密的维持上，我需要做哪些工作吧。"

我说："商业秘密维持的关键，仍然在于做好保密工作，并且长期、持续地做好保密工作。对于 IPR 来说，首先是制订严格的保密制度，比如，规定可以接触商业秘密的人员权限，存有商业秘密的电脑如何加密等。然后，经常进行保密制度的宣传，并督促保密制度的落实。"

吴天理说："好，都清楚了。接着讲用权相关的工作吧。"

我说："着什么急呢，你先回去把今天记的笔记消化了再说。"

吴天理的职业大转型

——IPR 的岗位职责（下）

上回书我们讲了 IPR 应该做的知识产权确权方面的工作，今天我们接着讲 IPR 在知识产权用权和维权方面的工作。

所谓用权就是运用各种知识产权，就专利而言，用权包括专利的自我实施、实施许可、权利转让、质押融资、作价入股等。

专利的自我实施就是专利权人自己生产、制造专利产品，或者自己根据专利方法生产相应的产品，以及专利产品的销售、许诺销售等，这方面的工作主要由公司的生产、销售等部门完成，与 IPR 的关系不大。

而专利的实施许可、权利转让、质押融资、作价入股等一般都离不开 IPR 的深度参与。比如，在实施许可过程中，IPR 需要参与甚至主导与被许可方的协商和谈判，协商和谈判的内容包括许可事项、实施范围、许可费及收取方式等。双方达成一致意见后，需要拟定并签署实施许可合同，并办理专利实施许可备案手续。

在专利转让交易中，IPR 同样需要参与甚至主导转让双方的谈判工作，根据谈判达成的一致意见拟定合同，并办理专利转让相关的著录事项变更手续等。

所谓专利质押融资，就是用专利作为质押物，从银行等金融机构进行贷款等。能够获得多少贷款，在一定程度上取决于质押物的价值。所以，筛选一家靠谱的资产评估机构，委托该评估机构对专利的价值进行评估，然后依据评估报告与银行等金融机构协商贷款额度，也是 IPR 的职责之一。

所谓专利作价入股，就是专利权人将专利当成资本入股，从而获得一定的股权。比如你们公司想跟其他公司共同成立一家新公司，既可以直接投入一定的货币资金获得股份，也可以投入一个或几个专利获得股份。在这个过程中，同样需要 IPR 找评估机构对专利价值进行评估，甚至参与到与另一家公司关于股权分配的谈判中。

吴天理听到这里，很振奋地说："光是专利的用权就有这么多事可以做，看来 IPR 确实大有可为，我这次转型真没转错。"

我说："先别急着高兴，专利许可、转让、融资、入股的前提是什么？你得先掌握一批有价值的专利啊。"

吴天理说："我有信心，从确权工作开始做起，让我们公司在三五年内拥有一批有价值的专利。"

我继续讲："对于商标、版权等知识产权而言，用权同样包括权利人自己的使用、许可别人使用、转让给别人使用，以及金融化运作等，IPR 的工作跟在专利用权中涉及的工作差不多，我就不重复了。"

吴天理说："你已经讲了确权、用权，然后是维权。"

我说："所谓维权就是权利的维护，对于 IPR 来说，具体的工作包括知识产权侵权监控以及维权处理。

"对于侵权监控，可以采取线上和线下两种方式。线上监控，IPR 可以亲自上阵，比如经常浏览行业网站、竞争者的网站，以及电商平台等，实时了解同行、上下游是否有侵犯我方知识产权的情况。线下监控，你可以协调或请求公司的市场、采购等部门协助，请他们经常留意销售市场、行业展会上的情况。

"一旦发现权利受到侵犯，IPR 就需要对情况进行分析，根据不同情况制订维权方案，比如发律师函还是请求行政部门查处，还是提起侵权诉讼。初步方案制订完成后，需要请领导审核、批示，并根据批示制订更详细的方案；方案确定后，根据方案的内容，跟相关部门一起采取维权措施，开展维权工作。"

吴天理说："如何进行维权，你之前已经讲过，但对于侵权监控，我还有一点疑问。比如：IPR 有能力通过线上浏览网站就能发现侵权行为吗？销售、采购等部门到市场上转悠一下就能发现侵权行为吗？"

我说："对于商标来说，是否被侵权还是比较容易发现和判断的，对于专利来说，确实有一定的难度。因此，IPR、销售、采购等部门的任务主要是监控有无可疑情况，发现可疑情况后，IPR 再协调研发、生产等技术部门进行进一步的研判。"

吴天理感叹道："IPR 需要协调的部门真不少啊。"

我说："IPR 不仅要协调公司内部的相关部门，还要协调和整合外部的各种资源，比如专利代理师、知识产权律师，以及刚才提到的资产评估机构等。"

吴天理说："对于我来说，是不是可以总结这样一句话：不会协调各方关系的厨师不是合格的 IPR。

"还有一个问题，研发、生产以及销售、采购等部门的人，他们一般不懂专利呀，他们参与也不一定就能发现侵权行为吧？"

我说："这就要提到 IPR 的另一个职责，那就是给公司有关部门的人员做知识产权方面的培训，让他们对专利等知识产权有一些基本的认识。培训可以 IPR 自己做，也可以请公司外部的专家做；培训内容既可以是理念方面的，也可以是关于某些特定问题的。培训工作具体怎么开展，你有兴趣的话，我可以专门给你讲一次。"

吴天理说："对了，有一些知识产权风险跟人才引进和离职有关，这么说我的工作还会跟人力资源部门发生关系？"

我说："不仅如此，跟财务部门也有关。比如，申请专利、维持专利都需要花钱，对于 IPR 来说，就会涉及经费预算、款项申请等工作。"

吴天理说："活了这么多年，我才发现自己是个全才。"

我纠正道："只能说你有可能成为一个全才。"

吴天理的职业大转型

——知识产权的培训（上）

吴天理把我讲的内容进行了梳理之后，制订了一份像模像样的 IPR 岗位职责。我帮他修改定稿后，他拿给黄总看，得到了黄总的肯定和赞赏。赞赏之余，黄总又对吴天理寄予了殷切的期望，并叮嘱他尽快按照职责内容大胆地开展工作。

想到 IPR 的工作离不开其他部门的协助和配合，吴天理决定先去跟各个部门建立关系，于是天天往技术、生产、人力等部门跑，跟人家没话找话说，最后总要扯到专利、商标这些话题上面来。

在这个过程中，吴天理发现，公司的人员普遍缺乏知识产权意识，很多人对知识产权不仅知之甚少，而且还自以为是。所以，他认为，接下来要做的就是马上开展全公司的知识产权培训。

他想起我上回跟他说，可以就培训的问题单独给他讲一次课，于是就又来找我了。

他说："我这个培训啊，不搞则已，要搞就要搞得轰轰烈烈的，不能一两场就熄火了，所以你得好好地帮我策划策划。"

我说："好办。我们先来梳理一下，培训工作要考虑哪些方面的问题。把这些问题梳理清楚了，开展哪些培训，怎样开展培训也就清楚了。

"那么，培训工作到底需要考虑哪些问题呢？包括培训对象、培训目的、培训内容、培训形式、培训老师等。

"首先，我们来看培训对象。培训的对象是全公司，是公司管理层，还是某个部门？是针对老员工的强化培训，还是针对新员工的入职培训？

"然后考虑培训目的。你的目的是宣传知识产权理念，让员工建立知识产权意识，还是传授相关知识，提高他们的知识产权保护和运用能力？是传达国家知识产权政策，还是宣贯公司的知识产权制度？

"确定了培训对象和培训目的之后，就可以自然而然地导出培训内容。比如，培训对象是针对全公司或仅仅针对公司管理层，培训的目的是宣传知识产权理念，让员工建立知识产权意识，培训的内容就可以基本锁定为：知识产权保护的国际大环境，国家和省、市在知识产权保护方面的宏观政策，知识产权对于公司发展战略的支撑作用，本行业及其他行业中的知识产权典型案例等。

"既然是培训以上这些内容，那么培训的形式也就定了，那就是讲授式培训。讲授式培训就需要请讲课的老师……"

吴天理打断我，说："我已经想好了，第一节课就给领导和全员宣传知识产权理念，在他们心中建立起知识产权意识，让他们深刻认识知识产权的重要性。同时我也想好了，第一节课就请你来讲。"

我说："你要是找不到更好的人，找我肯定没错。为什么这么说呢？针对领导和公司全员的课，最好请公司外面的人来讲，外面的人他们不熟悉，有一种天然的神秘感，这样心理上容易接受。"

吴天理说："我就是这么想的，外来的和尚好念经嘛。要是我去讲，他们天天见到我，知道我也是跟他们一样吃了拉喝了撒的凡人，肯定会有一些不服气。"

我接着说："当然，这个外面的人如果还有一些比较唬人的专家头衔，哪怕是一些虚头巴脑的，也会让接受培训的人更加服气。如果没有头衔，至少也要有多少年的从业经验，在行业内堪称资深。"

吴天理指了指我背后落满灰尘的各种牌子和红本本，说："所以第一节课请你去讲就更没错了。"

我接着讲："如果培训的对象是技术部的研发人员，培训目的是提高他们挖掘专利的能力，培训的内容就可以包括：专利的'三性'、专利挖掘的思路、技术交底书的撰写等。培训的形式当然还是以讲授为主，培训老师最好还是外部专家，比如资深专利代理师。"

吴天理问："如果我的目的是提高员工的知识产权保护能力，培训内容应该包括哪些呢？"

我说："知识产权的保护涉及知识产权的确权和维权，以专利为例，培训的内容就可以包括：专利的申请、专利的维持、专利的侵权判断、专利侵权的行政保护、专利侵权诉讼等。"

吴天理又问："如果培训目的是提高员工的防侵权意识呢？"

我说："还是以专利为例，培训的内容首先应该有专利的侵权判定，比如我们之前讲过的全面覆盖原则、等同原则，让他们清楚哪些情况属于侵权。"

吴天理说："对对，这个很有必要，我们公司很多人还以为只要我的东西跟别人的专利不一样，哪怕是在别人专利的基础上增加一些技术特征也不算侵权。"

我接着讲："除了专利侵权判定原则，还要让他们知道如何进行专利信息的检索。当然，专利侵权比对的方法也必不可少。这样他们才能了解到别人的专利情况，并有能力进行初步的侵权判断。

"最后可以给他们讲如何进行规避设计，比如，如何减少技术特征、替换技术特征。这样，就可以降低侵权的风险。

"因为这些内容都有很强的专业性，所以也尽量找外部资深专家来讲。"

吴天理问："如果是新员工的入职培训，我就可以亲自上阵了吧？"

我说："针对新员工，培训内容基本上就是：知识产权的基本概念、本公司涉及的知识产权类型、知识产权对于个人和公司的意义、本公司的知识产权管理制度等。"

吴天理说："这些东西我都懂，而且新人对老员工一般都有几分敬畏，要镇住他们，那还不是小菜一碟？"

我说："理念性和知识性的内容讲完以后，可以开展一些实操型的培训。比如，让技术人员进行专利交底书的撰写练习、专利文献检索练习等。也可以开展一些讨论式的培训，比如组织技术人员针对某件专利提出规避设计方案。像这样的培训，不用请老师，受训人员自己就是老师。"

吴天理说："这些都可以有，特别是组织技术人员进行规避设计的讨论，要是通过这种方式开发出新产品来，我岂不是在研发方面也立了功？"

我接着讲："培训对象和目的有了，培训内容、培训形式和培训老师都定了，接下来就是每一场培训的落地了。"

吴天理说："这个不用讲，不就是确定好培训时间、地点，通知人到时间来参加吗？"

我说："如果只是这样的话，你的培训多半达不到你要的效果。"

吴天理的职业大转型

——知识产权的培训（下）

我说："如果培训的落地仅仅是确定好时间、地点，然后通知人到时间来参加的话，多半达不到想要的培训效果。"

吴天理说："讲授式的培训，培训效果主要取决于老师肚子里有多少货和他讲课的水平，这个我也左右不了呀。"

我说："老师肚子里的货和讲课水平只是一个方面，还有很重要的一个方面，就是受训人员对培训这件事的接受程度和参与的积极性。如果他们对培训比较反感，不愿意参与，你就是请再好的老师来讲，培训效果也不会好到哪里去。"

吴天理问："那要怎么做，才能提高他们的积极性呢？"

我说："要提高他们的积极性，首先在培训之前就要让他们参与进来。怎么让他们参与进来呢？比如，在培训前给他们发放调查问卷，问卷的内容可以包括：他们对知识产权有哪些了解，有哪些困惑，有哪些感兴趣的问题，以前是否有接触或申请过某种知识产权等。最后，还可以问一句：您希望公司组织一次相关的培训吗？

"通过这种调查问卷，让员工觉得他们的感受是得到了尊重的，公司没有强迫他们参与培训，就算不能让他们对培训产生期待感，至少可以消除他们的抵触情绪。"

吴天理说："好像是这么个道理。"

我继续讲："另外，不管是专门针对管理层的培训还是针对普通员工的培训，取得领导的支持都是至关重要的。

"所以，在培训前，最好先制订一份培训大纲，然后拿着培训大纲去向公司领导请示汇报，并请领导将本次培训作为一项任务下达到相关部门。同时，最好再争取请领导在培训的时候亲临现场，哪怕他只是来讲个开场白也行。有了领导的亲自部署和参与，一般都会引起受训人员的重视。

"当然，光取得领导的支持还不够。如果仅仅得到了领导的支持，反而可能给人一种用领导来压人的感觉，所以还要争取受训部门和其他相关部门的支持。比如，如果是给技术部培训，除了需要取得技术部的支持，还要取得行政、人力，甚至是财务等部门的支持。

"行政部门可以帮忙宣传、发通知，营造培训的氛围。比如制作宣传海报，让受训人员提前了解培训内容有多么丰富，培训老师有多么专业，最好能给受训人员一种不参加这次培训就亏大了的感觉。

"人力部门可以协助进行培训时的考勤和培训后的考核，让培训人员意识到不来参加培训，或者来了只是打打瞌睡、玩玩手机的后果。"

吴天理说："现在用人力的监督来威慑他们，刚才发调查问卷的效果会不会又被抵消了呢？"

我说："管理靠的是恩威并重嘛，光施恩不逞威，久而久之人家就不把你放在眼里了。"

吴天理说："看不出来你还懂管理哟。"

我接着讲："领导的支持争取到了，宣传到位了，氛围也烘托起来了，戏就坚决不能演砸了。要是演砸了，你自己丢脸不说，培训达不到目的也不说，以后再想调动受训人员的积极性，再想争取到领导和各个部门的支持就难了。"

吴天理补充道："而且让支持培训的领导也丢了面子，以后我在公司的日子可能就不好过了。那么问题就来了，怎样才能不演砸呢？"

我说："不管是请外面的老师，还是你自己上阵，都要做好充分的培训准备。

"首先，要根据培训的对象、目的，以及受训人员感兴趣的问题精心准备培训内容，尽量做到主题鲜明、内容充实，既有深度、高度又接地气。

"其次，正式授课之前要反复演练，尽量做到深入浅出、形象生动。一定注意要把专业术语翻译成通俗易懂的语言，否则讲的人唾沫横飞，听的人却云里雾里。"

吴天理说："对，给非专业人士讲专业问题必须进行语言转换，专利不说人话，讲专利的人不能也不说人话。"

我说："另外，讲授的语速要有节奏感，语气要强弱分明、抑扬顿挫。"

吴天理说："意思是说得要比唱得好听嘛。"

我说："然后呢，要控制好培训的时间。培训时间不能太短，否则大家怀了极大的热情来听课，结果还没听到啥就结束了，这怎么说得过去呢？但是也不宜太长，本来要一个人长时间专注某一件事就很不容易，何况还是听专业课程。所以，我建议一般一个小时到一个半小时就差不多了。

"最后呢，临门一脚之前，要提前跟行政部门落实好培训场地、培训设备，比如确定好会议室，查看电脑、投影、翻页笔等是否到位，是否可以正常工作。"

吴天理说："刚才说好了，第一节课就请你来讲。所以，这些准备工作中，除了最后一件由我来落实，其他的就都是你的事了哟。"

我说："你就完全不管了？"

吴天理想了一下，说："该管还是要管，比如督促你做PPT，审核你的PPT，督促你修改PPT，PPT定稿后督促你练习，让你在我面前预演，预演不行还要勒令你继续练习。"

我说："早知道你这么苛刻，就不提醒你了。行，现在你是甲方，你说了算，不过培训费你也得给到位哟。"

吴天理说："没问题，不仅这次给到位，后面可能还会请你几次，次次都给到位。"

我问："你的培训主题这么快都确定好了？"

吴天理说："想到了几个，比如：专利基础、专利挖掘、专利申请文件和申请流程、专利价值的评价、知识产权管理制度宣贯等。"

我说："知识产权管理制度的宣贯我建议你放到前面一点，制度的宣贯其实也是知识产权意识的建立和强化，不过你应该还没把制度制订出来吧？"

吴天理说："不是还等着你再讲一节课吗？"

吴天理即将告别光杆司令的尴尬

——企业知识产权机构的设置

黄总和公司其他领导听了我的讲座，进一步认识到知识产权对于企业经营发展的重大意义，决定在现有基础上扩大知识产权管理队伍，并成立专门的知识产权机构。

吴天理得知这个消息后，跑到我的办公室，握着我的手，激动地说："你忽悠得很成功啊。"

我甩开他的手，说："不会说话就不要说。"

吴天理说："我是说，以后我就不再是光杆司令一个了。"

我说："我已经知道了，在你来之前，黄总已经给我打了电话。他请我帮着思考思考，看你们的知识产权机构应该怎么设置。"

吴天理说："这么说你心里已经有方案了？"

我说："我不可能给你们现成的方案，只能给你讲一些相关的东西，你听完之后自己去考虑吧，毕竟你更了解你们公司的具体情况。

"首先，你们要考虑的是，把这个即将成立的知识产权机构放在公司整体架构中的哪个位置。

"据我所知，有一些公司的知识产权机构是放在技术部门下面的。这种设置可能只看到了专利这一种知识产权，或者只重点考虑了专利这一种知识产权。因为专利的源头是技术研发，这样设置便于IPR实时了解研发情况，并随时与研发人员就研发立项、研发成果等问题进行沟通，从而利于更多、更快地产出专利。

"但是把知识产权机构设置在技术部下面缺点也很明显，那就是不利于商标、版权等其他知识产权的保护和相关工作的开展。

"有一些公司设有法务部，而知识产权都是法律赋予权利人的权利，所以有些公司就把知识产权机构放在了法务部下面。采用这种设置方式的公司，可能更注重知识产权的法律属性，或者是经常遇到知识产权许可、诉讼等法律问题。

"知识产权机构隶属于法务部门，利于对知识产权申请的管控，防止技术部门无节制地申请一些不必要的专利；同时也便于进行其他知识产权法律事务的处理，比如专利许可、转让的处理，知识产权权属、侵权等纠纷的应对等；此外，由于法务不会仅仅着眼于技术方面的问题，还有利于商标、版权等知识产权相关工作的开展。

"但这样的设置会导致 IPR 与研发的关系不够紧密，容易造成专利保护工作与技术成果产出的脱节。甚至因为法务对专利申请的控制过于严格，或者专利申请的内部审批周期长，而打击到技术部门申请专利的积极性。

"除此之外，把知识产权机构设置在技术部门之下或者法务部门之下有一个共同的问题。那就是，知识产权机构的级别比较低，一方面很难站在公司全局的高度去考虑问题，也就难以最大限度地发挥知识产权工作的价值；另一方面，IPR 的权力有限，开展工作的方便程度会大打折扣。比如，你想搞一个培训，希望争取到高层领导的支持，如果你直接去找高层领导，就存在越级的问题；如果你请你所属部门的领导去办这件事，不仅多一个环节，而且你的想法还有被你的部门领导否决的风险。"

吴天理说："为什么要寄人篱下、受人节制呢，我单独成立一个部门不行吗？"

我说："当然可以，与技术、法务等部门平行的知识产权机构，不仅站得高看得远，而且可以综合管理专利、商标、版权、商业秘密等各种知识产权事务，办起事来自主性也强，可以少看别人的脸色。但是，前提是你的公司确有很多知识产权事务要处理，并且需要较多的专职人员来处理。反过来，如果需要处理的知识产权事务有限，成立独立的知识产权部门就没有太大的必要。"

吴天理说："就我们公司目前的情况来说，可能还没必要成立独立的知识产权机构，看来只能暂时寄人篱下了。不过我有信心，终有一天它会发展成独立部门的。"

我说："对，江湖地位都是靠自己打出来的，一上来就想当部门领导不大现实。"

吴天理问："知识产权机构在公司整体架构中的位置如果确定好了，是不是就该考虑知识产权机构内部该怎么设置的问题了？"

我说："知识产权机构如果从属于某个部门，人员不会太多，内部设置也就很简单。如果是独立的部门，人员比较多，就可以在内部进行分组。

"分组又可以有不同的分法。比如，根据知识产权的类别来分，就可以分为专利组、商标组、版权组、其他知识产权事务组等。这些组的内部还可以细分出各种岗位，比如专利组下面可以分出专利挖掘与撰写、专利检索和分析、专利申请和维持、专利运用和运营、专利纠纷事务应对等岗位。

"这样的内部设置，便于分门别类处理各种类型的知识产权事务，适用于大多数的企业。

"此外，也可以根据公司产品的类别来分组，比如你们机床公司就可以分为普通机床组、数控机床组、加工中心组、钻攻中心组等。这些组的内部再细分出专利、商标、版权等岗位。

"这样的内部设置，主要适用于业务范围广泛，且各类业务之间关联性不大的企业。"

吴天理说："也就是说，我们公司的知识产权机构，内部并不适合分成什么数控机床组、加工中心组对吧？"

我说："确实不适合。知识产权机构的内部设置确定好了，接下来就是引进什么人来充实这些岗位的问题了。首先，当然要有机构负责人……"

吴天理说："这就不用讲了嘛，毕竟机构负责人就在你面前。"

我说："对于专利组来说，对应相应的岗位，需要引进专利工程师、专利分析师、专利流程专员、专利运维专员、专利法务人员；对于商标组来说，需要引进商标检索分析人员、商标申请和维护人员、商标法务人员，甚至商标设计人员。每个小组一般也需要一个负责人，这个负责人既可以专设也可以由某个岗位的人员兼任。"

吴天理兴奋地说："一个岗位就算只有一个人，光专利和商标组就有九、十个人，再把版权、商业秘密这些组的人员都配齐的话，我的知识产权部也可以是一个不小的部门呢。"

我说："这就算把班子搭起来了，下一步就该考虑知识产权管理制度的问题了哟。"

吴天理即将告别光杆司令的尴尬

——企业知识产权制度的建立

与知识产权相关的制度，包括知识产权本身的管理制度、与知识产权有关的奖惩制度、知识产权部门的管理与考核制度、其他部门的知识产权考核制度。

吴天理问："知识产权部门的管理与考核制度能够理解，怎么还有其他部门的知识产权考核制度呢？"

我说："之前我们讲过，知识产权管理不仅仅是知识产权管理部门的事，也需要其他部门的参与和协助。"

吴天理又问："那这些制度一般要包括哪些内容呢？"

我说："知识产权本身的管理制度需要定义本公司涉及哪些知识产权类型，知识产权事务的归口管理部门，归口管理部门的主要职责，知识产权相关的审批管理，知识产权的日常管理，职务成果的归属等。"

吴天理继续问："归口管理部门的主要职责，一般有哪些？"

我说："比如，研究和制订本公司知识产权战略、发展规划、工作计划；制订知识产权管理制度，承担知识产权管理工作；指导、监督、检查其他部门的知识产权管理工作；审核业务部门的知识产权申请，建立和管理知识产权管理档案；负责知识产权的申请或确权；负责知识产权纠纷处理；参与签订或审核各类知识产权合同、协议；组织公司内部的知识产权学习和培

288

训工作等。"

吴天理得意地说："我之前制订的 IPR 岗位职责，跟你说的差不多。"

我接着讲："与知识产权有关的奖惩制度，目的在于明确与知识产权产出、运用、维权相关的奖励与惩罚措施。

"比如，可以规定，技术成果每申请并获得一件专利，对相应的研发人员或研发团队给予多少资金奖励；也可以规定，通过专利成果的实施、许可、转让等方式获得经济效益后，提取多少用于奖励研发人员和实施、许可、转让的相关人员；还可以规定，通过专利诉讼为公司挽回了经济损失，提取多少用于奖励参与诉讼维权的人员。

"反过来，可以规定违反知识产权相关的法律、法规导致公司受到相关的处罚，违反公司的相关规定导致商业秘密泄露或技术成果在申请专利前泄露的，如何进行处罚。"

吴天理说："对对，就要赏罚分明、恩威并重。"

我接着讲："知识产权部门的管理与考核制度，主要着眼于知识产权部门整体的考核和人员的考核。

"对于部门的考核，考核的内容可以包括：团队建设情况，比如，岗位设置的合理性，团队成员年龄、学历、专业结构的合理性，团队成员的业务能力等；工作条件建设情况，比如，知识产权相关数据库、管理系统、分析工具等的购置和使用情况；规章制度的建设情况，比如管理制度是否健全、完善，是否根据法律、法规及公司情况的变化而及时进行制度的补充和修订，是否开展了制度的宣贯以及宣贯的效果等。

"对于人员的考核，考核的内容可以包括：人员的工作态度，比如，到岗考勤情况，对工作安排的接受程度，工作任务的完成情况等；人员的工作能力，比如，能够胜任的工作范围和工作难度，完成工作任务的数量，完成工作任务的效率和质量等；人员的自我提升，比如，在专业方面的学习情况，资质证书的取得情况，职称的取得和晋升情况等。"

吴天理说："好，以后我就从这些方面去考核我的团队成员。"

我说："其他部门的知识产权考核制度，涉及知识产权的产生部门、运用实施部门、价值实现部门、风险控制部门等。

"知识产权的产生部门，主要包括公司的技术部门和生产部门，可以将发明创造的情况，专利申请的提案情况作为主要考核的内容；同时，也可以将规避专利侵权风险，比如规避设计的效果作为重要的考核内容之一。

　　"知识产权的运用实施部门主要涉及生产、销售等部门，可以将专利产品的生产情况、销售情况分别作为两个部门的考核内容；也可以将商标推广效果、品牌打造效果单独作为销售部门的考核内容。

　　"知识产权的价值实现主要涉及参与知识产权许可、转让、质押融资工作的部门，可能包括法务、技术、销售、知识产权管理等多个部门，可以将获得的许可费、转让费、质押融资的金额作为考核指标，从而给予参与部门一定的奖励或惩罚。

　　"知识产权风险控制部门也可能包括人力、法务、技术、销售、采购、知识产权管理等多个部门，可以将技术成果保密，避免侵犯他人知识产权，制止他人侵犯我方知识产权等工作成效作为主要的考核指标。"

　　吴天理说："我发现各种制度之间有一些内容的重复，这个问题该如何处理呢？"

　　我说："这些制度都是相互关联的，内容重复当然是正常的。只是，每个制度要做到各有侧重。

　　"比如，在知识产权本身的管理制度和知识产权相关的考核制度中都会涉及知识产权风险控制的问题，在知识产权本身的管理制度中需侧重于对风险控制工作职责的明确，而在知识产权相关的考核制度中则应侧重于工作职责履行好坏的奖惩。

　　"另外，还有很重要的知识产权保密制度刚才没有提到。保密工作在知识产权本身的管理制度中同样会涉及，但只需要提及保密工作是知识产权管理的工作内容之一，以及哪些部门涉及保密工作即可。而在专门的保密制度中，则需要详细规定哪些东西需要保密，如何划分保密等级，保密工作需要采取的具体措施等。"

　　吴天理说："明白了，还有什么要说的吗，没有我就回去码字了。"

上帝视角

——专利信息的利用

我又被吴天理请去给他们公司做了一场培训，培训散场后，黄总拉着我说："飞老师，我想引进一些成熟的研发人员，你接触的发明人多，有没有合适的给我们推荐推荐？"

我问他："黄总，你就是想从同行那里挖人，是吧？"

黄总嘿嘿一笑，说："是这个意思。哪些同行做得不错我们还是清楚的，但同行中具体哪些人比较优秀，我们就不清楚了，所以想看看你有没有比较熟悉的。"

我说："黄总，我接触的发明人确实不少，但正好跟你要的专业方向对口、发明创造能力又强的，还没那么凑巧正好就被我碰见了。"

黄总有点儿失望，说："没有就算了。"

我说："不过，虽然作为专利代理师的我帮不上忙，专利信息或许可以帮上大忙。"

吴天理见我找了个位子坐下又示意他和黄总也坐，说："飞老师这是要买一送一了。"

我白了吴天理一眼，对着黄总说："专利信息是一个蕴含丰富价值的宝藏，值得好好挖掘利用。"

黄总坐在了我对面，示意我继续往下讲。

我接着说："你不是想发掘行业内的人才吗？你给老吴几个关键词，比如数控、机床、加工中心等，总之你想招哪方面的人才，就给什么关键词。老吴呢，你就用黄总给的关键词到专利文献平台去检索，然后对检索到的所有专利文献中的发明人进行统计，看这些文献中发明人出现次数最多的是哪些，基本上就可以锁定目标人选了。"

黄总反应了一秒，说："这招挺高啊，简便易行。"

我说："还可以更简便。你刚才不是说同行里面哪些做得不错你是很清楚的吗？那就可以直接检索这些做得不错的同行的专利，然后看他们专利中名字出现得最多的人是哪几个就可以了。"

吴天理说："没想到我们知识产权部还可以帮人力资源部解决人才引进的问题。"

我说："专利信息用得好，你们知识产权部不仅可以帮到人力资源部，还可以帮到研发、市场、法务，甚至战略发展等部门。"

吴天理赶紧给我倒了杯水，一脸谄媚地说："你老人家辛苦了，喝口水再继续。"

我接过水杯喝了一口，说："所谓专利信息，就是专利文献中包含的信息。专利文献中包含了哪些信息呢？它至少包含技术信息、法律信息和市场信息。

"我们单看一篇专利文献，就会发现，专利说明书主要反映了专利的技术信息。通过阅读专利说明书，我们可以了解到专利解决的技术问题、采用的技术方案、实现的技术效果等。

"权利要求书则既包括了专利的技术信息，又包括了专利的法律信息，因为它界定了专利的保护范围，划出了专利的保护边界，告诉我们什么情况下会侵犯或者不会侵犯权利人的专利权。

"此外，专利文献中还有一些著录事项。著录事项除了刚刚提到过的发明人，还包含专利权人、代理人、专利申请时间、授权公告时间，以及专利当前的法律状态等信息。著录事项主要包含的是法律信息，比如看到著录事项中的专利权人，我们就可以知道该专利权为谁拥有；看到专利申请时间和专利类型，就可以知道该专利最迟什么时候会失效。另外，法律状态信息还会直接反映该专利是否被无效，是否进行了质押，是否进行过转让或者实施许可等。

"如果我们检索到很多篇专利文献，通过专利权人等信息，我们可以了解到哪些同行的研发、创新能力较强，哪些方向是同行们专利布局的重点。这些信息不仅值得技术研发部门密切关注，市场部门制订市场竞争策略时也不容忽视。"

吴天理说："这就是你刚才说的我们知识产权部门可以帮到市场部门的原因吧？"

我说："没错。如果已经锁定了主要的目标竞争对手，则可以通过专利信息实时监控目标对手的研发动向，预测他们下一步可能推出的新产品，或者产品将在哪些方面进行提档升级，从而提前做好市场应对策略。"

黄总低头沉思了一阵，好像在回味我刚才讲的内容。过了一会儿，说："我们这段时间不仅想引进一些人才，还想找一两家高校或者科研院所搞一些合作开发，所以刚才我还想问飞老师，能不能帮忙推荐几家有水平的单位，现在看来也可以直接通过专利信息来找了。"

吴天理活学活用，说："黄总，你具体想找哪个方向的，给我几个关键词，我去检索，看哪些学校或科研院所在这些方向申请的专利多。"

我补充道："而且专利质量高。"

吴天理感慨道："专利信息确实很有用。"

我说："根据世界知识产权组织的研究，目前世界上 90%～95% 的发明创造的信息都能在专利文献中找到，充分利用专利信息，可以大大提高技术创新能力，大幅降低技术创新成本。"

黄总听到可以提高创新能力、降低创新成本，迫不及待地问："具体怎么讲？"

我说："一个企业在新产品、新技术开发或者科研立项之前，可以通过收集和分析相关的专利文献，了解行业技术现状、技术发展趋势，甚至市场需求情况，从而确定攻关重点，选准研发项目。不仅可以避免重复研究，还可以以别人的肩膀作为起点，达到少走弯路、节约经费的效果。"

黄总转头对吴天理说："老吴，麻烦你跑一趟，去把技术部的负责人叫回来，让他也听听。"

我说："这就不必了吧，刚才已经讲了一个小时了，这会儿没办法再长篇大论地讲，人家回来又听不到个啥。"

黄总就对吴天理说："也行，老吴你先把飞老师的精神领会了，后面跟技术部加强交流，多从专利信息的角度给他们提供支持。"

我接着说："跟技术开发紧密相关的就是专利申请了，专利申请之前的专利信息检索工作也很重要……"

吴天理抢着说："通过检索到的专利信息，分析我们的技术方案是否具有新颖性和创造性，也就是判断专利申请被授权的可能性，然后再决定是否申请专利，这样就可以避免盲目申请。"

我补充道："不仅如此，还可以通过分析我们的技术方案与最接近的专利技术之间的区别，更好地确定我们的保护范围，为申请文件撰写过程中权利要求的布局提供参考，避免虽被授权但保护范围过小，或者保护范围虽大但不能授权的情况。"

黄总又对吴天理说："这一块就主要是你们部门的事了。"

我接着讲："刚才黄总提到了跟高校、科研院所合作开发的问题，相比之下，专利引进和实施许可是两种更快的获得新技术的方式。要引进别人的专利，或者获得别人的实施许可，专利信息仍然是很好用的工具，因为它可以让你快速找到想要引进或实施的专利。"

黄总说："你别说，我们刚刚确立了'自主创新为主，合作开发和技术引进为辅'的技术创新战略。"

我问黄总："在市场布局方面，你们有把产品推向海外的计划吗？"

黄总说："飞老师你怎么这么了解我们呀，我们正在为进军海外市场做准备呢。"

我说："那么检索、分析目标国家专利信息的工作就必不可少。一方面需要通过专利信息判断你的产品进入到目标国后是否有侵权风险，以便提前采取措施进行规避；另一方面可以通过专利信息了解目标国有哪些已有的和潜在的竞争对手，以便根据这些竞争对手的特点制订竞争策略。"

黄总说："是不是可以这样理解：通过市场调研，可以了解到目标国已有的竞争对手，但不一定能了解到还有哪些竞争对手像我们一样准备进入这个市场。通过专利信息了解哪些公司在目标国布局了专利，就可以大致判断可能还会有哪些竞争对手，以及今后市场竞争的激烈程度。"

我说："没错。不仅如此，还可以进一步分析这些竞争对手专利数量的多少、专利质量的高下，以及我们自身产品和技术的优劣势，从而为我们进行市场定位、产品定价等提供参考。"

吴天理说："你刚才还说，专利信息的利用还可以帮到战略发展部门？"

我说："也可以换一种说法——专利信息的利用，可以为一个公司发展战略的制订提供参考。"

黄总说："一个公司发展战略的制订，需要考虑很多问题，比如公司的发展现状、自身的优劣势、行业发展现状和发展趋势、市场竞争环境、竞争对手的实力和优劣势等。而行业现状和发展趋势、竞争对手的优劣势等都可以通过在专利信息中综合分析得到，所以专利信息的利用可以为一个公司发展战略的制订提供参考。是这样理解吧？"

我说："黄总不愧是公司的高层领导，总结得非常到位，我就再补充一下公司战略发展中的两个具体问题吧。

"有些公司发展到一定阶段之后，不再满足于滚雪球的发展模式，这时就会动起并购或者上市的心思。专利信息的利用在并购和上市进程中，同样可以发挥很大的作用。

"先来说并购。如果还没有确定投资并购的对象，就可以根据投资并购的意向，确定专利检索的技术领域和地域范围并进行专利检索，有了检索到的专利信息，就可以很容易地筛选出备选的投资并购对象。"

吴天理说："有点儿抽象。"

我说："假如，你们公司看好无人机产业，想并购一家做无人机的公司。但你们对这个行业并不了解，不知道哪家公司值得收购，同时你们为了便于管理，只想在省内收购一家公司。这时，就可以以无人机作为检索的技术领域，以省内作为检索的地域范围进行专利检索，然后根据检索到的文献，从技术创新能力、专利布局能力、专利运用能力等角度进行分析，从而确定几家目标对象。"

吴天理说："这个跟找合作单位差不多。"

我说："再来说上市。竞争对手之间通常情况下很少发生直接冲突，但你一旦准备上市，竞争对手就会想办法正面阻击你了。阻击有很多种方式，告你专利侵权是其中很常见的一种。现实中就有很多公司，在上市过程中遭到突如其来的专利侵权诉讼，不得不中止甚至终止上市进程。"

吴天理说："这不是放冷箭吗？"

我说："所以，在上市之前，一定要把专利信息的收集和分析作为最重要的准备工作之一。通过专利信息分析，提前预测谁可能会在我们上市过程中放冷箭，并且事先准备好抵挡冷箭的盾。等到冷箭真射过来的时候，就可以从容应对。"

吴天理再次感慨道："专利信息真是太强大了，好像把专利信息一收集一分析，就可以把什么情况都看得一清二楚。"

我说："可以这么说，拥有了专利信息，就拥有了上帝视角，一切都尽在掌握。"

吴天理的尊姓大名

——写在最后的话

这是一年之中最冷的一段时间，外面的气温已经只有几度，而在某酒店的宴会厅里，人人都把外套脱了套在椅背上仍然觉得有些燥热。

这些脱了外套的人都是黄总他们公司的，他们今天在这里开年会。当然，除了他们本公司的人，还有一些受邀而来的所谓嘉宾，我就是其中一个，水总也是。

此时，我和水总有点儿孤单。因为本该坐十个人的圆桌总共只安排了五个人，现在另外三个因为要表演节目已经转移到后台去候场了。

终于，轮到我们这桌的那三人上场。主持人报幕道："下面，请欣赏知识产权部吴添利经理和他的团队带来的小品——《风骚了一条街的拉面舞》。"主持人报幕的同时，舞台后面的 LED 屏也打出了节目的名称和表演人员的名字。

水总说："难怪飞老师一直把老吴叫吴天理，原来他叫吴添利。"

吴天理的这个小品，完全是以我写的那篇《独领风骚的拉面舞——专利的实用性》为蓝本改编的，目的很明确，就是以表演的形式给大家普及专利知识。吴天理那是相当豁得出去，完全不顾形象地在全公司面前表演起妖娆的拉面动作，引得台下一阵阵哄堂大笑。

后来我教育他："你好歹也算是在仕途上发展的人，咋还不晓得端着点儿？"

他说："我也想端着啊，我让两个同事都试了这个角色，结果咋看都不像那么回事，为了节目效果，只能牺牲我自己了。"

吴天理团队演完收工，主持人又报幕道："下面，有请今天的嘉宾——专门利己知识产权服务公司的飞老师上台致辞。"

水总有些诧异地看了我一眼，但我自己并不诧异，毕竟都是提前安排好的。所以，我要致的辞也是提前准备好的。但当我站到台上那一刻时，我突然觉得提前准备好的内容太不严肃了，便决定即兴发挥。

我清了清嗓子，开口道："非常荣幸有机会来参加贵公司今年的年会，更加荣幸的是还得到了在这么大的舞台上露脸的机会，所以从几天前接到邀请那一刻开始，我的内心对贵公司就充满了感激之情……直到看完刚才那个小品。

"刚才那个小品怎么就得罪到我了呢？原因很简单，那个小品改编自本人的原创作品，而刚才的字幕上却没有本人的名字。

"这个节目，既是贵公司专门负责知识产权的部门推出的，主要目的又是为了宣传知识产权，却完全没有表现出对知识产权的尊重。这说明什么？说明知识产权意识还是太淡薄了。连知识产权意识都没有的人，怎么适合负责知识产权事务呢？所以我建议贵公司，赶快把知识产权部门的负责人换掉。

"但是更合适的人选也不是一时半会儿就能找到的，所以我又有第二个建议——聘请本人为贵公司的知识产权顾问。顾问费不用太高啊，一个月有两件发明专利的代理费就可以了。"

坐在台前的黄总站起来大声对吴天理喊道："吴经理，马上去做聘书。"

我接口道："既然马上就要成为正式聘任的顾问，就不能再把自己当外人了，下面我就把'贵公司'的称谓改成'咱们公司'。"

吴天理在台下喊道："飞老师太敬业了，聘书还没到手，就指导了我们一招见风使舵。"

我接着讲："虽然吴经理夸我会见风使舵，但我还是不得不承认，刚才其实是跟吴经理和各位开了个玩笑。说实在的，咱们的吴经理还真不是可以随随便便就被替换掉的。不说别的，只说他的名字，其他人就比不了。各位都知道，吴经理大名添利。添利者，增添利益也，借他吉名，咱们公司明年不得多挣十亿、八亿？当然咯，至于是不是真能多挣个十亿、八亿，我说了不算，几位领导说了才算，在座的各位说了才算。

　　"不过呢，美国总统林肯曾经说过一句名言，'专利制度，就是给天才之火添上利益之油'。事实证明，专利保护做得好的地方，天才之火确实越烧越旺。而且非常凑巧的是，这句话里也包含了'添利'两个字。所以，只要吴添利同志把工作做到位了，就算不能让咱们公司一年多挣个十亿、八亿，多多少少也总能添点儿利吧。

　　"至于具体能添利几何呢，一方面要看咱们公司对专利和其他知识产权的运用水平，另一方面就要看所在市场的知识产权保护环境。两相比较，或许知识产权保护环境的影响更大，因为知识产权保护环境是营商环境的一部分。在座的各位都比我更清楚，营商环境好，添利就相对容易，营商环境恶劣，就只能徒唤无天理。不过知识产权保护环境的好坏也不是完全由某一两种力量决定的，所以我们每个人都可以为营造良好的知识产权保护环境出一点儿力。"

　　讲到这里，黄总旁边一个人站起来，说道："几个月前，马斯克发表了一通言论，说专利根本就没什么用处，搞专利封锁是弱者的行为，您对此怎么看呢？"

　　我回答道："前些年，官媒上经常有谴责国外对我们搞技术封锁的言论，各位可以回忆一下，这些经常受到谴责的国家都是哪些国家，再看看他们是否都是弱者。他们不仅不弱，而且利用专利进一步巩固了他们的强者地位。

　　"但也不能说马斯克的话完全错误，因为绝对的强者确实不太需要专利保护。那么谁又算绝对的强者呢？动物界里爬到食物链最顶端的才算绝对的强者，同样，商业竞争中只有把第二名甩到看不见人影的才算绝对的强者。

　　"所以，专利对每一个创新主体来说，都是有用的，不可或缺的。就像我们现在套在椅背上的外套，走出这个大厅，我们都离不了。"

　　我刚想结束我的致辞，突然想到之前准备好的几句话，又从包里掏出我的口罩，补充道："当然，把专利比作御寒的外套还不够贴切，其实专利更像这个口罩。口罩保护我们的健康不受侵犯。所以，戴口罩，很有必要；申请专利，也很有必要。

"好，我就胡说八道这么多。谢谢各位！"

2022 年 11 月 5 日定稿